U0857595

主编简介

王俊祥　男，1953年7月生，汉族，河北保定人，1982年3月毕业于河北大学经济系。河北大学教授，博士、硕士研究生导师，河北省有突出贡献中青年专家。主要从事人口学、人口社会学的教学和研究工作，出版《人口政策学》等著作4部（含合著），主编或副主编5部，主持完成省部级课题5项，公开发表学术论文40余篇，获得省部级科研和教学成果奖5项，其中二等奖2项。

王洪春　男，1956年2月生，汉族，山东省烟台市人。1989年7月，中国社会科学院经济研究所中国经济思想史专业研究生毕业，获硕士学位。现为安徽财经大学教授、硕士研究生导师。从事劳动经济学、社会保障教学与研究工作。公开发表论文200多篇，出版专著十几部，完成省部级课题多项，获得省部级奖励多项。

湖北省学术著作出版专项资金资助项目

中国专门史文库

中国流民史（现代卷）

王俊祥　王洪春　著

武汉大学出版社
WUHAN UNIVERSITY PRESS

图书在版编目(CIP)数据

中国流民史.现代卷/王俊祥,王洪春著.—武汉:武汉大学出版社,2015.12

中国专门史文库

ISBN 978-7-307-17099-5

Ⅰ.中…　Ⅱ.①王…　②王…　Ⅲ.人口迁移—研究—中国—现代
Ⅳ.C922.2

中国版本图书馆CIP数据核字(2015)第259332号

责任编辑:黄金涛　　责任校对:李孟潇　　版式设计:马　佳

出版发行:**武汉大学出版社**　(430072　武昌　珞珈山)
(电子邮件:cbs22@whu.edu.cn　网址:www.wdp.whu.edu.cn)

印刷:武汉中远印务有限公司

开本:720×1000　1/16　印张:20.25　字数:287千字　插页:3

版次:2015年12月第1版　2015年12月第1次印刷

ISBN 978-7-307-17099-5　定价:68.00元

总　　序

冯天瑜

人类历史是一个有机整体的发展历程，社会、经济、政治、文化等要素彼此交融、相互渗透在这个整体之中，起伏跌宕、波澜壮阔地向前推进。因此，历史研究不能满足于现象的“个体描述”，而应当关注“总体历史”，关注社会综合结构（社会形态）的演化，从而发现历史大势及其规律，诚如太史公所称，他治史绝非满足于枝节性的记载，其宏远目标是“究天人之际，通古今之变”。

然而，“总体”由“专门”综合而成，“一般”植根于“个别”之中，对于“总体历史”的认识、对于社会结构的真切把握，必须建立在历史现象分门别类深入辨析的基础之上。太史公通过“本纪”探究自五帝、夏、商、周、秦，直至汉武帝的纵向专史进程；通过“世家”开辟横向的列国专史；又以八“书”，并述礼、乐、律、历、天官、封禅、河渠、平准，开文化、科技、财经等专门史之先河；“大宛列传”、“货殖列传”实为民族史、中外交通史、商业史之雏形……正是有了诸多专门史具体而微的考实，太史公方能造就整体史学大业，“成一家之言”。《汉书》以下的正史又将《史记》的“书”

扩设为“志”(律历志、礼乐志、刑法志、食货志、天文志、地理志、艺文志，等等)，形成较为翔实、细密的专史篇章。

中国史学有着深厚的专门史传统，不仅表现在《史记》、《汉书》等正史为其保留较充分的展开空间，而且自成格局的专志也纷至沓来，如后魏郦道元《水经注》是专论山川地理的志书发轫，两宋以下，各种专史(如金石志、画谱、学案、盐政、畴人传，等等)相继从通史中独立出来，斐然成章，构筑一个大的学术门类。中国的专史之早成、之丰硕，置之古代世界史坛，亦足称先进。

时至近现代，随着学术分科向广度与深度拓展，专门史更成为历史研究蓬勃兴盛的领域。上世纪前半叶，商务印书馆出版王云五主编的《中国文化史丛书》，在“大文化”名目下，囊括了各类专门史论著，从《文学史》、《美术史》到《财政史》、《赋税史》、《中外交通史》，以至《赌博史》、《娼妓史》，尽纳其中，反映了古今中西文化激荡之际的民国学界专史研究的实绩。20 世纪 80 年代，上海人民出版社推出新的《中国文化史丛书》，收入“文化热”时期的数十种论著(包括《小学史》、《甲骨史》、《杂技史》、《园林史》、《染织史》等以往少见的分科史著)，是我国专门史成果的又一次结集。

近年来，专门史研究有新的发展，在高等教育的一级学科历史学之下，设置专门史二级学科，多所大学及科研院所设立经济史、文化史、社会史等专门史研究机构，探究领域有所拓殖，新史料的开掘、新方法的运用皆有创获，人才成长、论著涌现，蔚然大观。武汉大学出版社推出的《中国专门史文库》便在此种新气象之下应运而生。

本文库以几种早年蜚声学坛的专史作为引领篇什，更多地选入近十年来的专史佳品，其中又分两类，一为曾经出版，现经作者认真修订补充，二为新作。本文库拟分数辑，分批推出，期以共襄专门史研习之大业。

2011 年 10 月 19 日　书于武昌珞珈山

引　　言

流民，自古有之。在我国现代社会，流民依然存在。20世纪50年代，我国就出现了大量流民，特别是自我国实行改革开放政策以来，流民如同汹涌的洪流，流动于农村与城乡之间，流动于农村与农村之间，其流量之大，流速之快是前所未有的。这股巨大的洪流，引起了各级政府和社会各界的广泛关注，同时也引发了理论工作者更多的思考。

所谓流民，即流动的农民。从历史上看，农民的流动是经常发生的。但由于流民产生的社会经济背景不同，现代流民与古代流民、近代流民相比，则有不同的涵义和特点。我国历史上的流民主要是指：①丧失土地而无所依归的农民；②因饥荒年岁或兵灾而流亡他乡的农民；③因生活所迫四出求乞的农民；④因自然经济解体的推力和城市近代化的吸力而盲目流入都市谋生的农民。① 我国现代流民是伴随着新中国的成立和社会主义制度的建立而产生和发展起来的，特别是党的改革开放政策和社会主义市场经济的发展加速

① 池子华：《中国近代流民》，浙江人民出版社1996年版。

了农民的流动，从而使流民日益增多，并形成“民工潮”，现代流民中也有因自然灾害被迫外出乞讨的农民，也有不农、不商、不工而在城市里混迹谋生的农民，但主要是那些在比较利益的驱动下在城镇务工经商的农民和流于农村间务农的农民。处于流动过程中的农民，只是由农民到农民的量变过程，其职业身份还是农民。至于在流动过程中完成了职业的转换、居住地的转换以及职业身份转变的农民，则不在我们分析的流民之列。

现代流民是流动人口的一部分。它主要有两种流动方式：一是结构性流动，这是因产业结构调整而引起的农民流动。即由第一产业部门流向第二、三产业部门；由第二产业部门流向第三产业部门，由农业部门流向非农业部门；由种植业流向养殖业等。处于结构性流动过程中的流民，主要是以农业劳动为主的兼业农民，他们一般都从事一定的非农业的专业劳动，并经常流动于农业和工业之间。此外还有以农业劳动为主的盲流农民。这种农民一般都没有固定的非农业的劳动场所，他们经常流动于农村与城镇之间。这种形式的流民目前在我国居多数。二是区域性流动，这是农民在地域空间的流动。其流动的特点是由贫困地区向富裕地区流动；由内陆地区向沿海地区流动；由农村向城镇流动；由本乡向他乡流动。这种区域空间的流动是经常发生的，从而呈现出令人眼花缭乱的流动图景。

现代流民呈流量加大、流速加快之势。我国在 20 世纪 50 年代出现了流民，但当时规模数量不大。到 80 年代以后，流民数量骤增，流速加快。80 年代初，我国外出务工经商的农民将近 200 万，80 年代末到 90 年代初，流民已达 8000 万，形成了前所未有的“民工潮”。现代流民的出现和发展，在一定程度上适应了社会主义经济建设和社会主义市场经济发展的需要，缓解了农村剩余劳动力的压力，促进了城乡经济的发展和社会的进步，促进了城乡居民生活水平和生活质量的提高，因而具有积极的影响和作用。当然，流民的大量存在与发展也会带来一些问题，对此也要引起高度重视，并应积极寻求对策。

现代流民是一种复杂的社会经济现象，它不仅涉及农村经济、政治、社会生活的各个方面，而且也涉及城市社会经济的发展。为了探讨现代流民流动发展的规律和特点以及流量、流向、流速等问题，并寻求解决现代流民问题的对策，促使流民合理、有序、健康地流动，本书将对我国现代流民问题进行一番剖析和透视。

目　　录

第一章

人潮涌动

——现代流民族群概观

在我国现代社会，流民及流民问题依然存在。但其产生的背景、表现形式以及规模数量等均不同于古代和近代流民，并且在现代社会的不同时期，也呈现不同的特点。从我国社会发展和流民特点分析，大体可分为中华人民共和国成立初期的流民、六七十年代的流民和80年代改革开放以来的流民。本章主要概述这三个时期流民的基本状况，包括流民的发展过程、规模、流向、方式、特征等。

第一节　中华人民共和国成立初期的流民

流民是一种社会经济现象，它与社会经济发展有着密切联系，但是流民的流量、流向和流速也受一定的社会经济政策的影响和制约。纵观中华人民共和国成立初期的流民，大体经历了流回——流出——再流回——再流出等几个阶段，其流民的构成主要是进城务工的农民，除此之外，还有在农村异地流动的农民。

一、从安土返乡到农民外流

1949 年 10 月 1 日，中华人民共和国诞生了，此时国家经济困难重重，百业待兴。为了治理已是千疮百孔的烂摊子，巩固新生的人民政权，并使人民安居乐业，党和政府立即着手恢复经济。在为期三年多的恢复时期，通过没收官僚资本，统一财经工作，稳定物价，恢复和发展生产，沟通城乡物资交流，土地改革，镇压反革命，调整工商业，开展“三反”、“五反”运动等，巩固了人民民主专政，实现了我国前所未有的统一、安定和团结的局面。特别是 1950 年 6 月推行了全面的土地改革，使地主阶级占有的 7 亿多亩土地回到农民自己的手中，并减轻了农民 3 亿多斤的粮食税收，广大农民很快有了相对安定的生活和生产环境，人们安居乐业。在这样的环境条件下，许多失去土地或因战争、灾害等原因漂泊逃亡在外的农民纷纷返回故乡。

1952 年年底，我国恢复国民经济的任务已胜利完成。从 1953 年起，我国开始了有计划的社会主义建设和改造时期。党中央按照毛泽东的建议，提出了过渡时期的总路线，即“从中华人民共和国成立，到社会主义改造基本完成，这是一个过渡时期。党在过渡时期的总路线和总任务，是要在一个相当长的时期内，逐步实现国家的社会主义工业化，并逐步实现国家对农业，对手工业和对资本主义工商业的社会主义改造”。这条总路线，体现了发展生产力和变革生产关系的辩证关系。随着社会主义改造和社会主义建设的进行，旧的生产关系被新的生产关系所取代，并且不失时机地集中力量推进重点建设，工业建设大规模展开，在城市工业建设急需从农村招收大量工人进城的同时，农村大量人口盲目向城市或工业区涌进。据有关资料，1953 年春季，仅沈阳、鞍山两市流入的外地农民就达 2 万多人。其他城市也出现了流民蜂拥而上的状况，形成了中华人民共和国成立以来的第一个流民潮。

二、盲流入市，屡禁不止

从 1953 年开始，我国制定并实施了第一个五年计划，国家建设进入有计划发展的新阶段。然而大量农民涌入城市具有自发性、盲目性的特点，这给城市的建设和城市居民生活以及社会管理带来很多困难，似有难以招架之势。于是 1953 年 4 月 17 日，政务院第 175 次政务会议通过《关于劝止农民盲目流入城市的指示》，要求各有关方面劝止农民盲目流入城市，做好对已进城的农民的还乡工作。并规定，今后未经劳动部门许可或介绍者，不得擅自到乡村招收工人，更不得张贴布告乱招工人。紧接着，《人民日报》于 1953 年 4 月 20 日，发表了题为《盲目流入城市的农民应该回到乡村去》的社论。该社论指出，1953 年春季以来，许多地区有大批农民盲目地流入城市，仅本月初的统计，新由农村流入几个大城市的农民约 5 万以上，还有许多农民正在交通线上流动。并且指出，某些建筑单位随意到农村招揽工人，是造成这种现象的重要原因之一。

中华人民共和国成立初期，党和政府就十分重视劳动就业问题。1952 年 7 月 25 日政务院通过的《关于劳动就业问题的决定》中强调指出：一切公私企业都要积极发展生产，扩大就业，不得随意解雇职工，对多余职工应采取“包下来”的政策；另一方面又提出，对农村剩余劳动力应积极设法使之在生产上发挥作用，发展多种经营，兴修水利、道路等，克服盲目流入城市。然而，事实并非如此。自 1953 年春季兴起较大规模的流民潮后，尽管政务院发了文件，也采取了一些措施，但农民进城的涌潮仍在高涨。于是，1954 年 3 月 12 日内务部和劳动部又联合发布了《关于继续劝止农民盲目流入城市的指示》，其中指出，自 1953 年 4 月政务院发出《关于劝止农民盲目流入城市的指示》以后，曾扭转了当时农民盲目流入城市的混乱现象，但有些地区对政务院的指示没有认真贯彻，因此，农民盲目流入城市的现象仍在发生，有的地方甚至日趋严重，要求继续做好农民盲目流入城市的劝止工作。同时从 1954 年起还相继采取了一些措施，如调整以往过去大包大揽的就业政策；进一步清理城市企业和机关中的闲杂人员；不准企业随便从乡村招收人员，并停止从社会录用新职工等，从而使农民盲目流入城市的状况有所好转。

大量农民涌入城市是在城市经济发展需要大量职工和城市职工

生活福利待遇优于农村的背景下进行的。同时受自然灾害的影响，一些灾区农民也纷纷涌向城市和工业建设重点地区。在农民进城越来越难的情况下，不少灾区和非灾区农民开始逐渐向异地广大农村地区流动。1956 年秋季，我国部分地区发生水灾，为了防止农村人口盲目外流，并解决好灾区群众的生活问题，1956 年 12 月 30 日，国务院发出了《关于防止农村人口盲目外流的指示》。其中指出："今年秋季以来，安徽、河南、河北、江苏等省灾区和非灾区的农民、复员军人和乡、社干部盲目外流的现象相当严重。流出的人口一般奔向各大城市和工业建设重点地区。流入陕西、甘肃、新疆等省区的人口数量最多，共达八万余人。"该指示要求，一方面流出地要做好"劝阻"工作，并注意解决有关人员的实际困难；另一方面，流入地可以"根据不同情况处理：凡是有亲友可以依靠或自己能找到生产门路的，应当允许他们居留；凡是本地可以安置的，应当设法予以安置。特别是在人少地多的地区，可以把他们安置在农村，从事垦荒生产"。并且"工厂、矿山、铁路、交通、建筑等单位需用劳动力的时候，应当事先做好劳动计划，通过劳动部门统一调配农村剩余劳动力，不应当私自招收"。从中可以看出，参与盲流队伍的，不仅有农民，还有复员军人，甚至还有乡、社干部。他们不仅来自灾区，而且也来自非灾区。所以可以断定，他们不同于旧社会那种背井离乡、流离失所、无家可归的流民，而是有一定目的和目标的，这就是要获得更好的收益。他们不仅流向城市和矿区，而且也有一小部分流向异地农村。中央的上述指示也要求尽量把他们安置在农业生产领域。

1957 年，农民进城的潮流进一步高涨。中央政府一方面多次下达指示，阻止农民盲目进城找工作，另一方面加大清理城市里现有劳动力和其他人口。1957 年，中央比以往各年份更多次地下发文件，要求阻止农民进城务工。1957 年 1 月 12 日，国务院发出《关于有效地控制企业事业单位人员增加、制止盲目招收工人和职员的现象的通知》。通知指出：1956 年国营企业、事业单位招收的工人和职员大大突破 1956 年劳动力发展计划，也超过 1957 年国民经济计划劳动力的需要量。并要求所有企业、事业单位，中等专业学校、技工学校、技工训练班，自1957年1月起，一律停止从社会上招收工作人员和招收新生。1957年1月18日，中共中央召开省、市、自治区党委书记会议，毛泽东主席在讲话中指出：“精简一定要坚决搞，一条是减人，一条是安排，一定要把人安排好再送出去”。翻开历史资料，可以发现，1957年几乎每个月都有中央关于阻止农民盲目流入城市、停止从社会招工和从社会招生的文件下发。1957年3月14日，国务院发出《关于处理建筑业中多余的临时工人问题的通知》。5月28日，劳动部发出《关于各种训练班一律停止从社会上招收新生的通知》。11月26日国务院转发监察部、劳动部《关于北京地区某些中央部门违反国务院指示增设机构增加人员和私自从社会上招收人员的检查报告》。12月13日，国务院全体会议通过《关于各单位从农村中招收临时工的暂行规定》。12月18日，中共中央、国务院发出《关于制止农村人口盲目外流的指示》。请注意：以往中央有关文件中是用“劝止”这个词，从1957年1月起，以“制止”代替了“劝止”。可见农民进城的压力越来越大，可谓如火如荼。

在1958年“大跃进”的气氛下，全国大炼钢铁，不顾任何客观条件大搞工程建设，使得本来十分剩余的劳动力反而蒙上了一层人力不足的假象。在这一背景下，1958年6月22日，中共中央转发了劳动部党组《关于当前工业企业补充劳动力问题向中央的请示报告》。决定今后劳动力的招收、调剂工作，由各省、市、自治区党委负责管理。当前的招工计划，经省、市、自治区党委决定后即可执行，不必经过中央批准。劳动部党组报告提出的力求从城市招工，一般不从农村招工，中央认为必须这样办。从此，招工权下放，大量农民再次涌进城市。以前制定的制止农民进城的各项制度、政策等，都付诸东流。虽然这一文件仍强调不从农村招工，但是招工权下放，使得一切禁令都显得苍白无力。企业招工不再压缩，学校招生迅速扩大，各地都在喊人手不够，又一次像1952年前后那样四处招兵买马，农民进城的欲望又一次实现，全国人口大流动。几个月后，城镇劳动力很快人满为患。1958年8月，北京市劳动局发出紧急通知：“近日来不少农村青年纷纷盲目来京要求工作。这种现象，不仅影响农业生产，而且影响首都社会秩序。”并要求各有关部门停止自行招收外地人员，劝告农村青年立即回原籍参加农业生产，以有效地制止这一现象的继续蔓延。1958 年 12 月 18 日，中共中央转发劳动部党组《关于私招农民和控用在职工人情况的报告》，并批示招工中这种混乱现象必须立即加以制止。短短半个月后，即 1959 年 1 月 5 日，中共中央发出《关于立即停止招收新职工和固定临时工的通知》。通知提出各省、市、自治区的 1959 年劳动力计划必须报告中央批准，已经超过原计划的职工，还须报告中央批准。这意味着招工权又收上来了。

在 1958 年“大跃进”号角策动下，农民外流到异地农村的劲头更足了，规模迅速扩大，形成中华人民共和国成立后的第二次流民浪潮。所以，在 1959 年，中央三番五次下达指示，要求制止这种现象。如 1959 年 2 月 4 日，中央就发出《关于制止农村劳动力流动的指示》。提出农民盲目流动的现象相当严重，妨碍农业和工业生产，也不利于巩固人民公社，必须立即采取有效措施予以制止。几乎在同时，即在 1959 年 2 月 7 日，中共中央批准内务部党组《关于农村人口外流问题的报告》，指出对于流到边疆去的人口，一般不要动员他们还乡，应该由有关的省区协作，把流动去的人口的来历、政治情况弄清，以合理地分别安置使用。

可以看出，在有关制止农村劳动力流动的文件中，这一报告首次在标题中使用了“农村人口外流”这一提法。这说明不仅是农村劳动力在外流，其他农村人口也在外流，可以看出，中央已经明白，农村人口外流不能简单地制止，只能因势利导，要求流入地与流出地政府协商安置在流入地。

1959 年 3 月 11 日，中共中央、国务院再次发出《关于制止农村劳动力盲目外流的紧急通知》。通知指出当时劳动力盲目流动的现象并未停止，某些地区甚至又有新的发展，要求各单位广泛宣传党和政府制止农村劳动力外流的方针政策。由此可见，20 世纪 50 年代末，我国农民外流已到了相当严重的程度。

三、农村人口异地流动

实际上，在 20 世纪 50 年代后期，各省市区之间农村人口异地流动的规模是相当大的，但其主要流向，是从内地流向边远地区。这种盲目流动与历史上的流民走向相一致，同时也与国家当时有计划地迁移内地农民和城市人口到边远地区的行为有内在联系。现以几个典型省份为例：

黑龙江省：黑龙江从近代以来一直是一个人口流入省份。“闯关东”一词，是几代内地人所熟知的。1955 年以后，特别是 1958 年，山东、河北、河南及安徽等省的农民大量自发流入黑龙江的矿区、林区、铁路单位和国营农场以及农村人民公社。1958 年仅在龙江、德都、安宁和穆棱四县就安置盲目流入的外省灾民 2.6 万人，多数是从山东流入的。1959 年，哈尔滨市就流入外地农民 13 万余人。黑龙江省人民政府对于外省自发流入的人口，采取了安置与遣返相结合的策略。在安置方面，主要是安置在大兴安岭、黑河、合江、牡丹江、松花江及呼伦贝尔盟等地多人少的地区，并且政府给予适当补助。据不完全统计，1955 年至 1959 年，自发流入黑龙江的农村人口达 40.5 万人。这种在中华人民共和国成立后的大规模自发流入黑龙江的流民状况，既与历史足迹有关，也与政府有计划迁移人口到黑龙江并大力宣传有关。如，1955 年 8 月，北京市青年志愿垦荒队到黑龙江省萝北县(即北大荒流域)开垦荒地，共有 58 人。当时北京各界青年 1500 多人举行盛大的欢送会，人民日报等进行了充分报道和宣传。团中央还在其他省市组织类似的青年垦荒队。山东省于 1955 年春季向黑龙江、吉林、内蒙古自治区移民 1.5 万户 6 万多人。这次移民是 1954 年山东省人民代表大会提出、经中央批准后进行的，黑龙江省还派人到山东迎接移民。①《人民日报》1954 年 12 月 26 日报道：1955 年和 1956 年共有 37 万多移民来到北大荒，他们经过一年多的辛勤劳动，已经在新开垦的 14 万公顷荒地上收获了近 2.8 亿斤粮食，多数移民新村平均每人农业和副业的收入 200 元以上，也有不少新村平均每人收入能达到 400 元以上。这太吸引人了，因为 1954 年全国农民人均生活费消费支出才 59.57 元，1957 年为 70.86 元。正是在这种背景下，才有大量

---

① 见《人民日报》1955 年 5 月 14 日。

农村人口自发流向黑龙江。有人对黑龙江移民（含计划迁移和自发流入）规模作出如下形象描述："原有一个黑龙江、迁来一个黑龙江、生出一个黑龙江。"可以说，中华人民共和国成立后的黑龙江以其肥袄的黑土地多、森林多、煤矿多，甚至野兽和皮货等也多的自然资源优势，成为内地移民的理想乐园。再加上那渊源深远、流传广泛的种种"闯关东"的半是神话、半是现实的传说，更是令人向往。当年进入黑龙江的"自流"人口还编了一套歌谣："出了山海关，就数双鸭山，到了双鸭山，棒打不回还"。

内蒙古自治区：内蒙古也是人口大量自发流入的地区。导致人口自发流入的原因，一方面是与历史渊源有关。这就是所谓的"走西口"的传统迁移习俗。走西口是指山西、河北人口经由长城各关口进入内蒙古。另一方面与国家在内蒙古开展大规模基本建设而大量有计划迁移人口有内在联系。位于内蒙古境内的大兴安岭牙克石林区，被誉为祖国的绿色宝库。从 1953 年开始大量职工迁入，也带动自发流动人口迁入。到 1983 年，牙克石地区从事森林工业的职工已有 11.2 万人，林区人口 50.5 万人。林区干部和职工除少数是当地人外，其余大多数是各个时期由外省市调配和招收来的，其中 2706 名工程技术人员，几乎都是国家历年统一分配的大中专毕业生。而森林工业的发展又带动相关产业如呼伦贝尔盟森林铁路、公路、木材加工、食品加工、机械维修、城镇建设、文化教育、商业贸易等各行业的发展，从而又吸引了成千上万的外省区迁移者进入。从"一五"开始，呼盟地区一直是内蒙古人口迁入最突出的地区。几乎在同时，即 1953 年初，国家决定在包头兴建钢铁工业基地。当时仅有筹备人员 51 人，而到 1954 年末，包钢建设者的队伍就达 11967 人，其中建筑工人和技术工人队伍 10320 人。随着包钢的建成投产，同包钢相配套的一批矿山、煤炭、电力、铁路、建材、有色金属、机械制造等大中型企业，以及副食品加工、皮革、棉纺、制糖、商业服务行业等也迅速发展起来。来自全国各地的数十万建设大军、随迁人员、自发流入人口相继云集在包头。1952 年，包头非农业人口仅有 11.93 万人，而 1957 年达 43.36 万，其中迁移人口增长 26.47 万。到 1960 年，包头市非农业人口又增加了 50. 35 万，增长了 1. 16 倍。除了包钢外，国家为了加强三线建设，从 50 年代末，有计划地组织北京、天津、上海、烟台一批中小企业成建制地迁入内蒙古各地。共迁入职工 4864 人，随迁家属 10320 人，合计 15184 人。这也会带动一些自发流民进入。另外，国家还大量有计划迁移外地农民进入内蒙古。1955 年春季，山东省除向黑龙江移民外，还向内蒙古等地集体移民。1955 年 3 月由山东泰安、菏泽、临沂、德州四个专区 508 户农民 2351 人组成的迁往内蒙古的首批集体移民，到达内蒙古的呼伦贝尔盟额尔古纳旗，被安置在两个区、六个自然屯。在这批移民中，有回族 419 户 1909 人，占总人数的 81. 2%；汉族 89 户 442 人，占总人数的 18. 8%。1956 年是国家有计划地组织大批内地集体移民到边远省区进行垦荒的一年。1956 年 6 月 21 日至 6 月 30 日，内务部在北京召开移民工作座谈会。关于移民工作，座谈会指出：1956 年是有计划大规模地进行移民工作的第一年，各地都在经验不足的情况下取得了许多成绩。在省（自治区、直辖市）和省之间，上半年已经移民 33 万人，此外，有 5 个省的省内移民 10 万人。从有关资料看，内蒙古正是当时的一个主要移垦地区。这一年内，共安置来自河北、山西、陕西等地的集体插社移民及青年垦荒队员等共 19679 人。其中，从河北迁入的垦荒移民 17184 人，从山西迁入的垦荒移民 1317 人，从陕西迁入的垦荒移民 1178 人。1957 年，又迁入属于上一年的移民家属 960 人。

正是在上述几个方面的直接影响下，1957 年 7 月—1960 年 6 月，大量自发流民进入内蒙古。在这 3 年中，由全国各地流入内蒙古的移民和流民有 100 多万人。1957 年秋，自治区有关部门通过总结上年集体移民的经验教训，认为国家花费大量的人力、物力和财力动员组织各地的集体移民支边垦荒，负担太重，而且返迁率又高，所以应该把移民工作的重点放在安置自流人口上。上一年迁入的集体移民中有 3797 人迁返原籍，占迁入集体移民的 19. 29%。其中河北迁入呼伦贝尔盟的集体移民返迁率为 66. 7%。并且这仅是 1956 年至 1957 年上半年迁入、截至 1957 年 6 月底返迁的，此后可能还有返迁的。同期，山西迁入乌兰察布盟的集体移民返迁率高达

73.71%。而自流人口是自发、自愿迁入的，依赖性弱，适应性强，并且国家负担低。只要有亲友相助或者国家适当加以补助，就可得到满意的安置。所以，内蒙古自治区政府对自发流入移民，采取了安置和劝返相结合、以安置为主的方针，根据实际需要进行妥善处理。本来是计划迁移是主流，自发迁移是支流，但很快反过来了，自发迁移成为绝对主流，计划迁移成为可有可无的支流。在这100多万自发流入人口中，劝返移出的138135人，占总数的13.67%，安置下来的有872644人，占总数的86.33%。我们不知道如果不劝返迁，返迁率会有多低。安置下来的自发流民中，主要的有：河北的348572人，占安置总数的39.94%；山东的114618人，占13.13%；山西的114772人，占13.15%；甘肃的12488人，占1.43%；辽宁的89751人，占10.28%；陕西的11256人，占1.29%；黑龙江的32014人，占3.67%；吉林的25250人，占2.89%；江苏的15207人。可以看出，流民来自祖国四面八方，既有北方的，也有南方的；既有东部的，又有西部的。从行业看，这些安置下来的流民，从事农业生产的408145人，占46.77%；从事牧业生产的19813人，占2.27%；从事林业生产的24198人，占2.77%；从事工业生产的有23710人，占2.72%；从事其他自由职业和家庭劳动的396778人，占45.47%。

甘肃省：甘肃省人烟稀少、资源丰富，但是生态环境较差。人口自发流入的本来不多。但是在20世纪50年代大规模的大西北基本建设过程中，随着国家有计划地迁入职工，自发流入的人口也多起来了。在“一五”期间，国家的156个重点建设项目中有一些放在了甘肃境内，如兰州炼油厂、兰州化学工业公司、白银有色金属公司、兰州石油化工机械厂等，均是大型厂矿企业，由此调配来了大量职工。据推算，20世纪50年代共净迁入127.55万人，平均每年迁入12.7万人。正是现代化大工业的建设以及大批工人与科技人员的迁入，有力地促进了甘肃经济文化事业的发展，也吸引了自发流入的人口。虽然有人从发展经济学的角度把这种在四周均是落后地区兴建现代化工矿企业的现象称之为孤立的“飞地”，但是它对人口流动的影响还是很大的。如兰州市由于新建大批企业，人口迅猛增加，1953 年为 39.7 万人，1959 年为 123.36 万人，增加了 83.62 万人，增长了 2.1 倍。在一些新建企业中，流行的语言不是兰州本地方言，而是普通话。酒泉市由于兴建酒泉钢铁公司而大量迁入人口。1957 年全市有 309593 人，1959 年有 382536 人，两年内增加了 72943 人，年均递增 11.16%。白银有色金属公司所在的郝家川，现已叫做白银区。最初这里仅是一个有 10 户农民的小村，到 1957 年，该区人口为 219269 人，1958 年至 1959 年，两年内又增加了 36191 人，发展成一个拥有 255460 人的工矿区。当然外省市迁入的人口并不都是进入这些新建的工矿企业，还有相当一部分从事文教卫生和商业。并且从上海、江苏等地还成建制地迁入许多商业服务单位。这一时期仅从上海就迁来 82 家服务行业单位，如信大祥绸布店、意姆登洗染店、王永康和培琪西服店、国联照相馆，以及理发饮食业等。他们大部分在兰州安家立业，返迁率较低。这也有利于自发流入人员找工作。1958 年年底，甘肃省由于许多企业单位劳动力不足，就在兰州车站的自流人口中招收了不少劳动力。这些人成为 1958 年甘肃省际人口迁移的一部分。据统计，1957 年年底兰州市人口为 998326 人，到 1958 年年底增加为 1172840 人，一年内增加 174514 人，而 1958 年甘肃省城市人口自然增长率为 18.72‰，兰州市也不会比此更高，从而兰州市人口自然增长人数至多为 2 万人，其余 15 万人主要是流民人口。再如，20 世纪 50 年代，湖南省就有一小部分人口盲目流入甘肃。当然，甘肃农村地区也有许多人口盲目流到外省份。据 1959 年统计，甘肃河西地区和定西地区流入新疆的人口有 4 万多人；甘肃西部邻近青海的少数民族县的人口有 10509 人流入青海，还有 2347 人流入宁夏。

宁夏回族自治区：宁夏在 20 世纪 50 年代的重点经济建设也曾吸收大量人口。如石嘴山煤矿，是国家重点建设项目。国家从辽宁、江苏、山西、甘肃等煤矿抽调大批干部、技术人员和工人到该煤矿开发建设。从 20 世纪 50 年代到 20 世纪 60 年代中期，共迁入 5 万余名职工。此后，这个矿区逐渐建成一个拥有 20 万人口的煤城，而其中从外省市迁入的职工和家属约占总人口的 70%，共 14

万余人。这其中也有一部分自流人口。如浙江省于1959年和1969年，曾先后两批动员97453名青年及部分家属支援宁夏。宁夏自1958年至1960年一年半的时间里，就接受冀、鲁、豫、皖等省自流人口10万多。并且其中大部分都安置下来，返迁率很低。

青海省：青海人口密度低，自然资源丰富，但经济基础薄弱。所以在"一五"期间，国家也在这里投资建设大的工程项目，调配人力，迁移人口，从而也引起流民进入。如蔡尔汗钾肥厂，在1957年建厂时仅有技术工787人，其中青海本省籍的85人，占10.8%；从外地调配来的702人，占89.2%。这702人中，来自人口密度大的省份的占多数。如来自山东省的183人，占702人的26.1%；来自河南省的144人，占20.5%，二者合计近50%。1959年，在青海省的柴达木盆地冷湖区建设冷湖石油基地，从全国几个大石油基地调来大量技术人员和劳动力。另外，1956年还有计划地从上海、天津、北京、沈阳、济南等大中城市成建制地整体搬迁来一部分手工企业，先后建立起20多个集体企业，其中迁入职工1400多人，还有家属3000多人。但青海的粮食生产能力极低，大量工业人口进入后，粮食不能自给，每年要由国家调入粮食8000多万石。所以有人提出对策，要解决青海的粮食紧缺问题，就必须通过移民来大量地开垦荒地，扩大耕地面积，以保障城市人口的粮食供应。早在1955年，天津市就由民政部门组织向青海省移民5.9万人。河北省根据国家计划，于1955年、1956年两年迁移1.4万人，到黑龙江、内蒙古和青海支援边疆建设。1956年组织保定地区遭灾的6个县和保定市共2400户、约13000人，迁到内蒙古和青海落户。为了照顾移民的民族风俗习惯，将800户回族移民约4000人，迁至青海省回族聚居的门源回族自治县和隆化回族自治县；将400户汉民约2000人，迁至青海省互组县落户。另外，1200户约6000人迁入内蒙古临河、五原、狼山、乌拉特前旗和达拉特旗等地落户，其中绝大多数人扎根于内蒙古。但是迁至青海的这一批移民却因种种原因大多数没有扎根下来。1956年，青海省移民工作正式提到议事日程上来了，当年成立"移民垦荒局"，并组织了第一次大规模的移民垦荒，先后从河南、河北、安徽、山东等省动员了 13702 户 69728 人，由国家出资来负担移民的安置费、垦荒费、搬迁费、医疗费等各项支出，将其安置在青海的乐都、湟源、湟中、大通、遗德、化隆、互组、居和等 8 个从事农业生产的县内。1958—1960 年，加以小量流亡在外的本省籍人口返还参加生产劳动，共达 7 万移民。据青海省察汗乌苏青年农场统计，1956 年由河南迁来的移民，收获粮食 120 多万斤，蔬菜 30 多万斤。移民还向当地群众传授使用耧步犁、双铧犁技术，并引进作物新品种。1958 年，青海省对农村管理机构作了调整，撤销农民垦荒局，由新成立的青海农垦厅继续组织移民垦荒工作。因受当时“大跃进”的浮夸、冒进不良风气影响，青海省地方政府盲目乐观，计划在“二五”期间，移入 65 万男女青年，垦荒 500 万亩。1958 年年底，青海省与河南省商定，用“支援边疆建设社会主义青年突击队”的称号来鼓励青年迁往青海。1959 年 6 月，由河南迁入青海的男女青年有 44293 人，在牧业区的 6 个州建立了 29 个青年农场。到 1960 年年底，由河南迁入的青年男女增加到 53044 人，又新组建了三个青年农场。另外，其他省份也向青海迁移过(指计划迁移)农民。这些迁移由于种种原因，返迁率较高，他们来时是有计划的迁移，而离时却是无计划的流动，成为流民，至少在某个时期内还未重新安置下来时，是流民。另外，青海建设及人口有计划迁入，也必然会带动一部分外地人口自流进入。自流迁移与计划迁移总是相伴随着的，并且这些计划迁移来的移民，其中部分也会成为流民。

新疆维吾尔自治区：新疆是一个特殊地区，虽然人烟稀少，但历来四处流动人口较多，并且内地迁入人口也是不断增加。中华人民共和国成立后第一次大规模人口迁入安居是解放军的转业进驻。根据“既是战斗队，又是生产队，同时也是工作队”的建军思想，进驻新疆的部分中国人民解放军，于 1952 年集体转业成为建设兵团，参加开发和建设新疆的经济活动，并于 1954 年正式成立了“新疆生产建设兵团”。到 1952 年年底，转业部队及家属和垦区的少量居民总计 27. 3 万余人。此后进入的移民大量增加，1954 年移民上升到 16. 8 万人，1959 年移民达到 51. 1 万人。按照当时的移民支边计划，1957 年至 1960 年，要从苏、皖、鄂三省向新疆移民约 80 多万人。1957 年，河南省从商丘、新乡等 8 个地区抽调青壮年民工 4 万余人，迁入新疆军垦农场当工人。1958 年，又动员青年垦荒队员 2.08 万人，迁到新疆军垦农场开荒。仅 4 个月的时间，就开垦出荒地 5395 亩，平整土地 11.7 万亩，当年就获得农业生产的较好收成。随着新疆当时工农业生产的发展，劳动力仍有短缺之感。同时由于国家计划迁入的人口的影响，还有相当多的人口是因家乡遭灾或羡慕新疆等原因而“盲流”到了新疆。所以，当时在新疆的各单位、工厂、生产建设兵团就在内地入疆的火车终点站招工，外来人口只要凭着工作证、毕业证、选民证、迁移证等各种各样的证明信便可以找到工作单位。

云南、广东、广西、福建：在这些地区，流出人口不多，但流入人口还是具有一定规模的。1952 年，党和政府决定在两广、云南和福建兴办农场，建设橡胶工业基地。这些农场主要建立在广东的湛江地区和海南岛、广西的钦州地区、云南的西双版纳州和德宏州。这些地区都是人烟稀少、经济社会发展较落后的少数民族地区。为此，国家首先动员一批有一定文化素质、懂得技术、有事业心的复员转业军人作为骨干建设的力量，然后才招收大量移民。这些移民中有多少是计划调拨迁移来的，又有多少是自发流入的，已是不太清楚了。如，为了大规模开发海南岛的橡胶，自 1959 年到 1962 年的 4 年中，共动员了 30 万人开发海南岛，建设橡胶基地，其中复员军人仅为 4~5 万人，其余均为移民。在云南省也是如此，仅云南建设橡胶基地所需劳动力，由湖南省支援了 5 万多人，再是有一部分复员军人。在福建，1949 年由北方老解放区抽调干部随军南下，进入福建的有 3119 人，多来自山西、山东；又有南下服务团进入福建的有 2116 人，多来自上海、江苏、浙江、安徽。还有大量复员转业军人落户于福建。这一切会带动一部分人口自发流入福建。如闽北的森林资源较丰富，但是人口密度低，农业耕地资源也较丰富，人均耕地可达 10 亩以上。中华人民共和国成立以后在这一地区新建了一批国营伐木场，向省外招收了一批林业工人。仅 1957—1958 年的两年内，就由浙江、江西和苏北流入数千人，虽然有正当职业，但大多无户籍关系。

总之，在20世纪50年代，尤其在50年代中后期，每年都有大量农民在农村地区之间流动。其流向一是沿历史传统和习俗由内地流向边疆，二是由灾区流向非灾区，三是由人口密度高、耕地不足的地区，流向地广人稀的地区。并且内地省份之间也有大量流民在四处流动。如湖南省在20世纪60年代有大量农村人口流向其他省份。仅1957年冬至1959年春的一年半时间里，湖南农村流出的人口约12.4万人。其中流入湖北的6.5万人、江西的4.2万人，其余的1.7万人分别流向广东、广西、云南、贵州、甘肃、新疆、内蒙古等。在江西省，该省与邻省交界的边缘地区，长期存在着没有任何户籍手续的外省自流移民。他们主要是单身汉，盲目流入江西境内参加水利建设、农业生产或流散在城镇当临时工，没有固定职业和永久居住地，流动性强，甚至连续在不同地点迁徙。根据《江西省情汇要》资料，1958年冬至1960年春，从安徽、湖北、湖南、江苏、浙江、河南等省和江西本省的农村人口，流向城镇、工矿、国营农场(垦殖场)的人口约34万~35万人。四川省是我国第一人口大省，其流出人口数量也是首屈一指。河南、山东、安徽等人口高密度省份均有大量人口在本省流动或不断自发外流，甚至四处乞讨，流浪为生。在湖北省，由于围垦和兴修水利工程的需要，湖北省与河南省协商，有组织地从河南的安阳、商丘、开封、南阳等地区迁入人口，1957年至1959年间就达14万人，分别被安置在武汉市东西湖农场、荆州和黄冈地区。这部分移民，除2万人返迁回河南外，大部分留下定居了。可能正是由于这一有计划迁移行动的影响，20世纪50年代末，河南又有约4万人自发流入湖北省江汉平原各县，并定居下来。①

① 上述有关的资料，除已注明来源的，主要见：《中国人口》黑龙江分册、内蒙古分册、甘肃分册、宁夏分册、新疆分册、福建分册、河南分册、山东分册、湖北分册、云南分册、广东分册等，以及何光主编：《当代中国的劳动力管理》，中国社会科学出版社1990年版。沈益民、童乘珠著：《中国人口迁移》，中国统计出版社1992年版。石方著：《中国人口迁移史稿》，黑龙江人民出版社1990年版。

第二节 20世纪60—70年代的流民

20世纪60—70年代，是我国社会发展过程中一个特殊的年代。其间我国经历了三年自然灾害和十年的“文革”运动，在当时严格的户籍管理制度下，农民是不可能自流进城的，他们只能流迁到人口与土地压力较小的边远省区。尽管这段时间流民之流动并未间断，但总体上说，农民盲目流动的浪潮逐渐消退。

一、“流民潮”消退原因分析

事实上流民潮逐渐消退是从20世纪50年代末开始的。其背景是，1958年的“大跃进”浪潮带来了全国人口的大流动，同时也掀起农民自流入城的新高潮。当时基本建设规模急剧膨胀，“大炼钢铁”热火朝天，一时深感劳动力不足，于是开始从农村大量吸收劳动力，自流农民也开始增加，这样把亿万农业劳动力卷进了城市，城镇人口急剧增加，到1960年，全国职工人数已增加到5044万。城市人口的急剧增长和盲流人口的增加，造成两个方面的负面影响：一是造成城市粮食供应紧张，国家负担加重，并且也给城市管理带来一些问题。二是农民外流，使农业生产受到影响。特别是到1959年春，一些地方也开始出现粮食紧张的状况。为了更有效地控制农民盲目流入城市，缓和粮食供求矛盾，减轻国家负担，并促进城乡经济全面发展，从1958年起中央开始制定实施了两项具有重大意义的对策措施：一是制订城乡分离的户籍制度，二是把城市里现有的部分劳动力、无业人口等迁往边远山区。1958年出台了《中华人民共和国户口登记条例》，其核心是以法规的形式限制农村户口迁往城镇，同年，中央精简干部和安排劳动力五人小组发出了《关于精简职工和减少城镇人口工作中几个问题的通知》，不仅限制农村人口迁往城镇，而且也限制小城市人口迁往大中城市。1959年6月1日，中共中央又发出了大力紧缩社会购买力的紧急指示，决定控制企业职工人数800万~1000万人，减少工资支出

15 亿~18 亿元。同时，中央还不断强化城市粮食凭证、凭票、定量供应的粮食改革，农民外出到饭店吃饭要交出粮票，因此不再敢贸然进城，否则就要饿肚子。这样就从制度上限制了农民盲目流入城市，农民外出进城务工的浪潮开始逐渐消退。

20 世纪 50 年代末和 60 年代初我国发生了三年自然灾害，农村经济受到严重损失，同时也对工业发展带来极大的影响，国民经济面临严重的经济困难。为此，国家从 1961 年开始对国民经济进行大规模调整，大批基本建设项目停工，在 1958 年以来突击招工的民工多数被清退，并且进一步加大城镇人口精简工作力度，不仅精简职工，而且也要精简城镇人口。在 1960 年 5 月召开的中央工作会议上，规定在 1960 年年底城镇 12900 万人口的基数上，三年内减少城镇人口 2000 万以上，其中 1961 年要减少 1000 万人。1961 年 6 月 16 日，中共中央发出了《关于减少城镇人口压缩城镇粮食销量的九条办法》，6 月 28 日又发出《关于精简职工工作若干问题的决定》，决定指出精简对策是 1958 年 1 月以来参加工作的来自农村的新职工，包括临时工、合同工、学徒和正式工。1962—1963 年，中央又多次发出通知，要求 1962 年上半年减少城镇人口 700 万，1963 年再减少职工 600 万人。从 1961 年初到 1963 年 6 月的 2 年多时间里，共精简职工 1940 万人，其中回乡、下乡参加农业生产的约有 1300 万人。同期城镇人口减少了 2600 万人，从 1960 年年底到 1964 年年底，城镇人口从 13073 万人减少到 9885 万人，净减 3188 万人。

在城镇人口的大量精简情况下，农民不可能再向城市盲目流动。在三年困难时期，由于农业生产受到严重影响，农民生活困难，一些地方出现粮食紧张，甚至出现严重的饥荒。在这种情况下，有些灾民纷纷离乡投靠亲友，有些灾民成为灾害流民，到处乞讨，勉强度日。此后，随着各地灾情好转，出逃的灾民才返回故里，乞讨的人数有所减少。在这一时期，国家还加强了对流浪人口的收容、收养工作。到 1964 年年底，全国有城市福利事业单位 1054 个，共收养人员达 14 万人。

二、乡村农民流迁

20世纪60—70年代，流民潮并没有完全间断，与50年代流民潮不同的是，只是流向城市务工经商的农民数量大量减少，而异地流动或乡村的流迁仍是相当活跃。这主要是由我国“三线”建设引起的。我国“三线”建设于60年代初开始规划和实施，在第三个五年计划(1966—1970)中，“三线”建设被置于首要地位，并全面展开。那时，大批位处“一线”即沿海地区的企业纷纷迁往内地，其中以迁往西南为主；同时一些新建项目的建设，也从东部工业发达地区抽调了大批工人和技术人员，去西南搞开发建设，于是形成了一个大规模的工业移民流。在这个过程中，由于农民不能自流进城，因此，一些农民流迁到人口少、土地压力小的边远地区，这一阶段自发性的农业移民规模较大，在主要入迁省区自流人口占迁入人口的2/3左右。尤以青海、黑龙江、内蒙古、新疆、甘肃等省区较为突出。

青海省根据前两次移民的效果，于1965年借鉴新疆生产建设兵团的经验，认为实行军垦效果可能会更好一些。所以就在一个最好的劳改农场(格尔木农场)的基础上，组建了农建师四师(后来转归兰州军区领导)，从山东、西宁等地招收了青年7400多人，再加上复员转业的干部和战士，共1万多人，在这个农场从事农业生产。这7400名青年中，一部分是从自发流民中招收的。青海工业在这一特殊发展时期，通过有计划迁移职工等方式，也引来了一部分自发流民。在20世纪60年代所谓的“三线”战略布局制约下，从1966年开始，国家有计划地把沿海和内地工业布局密集地区的一部分企业迁来青海。据有关资料，在“三五”期间，内迁青海的机械工业职工有10800人，其中来自河南的3600人，黑龙江2250人，山东1130人，辽宁1356人，上海1225人，天津950人，北京187人，江苏62人，另有家属2.7万人。还有许多轻工业和手工业工厂也搬迁到青海，随迁职工950人，加上家属共2000多人。在“三五”和“四五”期间，迁入青海的职工(仅包括机械工业和重工业)有5万人，包括家属达12万人。黑龙江省在20世纪60—70年代继续涌进大量移民，并且以自发流入人口为主。1960年达86.6万人。70年代平均每年流入约17~18万人。在这个过程中，青年垦荒和知识青年上山下乡进入黑龙江起到了相当大的导向作用，虽然他们的人数与自发流民进入的人口相比还是较少的。如黑龙江克山县黎明村，就是一个以山东自发移民逐渐成为主体的村庄，而当年的青年垦荒队员已所剩无几。该村322户居民中，仅山东自发移民就占72.7%。大量流民能够在黑龙江省得到安置和稳定下来，与当时政府的有效管理有很大关系。特别是从20世纪60年代开始，政府采取了安置与控制相结合以安置为主的方针。如1960年，政府发出了《黑龙江省人民委员会关于切实做好已安置的自然流入农民巩固工作的通知》，其中要求：第一，“对待流入人员应与原有临时工和社员一视同仁。对这些流入人员，今后不要再称‘盲流’，从现在起，应一律视为临时工或新社员”。第二，“关于流入人口的户口和粮食关系问题，在流入人员(包括已来的家属和继续来的家属)的户口转来之前，可由各地公安局机关予以落实下临时户口。已经落实了临时户口的人员，按当地粮食、棉布供应标准给予供应”。第三，“为了充分发挥流入人员的生产积极性和鼓励他们在此长期安家落户，对安置在企业、副业单位中时间已经超过一年以上，并已掌握一定生产技术、思想进步、劳动积极者，可以根据本人志愿与生产长期需要，经省批准，转为长期工”。第四，各单位对已有了临时户口的人员，“不得随意辞退或送回原地”。①黑龙江省如此欢迎自发流民进入黑龙江安家落户的一个重要原因是当时以大庆油田、北大荒垦荒、煤矿建设等为典型的大规模经济建设急需各个层次的劳动力。在这一方针指导下，各地政府对流民的安置方式也较为适合当地的实际情况。

如在牡丹江地区，1964—1965年，就流入该地区农村4.8万人口。当地有关部门以就近安插的形式先后安置2.7万多人，占4.8万流入人口的57%。尚未安置的流民，当地政府要求首先仍以

---

① 转引自杨云彦著：《中国人口迁移与发展的长期战略》，武汉出版社1994年版，第156页。

就地分散插队方式安置为主，又安置1万多人。其次通过建立新村来进行安置，规划建立130多个新村，这样基本上就可把剩余人口都安置下来。但是流入城镇的人口，当地无法全部安置，个别的县也无法全部安置流入人口，有关部门就采取了地区之间调剂再迁移的方式进行安置。

在黑龙江，建立新的村屯是当时老村屯的迫切要求。因为老村屯人口急剧增加，人均耕地不断减少，村落规模扩大又使生产作业距离扩大，老村屯居民的各方面利益都受到不同程度的损害。这就需要从老村屯中迁出一部分人口去建立新村屯。但是大多数居户不愿迁去。而自流人口则由于无住房等固定资产，从而无负担，可以迁往新建。这也是避免老村屯迁移人口增加的首要途径。

到20世纪70年代，安置流民的方针有所变化：第一，控制新流民工作有所加强。流入的，一般情况下不再安置。第二，在安置去向方面，主要是对流入农村的采取就地安置的办法，而流入城镇和林区的，也要安置在不吃商品粮的农村地区。凡是吃商品粮的林、牧、渔场等都不安置自流人口，不接受安置的则要遣送回原籍。第三，某些人员不能安置。如逃避计划生育政策的。山东省有逃避计划生育政策的，企图到黑龙江去生育，常有被拒收的。再如，潜逃流窜的坏人必须押送回原籍。在这种情况下，来自山东、河南、河北、安徽、江苏等地的自流人口，主要安置在大兴安岭、呼伦贝尔盟、合江、牡丹江等地区，这里人少地多。政府对于接受安置的流民，还在当年口粮、生活费用、生产工具和修建住房等方面，给予适当的补助或贷款。

据1979年统计，在黑龙江省，自1970—1979年，进入黑龙江的流民达178万人，其中来自山东的最多，占31%，辽宁省的占67%，吉林省占9%，河北省占8%，其他省占35%。就地安置参加生产劳动92万人，其中分散插队安置的有34万人，集中安置到新建社队的有58万人。当时新建公社14个(纯自流人口的公社4个，自流人口占半数以上的公社有10个)。除就地安置外，还动员遣返49万人，滞留在工矿、林区和农村的有38万人。为了妥善安置70年代的流民，使新建社队能迅速发展起来，政府从人力、物力、财力等方面给予了积极的扶持，如发放农业贷款、救济金等。

内蒙古的迁入人口也是较多的。内蒙古的人口学者把内蒙古人口变动在 1949 年至 20 世纪 80 年代初的概况归结为“三个六百万”：在 1949 年内蒙古有 600 万人口，30 余年内该区人口自然增长 600 万，30 年内人口迁入及迁入后自然增长 600 万。

在 20 世纪 60—70 年代，大量人口自发流入内蒙古，其内在的引导因素仍然是三线建设及其他大规模经济建设。如 1959 年至 1966 年，先后有 15 个工厂的职工、家属，连同机器设备从内地成建制地迁到包头、呼和浩特、集宁和伊克昭盟等地，共迁入职工 4864 人，家属 10320 人，共 15184 人。再加上其他因素的促成，此后仍有大量流民进入内蒙古。1960 年流入 628616 人，遣返 24635 人，安置 603981 人。在“文革”期间，有大量流民进入内蒙古，并且自流人口问题也无人管理。特别是在“文化大革命”的中期，邻近省份及内地其他省区的农民、基层干部，由于种种原因纷纷流入内蒙古农区、牧区和林区。他们或以垦荒种植为生，或以采集、伐木、手工艺为业。从而又出现一个自流人口迁入的高峰。据有关部门统计，这 10 年全区自流人口迁入与迁出相抵后，净迁入 246019 人。

这些流民的行为方式已经不同于 20 世纪 50 年代了。他们在流入时，绝大多数是家庭中的男性青壮年劳动力先行迁入。有的是成群结队集体迁入，集中在一个地方，或分散在几个地方。有的是一个生产队、一个大队、甚至一个公社的集体搬迁。他们选择一块水草肥美的土地，在那里垦荒种田，筑路造屋，建立村落，既成事实。然后，再将带来的户籍全部交给当地有关部门备案登记，以取得当地合法居民地位。当然也有单独行动的，有的兄弟几人或独自一个人先投亲靠友，站住脚，苦干一两年，待稍有积蓄或建立了房屋，再把家眷老小接来定居。还有的始终未搬家，他们只是把新迁入地作为生产粮食或谋取收入的场地，隔年往返原籍一次，或者春来冬去，候鸟式的流迁。但是往往只身空手而来，满载而归。

在这个流民迁入过程中，内蒙古建设兵团和知识青年上山下乡也起到推波助澜的作用。20世纪60年代末，为了搞备战、备荒，中央决定在内蒙古筹建北京军区内蒙古生产建设兵团，将解放军华北建设兵团并入内蒙古生产建设兵团。1969年5月，由河北、山西迁入内蒙古的原华北建设兵团人员共3053名。然后兵团又招收知青，影响不断扩大。

内蒙古长期以来就有另一种形式的流民，即“帮工”，也就是20世纪80年代以来的“民工潮”中的“打工”。但是这些帮工所从事的经济活动的类型却未必是市场经济性质的，更多的是自然经济性质的。这是由于内蒙古地广人稀，一部分农村牧区始终缺乏劳动力，所以长期以来，邻近省份的农民常到这里帮助干农活，并形成一种习俗。他们或是春来秋去，或是按农时季节往返，主雇双方事先达成协议，秋收后按实物分成。在1949—1957年这段时间里，政府对这种两厢情愿的事情一般不加干涉。内地农民或手艺人通过来边远地区的农村牧区帮工，他们将内地较为先进的耕作技术、修圈建屋和皮毛加工等技术传授给当地农牧民。但是在1958—1976年这段时间里，一些地区或部门把农牧民乐于接受的帮工视为剥削，从而帮工类的流动人口受到不应有的限制，统统被称之为“盲流”，加以鄙视和驱逐。这种状况，从1978年以后才开始转变过来。

从流民的规模和性质看，在20世纪50年代，主要是灾害性流民进入内蒙古。所以内蒙古政府基本上采取了积极安置的态度和方式。但是这样也引起新的问题，即许多外地人认为内蒙古好谋生安居，从而大量地涌入。这个问题是从20世纪60年代开始的。当然这也与三年自然灾害有关。1960年下半年，内蒙古的自流人口猛增至百万余人，引起中央有关部门和自治区领导部门的重视。所以，自治区政府开始采取措施，制止大批自流人口盲目流入。从1961年起，各地对流入的流民进行收容遣返。据自治区民政厅的统计，1961—1965年这5年内，共收容自流人口155139人，其中被遣返原籍的153074人，占总数的98.67%，就地安置的2065人，占1.33%。可能，“收容—遣返”这一信息很快就传播到了流民的流出地，再加上农村和整个国民经济状况逐年好转，流民不再大量涌入内蒙古，所以收容人数逐年下降。见表 1-1。

表 1-1　　1961—1965 年收容、遣返人口情况

年份	收容人数	遣返人数	处理安置人数
1961	43739	42693	1046
1962	45695	45303	392
1963	27541	27334	207
1964	26895	26571	324
1965	11269	11173	96

当时流民从被收容到遣送，多数人在时间上不出数月或一个季度，基本上是哪里来就到哪里去。

新疆在 20 世纪 60—70 年代也有流民涌入。首先，为了加强垦区的建设，在 1964—1966 年的三年中，新疆各大生产建设兵团在全国的一些大城市中招收知识青年，累计招收 65 万人进入新疆垦区，并且其中有相当数量的"自流"人口。其次，在"文革"期间，有大量人口自发地、分散地进入新疆。其中，各种成份、各种原因的都有，如刑事犯、政治犯、农民等等。在中华人民共和国成立后的 30 余年内，进入新疆的自发流民，往往随着国家有计划迁入的人口数量的多少而相应波动。即便无计划性迁入时，也仍有自发流民从各个方向进入新疆。据有人估算，即使把 20 世纪 50—60 年代两次移民高潮的数字全作为国家组织的人口迁移，其数量也不过在 132.9 万人左右，而新疆这 30 年内人口增长总额为 280 万人。可见，进入新疆的流民要远远大于有计划迁移进入的移民。

其他省、区之间以及省份内部，仍有大量农民在自发流动。甘肃省在 20 世纪 50 年代接收了大量流入人口。但是 20 世纪 50 年代末和 60 年代初，因粮食严重歉收，又有大批农民外出谋生。1959 年有 5.3 万人流出。1962 年有 5 万人流出。全省 75 个县中，有 68 个县有人口外流，一般都流入邻近省份。1963 年，农业生产状况好转，又流回一批。四川省是人口流出大省，仅 1962 年至 1976 年

就流出近 500 万人，相当于西欧人口小国的一个国家的人口。中华人民共和国成立后 30 年内流出 900 万人，其主要流向是云南、贵州等边远地区，也有的流向安徽等省份。如安徽省的怀远县，到 1982 年，由四川流入的人口就达 1.5 万多人，他们多数都定居下来。而安徽省在 20 世纪 70 年代中期，也有一批女性流入到江西省等。湖北省因 20 世纪 70 年代大型基本建设，也有大量外省人口流入，但他们主要集中在各城镇的建筑、运输和各种服务行业，其数量在最少的年份也有 15 万多人。1977 年，仅登记在册的流动人口就达 17.7 万人，其中投亲靠友或要求落户的 9.6 万，包工队和临时工有 8.1 万。1979 年投亲靠友或要求落户的达 10.5 万人。实际上未登记的很可能比登记的还要多。湖南省流出人口较多，且主要流向是湖北和江西，但只有少数最终定居下来。1960 年流出人口不少于 6 万人，1963 年和 1964 年每年仍有 6 万人流出。1965 年湖南农村开始对外流人口进行劝止，外流量比 1964 年下降了 25%，约 4.5 万人。

从其他流出省份看，河南省是人口流出大省，从 1954 年到 1979 年共流出 300 多万人，其中 1959 年到 1961 年仅向西北流出就达 110 万人。在 1962 年至 1973 年的 10 年间，河南净迁出人口 120 万人。在河南省 300 万的外迁人口中，仅有小部分人口是由国家组织的垦荒移民和水库移民，如在 1958 年至 1960 年间，有 53044 人有计划地移至青海。而自发移出的流民占绝大多数，并且根据从内蒙古和黑龙江传出的信息，恰恰是国家组织的迁移人口难以扎根定居，返迁率高，而自发流民较容易扎根定居。江苏省也是人口迁出省，在中华人民共和国成立后的三十几年内，累计净迁出人口近百万。其自发性人口迁出主要是由于 20 世纪 60 年代的自然灾害，造成重灾区的农民外流。这一时期迁出人口约有 100 万，主要流向东北、西北、浙、赣等省区。山东省也是人口外迁大省。在 1954—1979 年的 25 年中，山东省外迁人口累计达 550 万，占同时纯增人口的 24%，迁出人口数量仅低于四川省。但是，由国家统一组织的移民也只占少数，在 1955—1966 年的 11 年中由国家统一组织的移民迁出约有 110 万人，主要流向黑龙江、内蒙古、青海等，占迁出人口的 73%，而其余的 440 万则基本上都是以自发流民的形式迁出的。当然这里也有少量的升学、参军、南下干部等净迁出人口。

在 20 世纪 60 年代，许多省份在省内也有一定规模的农民计划迁移和农民自发流迁。如福建省，在 1964—1966 年期间，由人多地少的沿海晋江、莆田、仙游、南安、惠安等地组织 10. 8 万人口迁至三明、建阳两地区安家落户，从事农业生产。安置形式有插队，也有单独办队。但结果倒流 2 万~3 万人，至 20 世纪 80 年代末，户籍未迁回。在 20 世纪 60 年代，山东的西北部经常闹水灾，大量人口外迁或就在本省范围内乞讨，如常到胶东半岛乞讨。但在 20 世纪 70 年代，这种现象受到政府的限制。①

第三节　20 世纪 80 年代以来的“民工潮”

“民工潮”是指 20 世纪 80 年代以来，农民走出家门，外出打工经商，人数越来越多，规模越来越大，并且时起时伏，像潮水一样涌动，大有洪流滚滚，难以阻挡之势。他们去无常地，住无常宅，哪里有工可打，哪里有钱可挣，哪里就是栖身之处。他们不带户口、粮食关系，一般情况下也不带家眷。虽然城镇也有越来越多的人口在外出暂时流动，但是中国农民的流出人数无疑地构成 20 世纪 80 年代以来流动人口的绝大部分。

一、“民工潮”的兴起

实际上，从有关资料看，20 世纪 80 年代以来的民工潮的最初兴起，是从 20 世纪 70 年代末，特别是从 1978 年党的十一届三中全会之后，农村人民公社解体、家庭联产承包责任制改革之后兴起

① 以上关于乡村流民的资料，主要见：《中国人口》黑龙江、内蒙古、新疆、甘肃、青海、河南、福建、四川、湖北等各有关分册，中国财经出版社 1987—1988 年版。何光主编：《当代中国的劳动力管理》，中国社会科学出版社 1990 年版。石方著：《中国人口迁移史稿》，黑龙江人民出版社 1990 年版。沈益民、童乘珠著：《中国人口迁移》，中国统计出版社 1992 年版。

的。并且这时的涓涓细流，仍然带有传统流民的流动去向的轨迹。

如本章第二节所述，在20世纪70年代，就有大量山西等地的农民到内蒙古为牧民当“帮工”。1978年以后，帮工的潮流迅速扩大。据巴彦淖尔盟1984年春季统计，仅4个月的时间，该盟各族县农村就流入各类帮工11439人，他们大多数来自河北、河南、山东、四川和其他省区。其中河北的2672人，河南1087人，山东989人，浙江2068人，四川874人，其他省区1293人。还有来自内蒙古自治区内部的，如来自乌兰察布盟地区的2456人。他们或是在田间从事农业生产，或协助农户经营工副业。从性别上看，帮工大多数是男性青壮年人，独身前来，主要分布在铁路、公路沿线较为富裕、交通较为方便的农村牧区。这是传统型的流民，但又是一股新的潮流。这是因为内蒙古的服务性行业较为落后，在市场经济的推动下，大量经商人口流入内蒙古。这些务工经商者主要来自于浙江、江苏，其次是来自河北、山西和东北三省。据统计，仅1984年在呼和浩特工商局挂号登记的外省市商贩、手艺人就有3382人。以后，流入内蒙古从事建筑业和工副业者增多。由于在建筑施工中实行招标投标制，自治区内的许多建筑工程，被外省区的建筑单位投标夺去。同时，也有一些大中城市的建筑工程，被旗县施工单位承包。到20世纪80年代初，建筑行业的流动人口已达十几万人。从事工副业技术指导的，大多数是区内一些乡镇企业聘请来的外地师傅，他们主要拥有铸造、机修、锻铁、烧砖等技术，也有的拥有种瓜、养鱼等农业种植或养殖技术，全区每年约有此类技术人员1万人。再有集会型流动人口，往往是迅速集中，迅速分散。这主要是各种节日及交流会、各种正规会议构成。节日以内蒙古人民传统的“那达慕”群众性集会为典型。这是一种综合性盛大节日，不仅有传统的活动，还有物资交流、文化交流、信息交流和表彰活动等。1979年以后，随着牧业经济的发展，每逢夏秋之际，牧区各地几乎都举行规模不等的“那达慕”，一般情况下也有数万人参加，规模大的可以达到十几万人。据统计，全自治区在20世纪80年代前后，每年因参加“那达慕”引起流动人口可达200万人次。到20世纪90年代，“那达慕”的规模更大了，次数更多了。

另一种会议型流动人口潮流是各种政府行为的正规会议。1977 年以后，此类会议被各种政府表彰会、交流会、科技会、科研讨论会等取而代之。会议人口主要流向大中城市，如呼和浩特、包头、赤峰、通宁、集宁、海拉尔几个城市，每年流动的数量约在 10 万人。再就是采购型的流动人口。市场经济就是流动经济，人、财、物都需要流动。改革开放以来，内蒙古人也迅速行动起来，开始冲出蒙古包，走出大草原，农村的要往城市去，城里的要往农村走，如此等等。据估计，内蒙古在 20 世纪 80 年代初期，经常在外从事业务活动的就有 1 万人，在区外，采购人员集中在京、津、沪、穗等商业发达的城市；在区内，多数集中在呼和浩特、包头、赤峰、通宁、集宁等盟市所在地。以呼和浩特市为例，据有关部门统计，部分盟市、旗县在呼和浩特市设立的驻呼采购小组、办事处有 30 多处，除一部分固定工作人员外，经常有 2000 多名采购人员长期住宿办理业务。呼和浩特市所有旅馆 35%的床位经常被采购人员租用。①

在一直大量接收流民的黑龙江省，自 1978 年以后，大量流民不仅进入农村，而且也进入城市，他们的素质、目标等已不同于以往流入的普通农民。那些农民主要是“混饭吃”。而这些流动人口则是以手艺、技术为本领来换钱的，他们无孔不入，走街串巷。一时间，黑龙江各大城市面临着就业的巨大压力，大量回城知青、落实政策回城的居民等，都需要就业，而这些自发流入的人口却占据了许多行业，特别是服务业。“文革”结束后，特别是进入 20 世纪 80 年代，当地政府对自流人口采取了安置和遣返相结合的方针，但是重点是遣返。如 1980 年，黑龙江省政府提出：对于流入市镇、矿区、林区、苇塘、草原，没有固定职业的；1974 年 1 月 15 日以后流入农村的；流入农场没有落户的，都应动员返籍或遣送回原籍。1982 年，省政府又发文件，重申上述政策。据 1981 年年底的不完全统计，自 1980 年黑龙江提出清理动员自流人口返籍工作以

① 《中国人口》内蒙古分册，中国财经出版社 1987 年版，第 188～191 页。

来，已动员8.7万人返籍，占1981年遣返目标的87%。但实际是不可能长期堵住流动人口进入的。因为他们都是手艺人，并且大多来自江浙一带，能吃苦、善经营，是符合当地人民日常生活需要的。直到20世纪90年代，某中央大报还在刊登通讯报道，讨论为什么哈尔滨市的街头服务业尽是外地人的问题。

吉林省在1961年和1962年，由于国民经济困难，有大量人口自由流入，但两年合计总共流入才21万多人，其中关内流入16万人，占75.5%，辽宁、黑龙江与内蒙古等邻近省共5.1万人，占24.5%。到1982年人口普查，全省流动人口(仅指离开常住户口登记地一年以上与居住地户口待定的人口，不包括短期流动与国外流动)达58.6万人，其中流入41.2万人，流出17.5万人，分别占70%和30%。长春市铁路运输客运量1978年为1940万人，1982年为2570万人。长春市市内公共交通客运量1978年34211万人次，1982年达55889万人次。①

在湖北，1977年，包工队和临时工就达8万多人，武汉市暂住人口为2.8万多人。到1980年，全省农村建筑队1383个，13568人。至于朝出夕归的流动人口就更多了。20世纪80年代初，武汉市钟摆式流动人口至少有86.4万人。② 其他各省市也都有大量农民及其家属在四处务工经商、投亲访友等。

二、"民工潮"的规模

首先，让我们看一下流动人口包括民工在内的总规模。从20世纪80年代开始，各省市，从沿海到内地，从大城市到穷乡僻壤的小山村，从农民到工人，从学生到干部，都在流动，流动之潮波及全国。据上海1988年调查，成都、太原、郑州、吉林、哈尔滨1989年调查和广州1990年调查显示，流动人口中，居住1年以上的占28.7%，半年至1年的占15.8%，1个月至半年的占17.1%，7天至1个月的占11.9%，2天至不足7天的占10.6%，当天返回

① 《中国人口》吉林分册，中国财经出版社1988年版，第159~161页。

② 《中国人口》湖北分册，中国财经出版社1988年版，第149~151页。

的占 15. 9%。平均滞留时间为六个半月(195 天)。① 1982 年人口普查结果，常住本地一年以上，户口在外地的有 636. 5 万人，再加上其他人户口分离及户口待定的人口，共达 1138. 6 万人。1990 年人口普查结果，常住本地一年以上，户口在外地的有 1983 万人，再加上其他人与户口分离及户口待定的人口，共达 2135. 4 万人。但是这两次普查都没有包括某些外出一天或几天的短期流动人口，因为这些流动人口不涉及户口变动问题。

根据上文，按居住一年以上的流动人口占总流动人口的 28. 7%推算，1982 年居住一年以上的流动人口为 636. 5 万人，由此推算出全国流动人口总数至少为 2218 万人；1980 年居住一年以上的流动人口为 1983 万人，由此推算出全国流动人口总数至少为 6909 万人。

在世界上，人口规模在一两千万的国家就算是一个中等规模的国家，人口超过 5 千万的国家就算是一个人口大国了。我国在 20 世纪 90 年代前后仅流动人口规模就相当于一个人口大国的人口了。

另据有人估计，1982 年，全国流动人口不超过 3000 万人。据有关部门于 1985 年对全国 16 个大城市和黑龙江、山东、江苏、河南、云南等省调查，平均每天有流动人口约 1200 万人次，约占这些地区常住城镇人口的 20%。如果按城市和建制镇非农业人口 17547 万人与流动人口占常住人口 20%的比例推算，得出全国在市镇中的流动人口为 3509 万人。在流动人口中，通过铁路、公路部门的车辆在途中过往周转的约占 36%；滞留在城市、集镇暂住三日以上的人口约占 64%，暂住人口占常住人口的 11%。所以，按 1985 年铁路、公路、水运部门完成的客运量平均每天约 1530 万人，和暂住人口占常住人口的 11%的比例推算(1530 万人+17547 万人×11%)，得出流动人口为 3460 万人。这两种估算都不包括未改建制的镇和农村地区的流动人口，以及到城市、建制镇暂住三日以内和早来晚归的流动人口，如果包括这些，流动人口的规模将达

① 沈益民、童乘珠著:《中国人口迁移》，中国统计出版社 1998 年版，第 209 页。

四五千万人。①

据有关估计，1988 年全国流动人口，包括短期的、在农村地区的，共达 7000 万人。1995 年，共达 8000 万人。到 20 世纪 90 年代末，流动人口可达 1 亿。

但是在全部流动人口中，有一部分是外出开会、学习、旅游等人口，其余大部分是农民外出打工者及其随身流出的农村其他人口。我们所关心的正是这些农村人口。农村流动人口占整个流动人口的比例有多大呢？

据多方面估计，外出打工的农民及其他农村人口约占整个流动人口的 70%。据 1990 年调查，1990 年，上海、成都、郑州、北京的流动人口中民工（不包括其他农村流动人口）分别占 47.6%、57.8%、62.1%和 66%；广州、杭州、太原、武汉的流动人口中，民工及其他农村流动人口分别占 71.5%、71.6%、74%和 75%。

总之，到 20 世纪 90 年代初，全国民工及他们所带动的农村流动人口，在 5000 万人以上。据河北省计委和河北大学人口研究所于 1992 年 5 月在河北省 14 个县市、42 个村、5700 余农户、2 万多人的农业劳动力转移调查，全省农村 15 岁及以上男女劳动力中有 17.43%的外出打工经商。按此比例推算，1992 年，全国有 7500 万农民外出打工。另据中国社会科学院社会学研究所的测算，1995 年，离开本乡外出务工农村人口在 6500~7500 万人。1995 年 10 月底，仅跨省（区）的、进入城市的流动民工数量达 3000 万人，比 1994 年增加了 20%。1998 年下半年，全国外出务工经商流动民工已达 8000 万人。

三、春节期间“民工潮”

我国的民工潮之所以引起如此众多的问题，引起世人的极大关注，一个关键性的特殊原因是民工潮的高峰期高度集中在春节期

---

① 任素华：《中国十六城市和部分省区流动人口分析》，见中国社会科学院人口研究所编：《中国人口年鉴》1986 年，社会科学文献出版社 1987 年版，第 482 页。

间。春节是中华民族，尤其是中国农民的最盛大、最热闹的节日。远隔千山万水的人们，也总是希望在春节期间见上一面。为此，民工不顾长途跋涉，日夜兼程返回家乡。特别是 20 世纪 90 年代以来，民工潮更是有规律地在春节前后两个十分集中的时间里形成高峰。其潮涌势头，十分壮观。由此也形成“春运”这一特殊的运输战线上的硬仗。

1989 年，全国经济过热的形势在下半年急剧降温，有 1000 多万名民工提前回流到原籍，所以 1989 年春节期间的民工潮还算缓和了一点。

1990 年，民工潮相对缓和。1991 年，经济发展又呈现加快趋势，民工潮也随之有所高涨。1991 年春运期间运送旅客达 85439 万人次。

1992 年春运：1992 年 1 月 20 日至 2 月 28 日，共 40 天，全国春运客运量 87760 万人次，比上年春运增长 2. 7%。为此，当时的国务院生产办公室早在 1991 年 12 月 31 日就发出通知：各省、自治区、直辖市及计划单列市都要成立春运领导小组(下设办公室)，由政府一位领导同志负责，经委(计经委、生产委、交委、交办)、公安、铁路、交通、民航、城建、工商管理、教育等部门领导同志参加，集中一段时间，全力以赴，抓好春运工作。各运输单位要设立春运小组，实行昼夜值班。真是如临一场大战。该通知还要求，春运期间，各地区、各部门要严格控制大型会议的召开。春运高峰期，未经国务院批准的大型会议，运输部门可不予办理团体订票。全国都在为春运让路。

1993 年春运：1993 年 1 月 8 日至 2 月 16 日，共 40 天，全国春运客运量 9. 17 亿人次，又比 1992 年增长 4. 9%。当时的国务院经济贸易办公室发出通知，通知内容与 1992 年的相似，但增加了一项，即在春运期间，以客运为主，兼顾货运。看来春运的压力进一步增大。据统计，春运期间，全国铁路部门开行临时客车 5383 列，比 1992 年春运同期增加 1883 列，铁路共送旅客 1. 18 亿人次。比 1992 年同期增加 3. 4%，其中长距离直通旅客增加 11%以上。全国公路部门春运加班班次为 50. 8 万个，水运加班 1. 92 万个航次。春运结束后，客流仍未恢复正常水平，部分线路仍然人满为患。铁路部门只得继续开行北京至重庆、上海至成都、重庆至广州之间等十几趟临时客车。

1994 年春运：1994 年 1 月 21 日至 3 月 21 日，共 60 天。时间明显延长了 20 天，这是提前有所准备的。但是最终还是显得运输乏力，难以应付。1994 年民工潮的特点是来势早、来势猛，各种运输工具均是招架不住。春运期间运送 13.9 亿人次。

首先，民工提前到达上海。往年，春节刚过，那股子节日气氛还未消失，民工就潮水般涌进上海。但是民工们也是动脑筋、想办法，力避潮水之冲击，他们在未到 1994 年春节就提前于 1993 年 12 月中旬涌进上海，引起上海市上上下下各方面的关注。上海市政府于 1993 年 12 月中旬，成立了流动人口管理协调小组，邀请 6 省驻沪办主任召开座谈会，要求互相积极配合做好这一工作。市公安、民政等部门和市各区加强部署，落实有关措施，如坚决取缔非法劳务市场，加强收容遣送盲目来沪民工等。春节后，民工潮进一步上涨，上海铁路局管内客流暴涨，日均近 60 万人次，相当于上海市一天涌进一个中等城市的人口。民工主要来自安徽、河南两省。全局 35.5 对春运加开列车全部开行，200 多个民工售票窗已开启，由 6150 人组成的工作组分布在千里铁路线上，帮助疏导客流，并加强了劝返自发来沪民工。①

其次，民工流量大增。广东省 1994 年春节前返乡过春节民工有 170 多万人，比 1993 年增加 40 多万人，人们十分担心他们再回广东时有可能再带来更多的民工。广东省各地已部署好外省民工回乡过节。在珠江三角洲地区的省外“打工仔”、“打工妹”有 220 万人，为使他们高高兴兴回乡过春节，陆海空各交通部门紧密配合，广州火车站及早做好客流调查与预测，主动到珠江三角洲各市县和

---

① 记者史美圣：《“民工潮”提前到沪》，载于《光明日报》1993 年 12 月 20 日第 4 版。记者刘士安：《上海妥善疏导“民工期”》，见《人民日报》1994 年 2 月 20 日第 1 版。

各大企业组织订票。① 在北京市，也是人潮涌动，十分紧张。北京至四川达县的115/116次列车，几乎成为四川民工的专列，曾超员载客达250%~300%。春节后一趟116次进京列车，在达县就有几千人蜂拥而上，武警帮着往里推，但最后发现火车走不动了，扒下了，车底的粗弹簧被压实了，火车根本动不起来，于是又往外拽人。超员40%的列车上供水非常困难。1991年以来，铁道部开展“茶水工程”，投入2亿元添置站车供水设备。但超员挤得人们无法喝水，有人因此而脱水休克。115/116次列车曾挤得厕所里塞进七八个人，在41个小时的旅途中，人们只得随地大小便。缺水、缺氧、饮食不良，精神紧张不安等，造成所谓的“旅行性精神病”，这几乎是我们铁路拥挤而成的特有产物。在那沉寂的车厢中会突然有人歇斯底里地尖叫，从车窗翻出去，因为有人已到了无法忍受的程度。这种在长途列车上突发精神病的并非少数人，在那特别长的荒漠的西北铁路上也时有发生。春运期间这种精神病发生的较多，并且100%发生在硬座车厢，而卧铺车厢从来没有。这种精神病不仅发生在列车上，而且也发生在北京火车站。北京站每年都发生30多起旅客跳楼事件，都是那些疲惫已极、精神崩溃的旅客。② 在春运最紧张的地方，时常动用闷罐车或带篷货车等简易列车运送旅客，特别是以专列的形式运输民工。民工啊，赚点钱真不容易！

1994年春运结束了，但是却留下了一大堆难题。春运刚结束10天，铁道部就向国务院送上了一份长达6000字的专题报告和一盘录像磁带。中央领导同志看到了这样的场面和描述：

——南方各铁路局的车站旅客拥挤不堪。特别是成都、重庆、贵阳、郑州、武昌、广州等上百个车站，日积压旅客近万人到数万人，列车上更是普遍严重超员，一般超负100%。

——一些不法分子趁机作案，刑事、盗窃案件明显上升。其中

① 记者梁兆明：《南粤大地民工有序流动》，见《人民日报》1994年1月21日第1版。

② 刘县书：《但愿人人都平安》，见《中国环境报》1994年2月10日第2版。

重大、特大案件分别比 1993 年同期上升了 24%、27.7%。

——由于列车大量超员，胳臂般粗的转向架弹簧被压死的情况共发生了 900 多次，而压死弹簧的车辆如果开出，在弯道上容易倾覆。不少列车还发生车钩差超限现象，这会导致列车脱钩。

——客车上的门、窗、座椅、茶几以及给水、配电装置等损失惨重。据统计，全路损坏严重的客车有 14759 辆，较严重的有 9967 辆，较轻的有 500 辆，共需要整修费用 8676 万元。

为了迎战民工潮，各运输部门及工作人员付出了超常的辛劳：武汉客运段的列车员，最长的连续 12 天在车上；南宁客运段的列车员，有的连续跑车 16 天；广州客运段有的列车员夫妇，竟忙得 40 天没有见面……

1995 年春运：时间仍为 60 天，客运量为 14.67 亿人次，比上年增长 5.5%。但是铁路客运量有所减少，从而压力缓解了。据铁路部门在 1995 年春运前预测，1995 年春运期间，铁路客运量比 1994 年还要大，可能突破 2 亿人次，比 1994 年增加 1500 万人次。而实际上仅为 1.7 亿人次，比 1994 年反而减少了 1539 万人次。

减少的主要原因是中央采取了一系列重大决策，并发挥了作用。1994 年 11 月 25 日，在北京中南海第一会议室，国务院部署 1995 年春运期间组织民工有序流动工作会议。

这是国务院第一次直接全面干预、指导和协调春运工作。这次会议，可以说，在民工潮的历史上具有重要意义。这次会议决定采取以下五项重要决策：

第一，对已经跨地区就业的民工，输入地区的有关部门和单位要想方设法将其中不少于 60%的民工留在当地过春节。

第二，输入地区的用人单位，在春节后一个月内一律停招外地新民工。

第三，对民工跨地区流动就业实行统一的管理制度。要根据用人单位的需求情况，通过输入地区发放流动就业证和输出地区签发外出就业登记卡的办法，调控民工跨地区流动的总量，开展有组织的劳务输出。

第四，加强铁路、公路、水路的客运组织，实行春运期间铁路客运票价浮动办法。

第五，大力加强宣传教育工作。要广泛地宣传组织民工有序流动的重要意义和国家决定采取的各项措施。

这五条措施产生了明显效果，使民工潮的惊涛骇浪略有收敛：

——全国各地动员大量民工就地过春节。广东省留下了174万民工，深圳留下了50多万民工，仅这两个数字就十分可观。

——在“川军”之省四川省，从省到有劳务输出的县，都成立了民工流动疏导小组，10万份《公告》贴遍城乡，明文规定务工出省的政策和组织办法。广安县在全县45个乡镇设立7个点，办理务工证、代购团体火车票，从而实现了民工从离村、到站、乘车全过程的有序化，做到了政府、民工、民工家长三满意。

——富余劳动力达1400万人的河南省，17个地市有16个建立了民工有序流动管理机构，都保证按照国务院提出的要求去做。

——公路、水运、民航等积极为铁路客运分流。仅广东省在春运期间就动员了7.2万辆汽车，运送旅客2137万人次，还接待了入粤接运民工的汽车11930辆。江苏省无锡市为运送民工，安排客运汽车座位比1994年增加27%。还同皖、浙及本省20多家汽车公司联系，由民工家乡派车来无锡接运。民航在春运期间的客运量比1994年同期增加了17%。

铁路部门更是提前准备，精心调度。1994年夏天就开始为1995年春运调整运行图、编制列车运行方案。还提前一个月扣下5000辆运货棚车，并投资7000万元用于紧急改造，一个月内就使车梯、厕所、照明、通讯等设备齐全。春运序幕一拉开，全路在正常开行1088对客车的同时，又比1994年增开13.5对。为了给客运让路，广东境内48对货车就停开了45对，全国不知要停开多少对货车！铁道部部长韩杼滨还数次“下江南”，了解、掌握、指挥春运。不过，尽管如此，铁路仍处于超负荷状态，日均超出能力100万人次，有些大站仍有旅客积压。①

---

① 江世杰：《为了两千万民工有序流动》，见《人民日报》1995年3月12日第3版。刘振英等：《国务院召开会议作出部署：春运期间组织民工有序流动》，见《人民日报》1994年11月26日第1版。

1996年春运：1996年1月30日至3月19日，共50天，客运量达16.3亿人次，比1995年增长了11.1%。首先，继续执行中央的五条措施。仅上海就留下70多万外地民工在沪过春节。其次，加强有序管理，使春节后高峰突起的态势得到控制。

1997年春运：1997年1月18日至3月8日，共50天，客运量达17.4亿人次，比1996年同期增长6.7%．并超过预测运量。但运输秩序继续好转。

1998年春运：1998年1月23日至2月27日，共50天，客运量达18.2亿人次，比1997年同期增长4%。由于1998年元旦和春节相距较近，春节假期时间较长，因而使得春运客流相对集中，春节前后两个高峰时段客流量均超过历史最高水平。值得注意的是，一度压力得到缓解的铁路运输，客运压力又一次增大。与1997年相比，铁路直通旅客运量增幅达18%，最高日直通量共达108.5万人次，创历史最高纪录。但是另一方面，1998年春运秩序继续好转，民工有序流动初步走上了规范化、制度化的轨道，基本实现了“及时、方便、安全、有序”的目标。

1999年春运：1999年2月1日至3月12日，共40天，比1998年春运缩短10天。客运量达15.63亿人次，比1998年有所减少。但是如果与1998年同期相比(即不是按40天计算而是按50天计算)，客运量仍有所增加，大约增长7.3%。1998年，我国南方和北方均遭受特大水灾，根据以往的经验，在这种情况下，会有大量民工在春节前后外出盲目流动、打工。从1998年下半年起，国务院领导及有关部委已多次下达指示和通知要求各地采取有关措施，制止这种情况发生。但是据各地的报道，灾区劳动力盲目外流现象还是出现了。所以，1999年春运仍然是一场“硬仗”。从中央到各地，已是严阵以待。如1998年12月，国家经贸委又下发了有关春运的通知。公安部于1999年1月初也发出通知，并且采取几项严格措施。湖南省早在1998年11月就邀请南方有关省市劳动部门负责同志到长沙共商1999年湖南省民工春运事项。广东省也于1998年12月份发出通知，要求做好春运工作，并规定：春节前后一个月内，任何单位和个人不得招收外省劳动力和举办招收外省劳动力劳务集市，春运期间一律停止刊播招收外省劳动力的广告。

通过以上分析和透视，我们可以看出，自 20 世纪 50 年代以来，我国流民呈逐步发展壮大的态势。但这一过程有明显的起伏变化，可谓一波三折。在整个 20 世纪 50 年代，流民规模不断扩大。可是，1958 年“大跃进”，以及随之而来的经济政策调整，城市人口大量精减、农村人口流动控制，导致农村外流人口突然全面停止，并且已经流出的农村人口也有一再被迫返回。而 20 世纪 60 年代和 70 年代，流民规模极小。但这只是暴风雨前的安静，从 20 世纪 80 年代开始，农村外流人口突出性地大量增加，很快演变成“民工潮”，并且跨世纪地大规模流动已成定局。据最新消息，2000 年春运期间(40 天)，客运量达 16. 11 亿人次，比 1999 年春运期间增长 3. 1%。北京火车站民工潮高峰提前于 2000 年 1 月 24 日到达，并将与第二个高峰相连接，这是前所未有的。流民的流向在 20 世纪 50 年代和 60 年代主要是东北、西北、西南以及其他人烟稀少的地区和重工业地区。而从 20 世纪 80 年代开始的“民工潮”则主要是流向大中城市、南方经济发达地区以及其他经济发达地区。在流动方式上，20 世纪 50 年代和 60 年代，自发流民往往围绕着国家大型工程项目建设以及国家有计划向偏远地区移民而流动。同时，有些流民的流向是有历史渊源和历史传统的。从 20 世纪 80 年代开始的民工潮，虽然也是农民自发地流动，但却具有新的特征，如流动目的主要是增加收入，流动目标主要是大中城市和经济发展地区、流动的组织性较强，并且流动的走向已不是传统的“闯关东”、“走西口”之类的，而是“孔雀东南飞”、“一江春水向东流”。最近，党中央作出了“开发大西北”的战略决策，大西北的开发、建设与发展必然会吸引更多的人才，同时也会吸引更多的流民，在一定时期内，流向西北的流民将会大量增加，应积极做好流民的引导和疏导工作。

第二章

多角透视

——现代流民现象探源

在现代社会，流民现象出现的原因是多方面的，既有经济、社会方面的原因，也有人口、自然环境等方面的原因。深入透视和剖析这些根源，有助于我们进一步走近“流民队伍”。本章从微观和宏观不同层次上，从自然环境、人口、制度政策和市场经济发展等不同角度上，全面探讨现代流民形成的原因，尤其是20世纪80年代以来“民工潮”形成的原因。

第一节 利益驱动

全国大量民工背乡离井，四处流动，十分艰辛，到底是为了什么？从根本上说，是为了经济利益，至少可以说主要是为了经济利益，利益是驱动他们流动的第一原动力或主要原动力。正如马克思说过的：“人的奋斗所争取的一切，都同他们的利益有关”。① 经

① 马克思：《第六届莱茵省议会的辩论（第一篇论文）》，载《马克思恩格斯全集》1956年中文版第1卷，第82页。

济利益对全国流动人口的驱动力到底有多大，我们将主要从以下几个方面进行分析。

一、经济型流动人口所占比例较高

所谓经济型流动人口是指从事经济活动的人口，主要是务工经商，其中包括各种打工、经济采购、推销等。在20世纪80年代初，经济型流动人口在所有流动人口中的比例并不高。但是，此后这一比例逐渐上升，到20世纪90年代已占绝对优势。这其中最主要的角色当然是农民。

以北京市为例(这里包括北京18个区县范围)。北京是全国的政治、经济、文化中心，具有十分独特的综合性功能。因此，到北京来的流动人口，应该是多种类型的，如公务型、旅游型、学习培训型等都占有一定的比例。但是，据有关统计资料，进入北京的流动人口中经济型所占的比例在20世纪90年代与20世纪80年代初相比较，明显提高。详见表2-1。

表2-1 **北京市流动人口中从事经济活动的所占百分比**

	1983 ①	1986 ①	1988 ①	1990 ②	1994 ③	1996 ④	1997 ⑤
流动人口总数(万人)	19.0	66.7	90.0	131.0	329.5	360.0	286.0
从事经济活动人口占百分比	37.5	63.4	70.6	70.2	75.0	63.3	63.3
其他流动人口占百分比	62.5	36.6	29.4	29.8	25.0	26.7	26.7

资料来源：①侯建章：《每天140万：北京的流动暂住人口》，载《城市问题》1992年第6期；②王建民、胡琪：《中国流动人口》，上海财经大学出版社，1996年版，第80、82页；③冀党生等：《北京市流动人口现状与对策研究》，载《中国人口科学)1995年第4期；④《中国信息报》1996年6月6日第1版；⑤《人民日报》1998年4月10日第4版，1999年4月4日第4版。

注：①、②总人数是指滞留3天以上的流动人口，③、④、⑤是指滞留1天以上的流动人口。

在其他大城市，情况大致也是如此。在上海市，1984 年流动人口 75 万人，1988 年流动人口 125 万人，1993 年流动人口 251 万人(另有 50 万人属于在车站码头的过境人口)。在上海市居民户和集体户寄住的流动人口中，从事经济活动的在 1984 年占 13.3%，1985 年上升到 60.4%，1988 年上升到 63.3%，1993 年上升到 74.3%。在厦门市，1992 年大约有 17.6 万外来暂住人口，其中 75.4%的是从事经济活动的。1998 年，在杭州市区内暂住三天以上的流动人口，从事经济活动的占 75.68%. 而在 20 世纪 80 年代初这一比例不足 30%。浙江省流出的人口状况大致也是如此，据 1990 年人口普查资料，浙江省外出人口中，从事经济活动的占 67.7%。

从全国范围看，流动人口中从事经济活动的所占比例依然占绝对优势。据最新调查，1998 年 6 月 30 日，全国共登记暂住人口 4045 万人，流出目的主要是从事经济活动者 3240 万人，占总数 4045 万的 80.1%。

二、民工外出的主要目的是经济利益

在流动人口中，民工是主要成分。民工都是从事经济活动的，虽然他们外出务工经商的直接目的可能是多种多样的，但是其经济利益的驱动力更强劲，或者说以挣钱为目的的人更多一些。据对各地打工者的多项调查，有 70%以上的人回答外出的目的是为“增加收入”，“多挣些钱”。难怪西方经济学家认为，农民更实在，也更理性。

在未外出当民工的农民中，也存在着同样的外出务工经商的动向。据马鸿运教授等人在 20 世纪 80 年代末至 20 世纪 90 年代初的一项抽样调查，对于“若你家庭中劳动力有多余的话，你希望他们干什么?”这一问题在全部被调查的 468 户中，有 77.8%的农户回答“到外面找点活干”；19.4%的回答“承包更多的土地”；2.8%的回答“在家闲着”。在问到农民外出务工经商、脱离农业领域的主要动机是什么时，有 58.3%的农户认为其目的是为了增加经济收入；有 22.2%的农户认为从事农业的社会地位低，外出务工经商是为了提高自己的社会地位；有 19.4%的农户是为了满足自家剩余劳动力就业的愿望。① 其实，这19.4%的农户的外出就业动机仍然与经济利益密不可分。

总之，民工外出从事经济活动的主要动机是为挣点钱，这一点是毋庸置疑的。虽然“鸟为食亡，人为财死”这句话有点消极，但是一批又一批的民工为切身的经济利益，往往是义无反顾、奋不顾身四处寻找就业机会，也付出巨大的代价，甚至常有生命危险。

三、打工收益高于种田收益

农民为什么一定要拼命外出打工挣钱呢？在家乡种田不是也可以挣钱吗？实际情况并非如此。这主要是因为农业的比较收益低，农业和农村的各种成本、收费、摊派等增加，造成农民种田不如弃田。同时，城市整体工资水平高，生活水平也高于农村。

第一，农业投资不足，导致农业生产萎缩。

“农业是国民经济的基础！”

“水利是农业的命脉！”

“要重视农业！”

……

根据国际经验，当人均国民生产总值从300美元向1200美元过渡时，农业投资占总投资的比重不应低于10%。但是从有关投资资料看，我国农业投资占总投资的比重明显没有达到10%。首先，从国家财政支出比重看，在我国国家财政支出中，农业所占比重在1983年及以前某些年份曾经达到10%及以上，从1984年到1995年，始终在7.5%至9.2%之间徘徊。这里的农业财政投资包括财政支付的支援农村生产支出和农村水利气象等部门的事业费、财政支付的农业基本建设支出、财政支付的农业科技三项费用、财政支付的农业救济费及其他项目。②并且这只是账面上的统计数字，实际上，财政支援农业的投资占财政总支出的比例还要低一些。因

---

① 马鸿运等著：《中国农户经济行为研究》，上海人民出版社1993年版，第235、237页。

② 《中国统计年鉴》(1997年)。

为有大量支农资金被挤占、挪用。这早已不是什么新闻了。其次，农业基本建设投资占全国所有基本建设投资的比例不断下降。1963年至1965年达到最高值，为17.6%，此后不断下降，1981年至1985年为5.1%，1986年至1990年为3.3%，1991年为4%。①

第二，农业居民平均每人年纯收入与非农业居民平均年生活费收入的差距较大。1978年为1∶2.36，1993年为1∶2.54，1994年为1∶2.61，1997年为1∶2.51。② 实际上，纯种植业的农户人均纯收入与非农业居民平均年生活费收入的差距还会更大一些。甚至农民辛辛苦苦种了一年田，到年底还要亏本。这不是新鲜事情。这既不是因为产量低，也不是因为价格低，而是因为摊进去的有关成本太高。当然，如果碰上自然灾害造成产量下降，或是价格下跌，那就更亏本了。所以，许多祖祖辈辈种田的农民往往站在地头上迷惑不解。结果是“三十六计，走为上计”，弃田而去，四处打工。据有关资料，改革开放后，农民弃田抛荒的现象是从1984年南方某些省份开始的，以后逐渐蔓延。1992年，安徽省巢湖地区全年性抛荒达4.56万户、11.2万亩，分别占全区农户和耕地总数的4.6%和2.7%。安徽省滁州市1992年全年性抛荒5.72万户、20.11万亩，占该市农户、耕地总数的7.8%和3.2%。1998年，湖南省主要产粮区益阳、常德、岳阳三市，第一季度有10.49万农户弃耕，占农户总数的33.4%；水田弃耕面积23.37万亩，占水田总面积的2.33%。

第三，各种摊派项目压得农民抬不起头、直不起腰。减轻农民负担的政策已经执行了多年，但效果不佳。在20世纪80年代以前，虽然我国农业税一直不重，但是通过工农业产品剪刀差和各种摊派，使大量农业收益外流，迫使农民加入流动人口行列。据测算，1950年至1986年，通过价格差价，农民为国家工业化提供6000亿元资金。而从1953年到1986年，国家预算内对全民所有制单位的投资额是7777.11亿元。从20世纪80年代中期开始，农

① 《中国统计年鉴》(1992年)。

② 《中国统计年鉴》(1998年)。

村各种摊派不断加码。1991 年，全国农村各种摊派和义务工等折款共达 464 亿元，农民人均 52. 8 元，占当年收入的 9. 45%。1994 年，中央和地方取消部分农民负担项目和降低收费标准，共减轻农民负担 103 亿元，人均 11. 6 元。即便如此，1994 年农民摊派支出仍然比 1993 年增长 48. 6%。1995 年和 1996 年，在某些地区，农民负担仍有反弹。虽然中央反复强调农民各项负担总和不得超过农民上年纯收入的 5%，但是实际情况却并非如此。据我们通过各种资料、信息观察，增加农民负担而又不突破 5%界限的手法主要有以下两类：

一类是摊派项目不准填写在发给农民的“明白卡”上，有关收费部门或单位也不建账，无据可查。据农业部产业政策与法规司调查组的调查报告对湖南、河南和四川三省的某些县市调查发现，从统计上看，农民人均负担均未超过 5%，并且在逐年下降。但农民实际承受的负担仍然很重，5%以外的负担名目繁多。如屠宰税、农业特产税竟然按人按田亩摊派，强行摊派共同生产费、两工以资代劳款以及各种集资款项仍未得到纠正和有效遏制。另外，农民普遍认为三费(教育费、水利费、电费)太重。为实现教育双基达标(基本扫除文盲、基本普及九年制义务教育)集资数额过大。湖南省湘潭县为完成教育双基达标验收，在 1996 年至 1998 年的近三年时间里共投入 1. 75 亿元，为此全县农民连续三年每年交了 5000 万元，人均每年要交 50 元左右，到 1998 年下半年还缺 2600 万元的资金。水利集资负担重，有的地方甚至重复多次征收。电费高得可怕。湖南湘潭县河口镇板桥村，每度电价 0. 82 元，不少农户除了晚上孩子做作业时用电外，其他时间都不开灯。① 另据报道，有的地方，农村电价更高，达到 1 元多钱。

另一类手法是故意夸大农民收入，从而自然也就既可多收费，又不会突破 5%的警戒线。仅以农民外出打工收人来说，有的乡、村干部弄虚作假，你打工挣了一百元钱，他就敢给你填写一千元，甚至你并未外出打工，他们也敢给你添上几百元、几千元的打工收

---

① 《农民增收减负形势不容乐观》，载《人民日报》1998 年 9 月 10 日第 9 版。

入。其他农民收入当然也可浮夸虚报了。这种事情在河北省某县就发生过。该县为了准确掌握农民基本生活生产状况，选定一些村并确定了一批记账户。这些户要及时、准确地把家庭收入情况一一记录在表格上。王某是村里的记账户之一。1998年，他把自家一年的收支状况详细记录在《农村住户产品产量登记账》、《农村住户生产生活及其他实物收支登记账》、《农村住户现金登记账》上，并于年底按规定一起交给了工作人员。时隔不久，经有关部门汇总的一张《农村住户基本情况明白卡》发给他了。但是他却被这张明白卡弄糊涂了：1998年5月和8月份，他一直待在村里，没有外出打工，而卡上"全年收入情况、月份"一栏里这两个月却分别有266.8元、1128元的进账，并在收入"来源"一栏均标明"打工收入"四个字。他没有卖过玉米，账上还填写了他在1998年6月份卖过玉米。同村的记账户刘某也有同样遭遇：在"全年收入情况"一栏，1月份标有"石市打工381元"，刘某在旁边注上了"实际181元"几个字；8月份标有"石市打工1060元"，刘某在旁边也干脆写明："虚构"。① 这种事情在全国其他省份也不少。

总之，从比较利益的角度看，农民外出打工，要比在家务农收入高；全家常年流动在外地，还可摆脱各种苛捐杂税的烦恼。据20世纪90年代中期的有关调查资料，农民一年人均能够在村里挣2000元钱，他们就不会外出打工。收入在1500元的，一般情况也不会出来打工，如果有出来的，那很可能不是为挣钱，而是为其他目的，如向往城市文明、学点技术、家庭矛盾等。收入1000元以下，农村就没有什么吸引力了，一旦有机会，这类村庄的农民就会外出打工。从经济学上机会成本的角度看，在家务农的收益就是外出打工的成本，即因为外出打工，就要损失掉在家务农的那份收益。只要外出打工的收益高于在家务农的收益，农民就可能不断外出打工。如果在家务农的收益高于或者等于在外打工的收益，农民就可能不出来打工了。另据20世纪80年代末至90年代初对468

① 韩乾泰、张晓健：《明白卡上的糊涂账》，载《河北日报》1999年4月15日第9版。

个农户的抽样调查："若你家中劳动力种地尚不够用，但务工收入高于种地收入，你希望他们干什么?"回答结果是：有32.7%的愿在家种地，有67.3%的人愿外出务工，土地由家里人凑合着耕种。① 据河北大学人口研究所与河北省计委于1992年合作进行的河北省农业剩余劳动力调查，在38名外出打工者不再外出的原因中，有5人是因为挣钱少而不再外出，占13.2%；有23人是因为家务拖累而不再外出，占60.5%，还没有一人是因为"工作脏累"而不再外出。并且，因挣钱少不再外出的5人中，全是男性，没有女性。② 这说明，外出打工的收益是否高于在家务农的收益，的确是制约农民是否外出的重要原因之一。另一方面，与男性相比，女性外出打工收益更高于在家务农的收益。

四、流迁收益高于流迁成本

上述内容只是分析了打工收益高于在家务农收益的问题。实际上，打工过程中还要有消费，即整个流动过程的成本。打工收益抵消没有在家务农而产生的损失，再减去流迁过程的成本还有剩余"红利"，农民才能外出，即：

打工总收益>在家务农收益+流迁成本。

用经济学语言来描述，流迁成本就是打工者为实现流动而进行的投资，是流迁投资，是为了实现劳动力与生产资料更有效地配置和更有机地结合而在空间移动上的投资。这种投资包括两个部分：一是为实现流动而在经济上的开支，如交通费用、信息服务费用、有关手续费用等；二是迁入地和迁出地的地区差异给流迁者带来的损失，如迁入地与迁出地的社会保障制度及政策上的差别，以及文化差异、社区差异、地理差异等给流迁者所造成的福利待遇、文化生活方式、人际交往、生理和心理代价等。一般情况下，流迁过程

① 马鸿运等著：《中国农户经济行为研究》，上海人民出版社1993年版，第236页。

② 王俊祥、刘志金主编：《河北省农业劳动力转移研究》，河北大学出版社1997年版，第209页。

中形成的成本的高低与流迁距离成正比关系，但同时，流迁所带来的收益的多少也是与流迁距离成正比关系。尽管流迁过程会带来成本或损失，许多人尤其是年轻人还是愿意流动的。诺贝尔经济学奖获得者西奥多·W. 舒尔茨早在 1961 年就指出了这一点，并认为这种流迁成本实际上是一种人力资本的投资：

“经济增长要求工人在国内大量流动，以适应变化的就业机会。青年男女的迁移要比年纪较大的工人更加容易。一旦人们认识到这种迁移所需要的费用是人力投资的一种类型，那么，这种迁移当然也就具有经济意义了。与年龄较大的工人相比，年轻人能有更多的年限由这类投资获取利益。因此，只要工资额稍有一些差别便足以使得他们的迁移有利可图，换句话说就是，与年长者相比，年轻人用于迁移的投资可望得到更多的利益。”

1978 年，他又进一步指出：“根据人们的特质及经济条件之差异，这种迁移成本的变动范围很大。一般来说，个人迁移的成本比全家迁移的成本要少；年青时代进行迁移所花费的成本比年纪大的人要少。这种迁移成本具有在人力资本上进行自我投资的性质，迁往新的地方之后所获得的金钱和非金钱性好处即意味着其未来的利润，从投资的角度看，年轻人具有较长的未来时期，他们能够在这较长的时期当中使自己的投资得到补偿。”

关于农业劳动力的迁移，舒尔茨认为：“这种脱离农业的大规模迁移不是因为农民突然厌恶农村生活。假如农业拥有的经济机遇与其他部门的经济机遇大致相等的话，农民就会更喜欢在农村生活。他们迁移是为了改善自己的经济地位，这得花费大量的费用，以获得非农业职业所需要的新技术和适应城市条件下的生活。”①虽然舒尔茨上述几段话中所说的“成本”是指劳动力长期性或永久性迁移的成本，但是对于中国“民工潮”中的打工者的“钟摆式”流动，也基本上是适用的。

农民外出打工到底要花费多少成本呢？据调查，在 20 世纪 90

① 西奥多·W. 舒尔茨(Theodre W-Schultz)著：《论人力资本投资》，吴珠华等译，北京经济学院出版社 1990 年版，第 5、206、207 页。

年代前期，从广西的马山县到深圳打工，每人需要携带 1800 元，要到南宁或北海打工，要有 1300 元；即便到县城打工也得 700 元。通过政府的劳务输出，从桂西北向广东省输送一名青年劳动力的全部费用是 2000 元。① 另一方面，随着民工数量日益超过对民工的需求，民工的流动成本也在上升，但不同城市费用的变化也不同。如，外出民工越来越需要技术培训，这势必增加技术培训的费用支出。据劳动部于 1997 年上半年对北京、深圳、苏州和武汉四个城市调查，在所有接受调查的民工中，参加过培训的有 67.8%。民工参加的各种培训多数由工作单位举办，其次为劳动部门和教育部门组织的。有 67.8% 的民工表示即使自己花钱也愿意参加培训。民工进入上述四个城市的务工费用见表 2-2。

表 2-2　**打工者进城务工费用**

（四城市民工平均流动成本）　单位：元

	深圳市	北京市	苏州市	武汉市
身份证	18.10	20.90	19.20	19.20
暂住证	205.60	87.80	42.70	67.10
就业证	29.60	29.10	59.00	6.00
就业卡	35.10	29.70	46.90	19.50
寻找工作	59.70	193.60	158.90	41.60
平均路费	197.20	123.90	52.20	41.50
其他	495.50	345.90	253.50	307.40
总计	1040.80	830.90	632.40	502.30

资料来源：《中国劳动报》1997 年 7 月 5 日第 2 版。

另据有关调查，1998 年，在城镇打工者 7000 万人，其中打工时间超过 6 个月的有 3500 万。这 3500 万民工一年总的毛收入是 2171 亿元，人均 6206 元；他们一年在外地的消费是人均 1250 元，剩下约 5000 元，可见收益巨大。1998 年，全国农村居民人均纯收

---

① 《光明日报》1996 年 4 月 29 日。

入是2160元(这里含有农民打工收入),5000元再减去2160元,得2840元,再扣除其中已经含有的打工收入约200元,得2640元。这2640元是民工外出与在家务农相比的多得的收益,并且其中已扣除打工流迁过程中的各种成本。可见,农民外出打工的收益还是十分可观的,无怪乎有一批又一批的民工拼命外出,争做打工者。当然,这里还应该说明两点:一是民工在外地消费较低,仅为1250元(1996年,全国农业居民人均消费1750元,人均生活消费1572元)。这主要是因为农民外出打工的收入,最终是为了回家消费,如建房、结婚等。也就是说,如果把民工在外地的消费与回家乡实现的消费综合起来考虑,则民工在两地的消费会大于未外出农民的消费。仅民工在外地的食物消费和租房消费就会明显超过未外出的农民,并且这是两个较大项目的消费。二是上述数据仅是外出超过6个月的民工,那些外出不足6个月的民工的流动成本及整个消费支出肯定要低一些了,但是无论如何,平均计算全部民工的1998年毛收入、扣除生活消费的收入,都会明显下降。所以,一方面农民外出打工收益肯定会高于在家务农,另一方面也不宜估计过高。一般情况下,来自对"输入地"的民工收入调查的数据基本上还是可靠的,甚至有可能低估民工收入,尤其是在由民工自报收入情况下更是如此。而在"输出地"得到的民工收入数据则可能高估,尤其如上述揭露出来的某县乡、村干部汇报给上级部门的民工收入数据,则很可能夸大民工收入。

上述四个方面从不同角度描述了民工外出打工的主要动机,即经济利益。但是再综合起来加以分析,还是有一些细微的差别:

第一,不同收入层次的农户选择外出打工等非农化的动机有明显差别。详见表2-3,即收入越低的农户外出的直接增加收入动机越强烈,收入越高的农户外出的直接增加收入动机越弱。

第二,早期外出民工主要是为了直接的、短期的经济利益,即挣现钱。因为20世纪70年代末及80年代的农民太穷了、太缺现钱了。虽然那时在沿海地区的农民基本上富裕起来了,但是广大的中西部农民仍然较为贫困。到1998年年底,我国农村贫困地区还有成片的绝对贫困人口4200万人。但是据来自多方面的资料,从90

表 2-3　　不同收入层次农户择业非农化的动机(1989)　　(%)

	为了增加收入	为了实现剩余劳动力就业	为了提高社会地位
200 元以下	71. 70	10. 40	17. 90
200~500 元	63. 30	15. 90	20. 80
500~800 元	52. 20	23. 90	23. 90
800~1000 元	42. 50	22. 50	35. 00
1000~1500 元	35. 40	34. 00	30. 60
1500 元以上	35. 40	31. 60	33. 00

资料来源：马鸿运等著：《中国农户经济行为研究》，上海人民出版社 1993 年版，第 237 页。

年代中期开始，民工中为了间接的、长远的经济利益而外出打工的人数在增多。如，据 1995 年对广东省的广州市、深圳市、东莞市和肇庆市的 401 名打工妹调查，她们当中打工目的是“学点技术，发展个人才能”的占首位，达到 19. 2%；第二位的是“希望了解外面世界”，占 18. 87%；第三位的是“为了家庭和自己的生活”；第一、三、六位的都是为了经济利益，只不过第一位的主要是为了更长远的经济利益。① 另据 1997 年的一份调查，民工外出打工的主要动因依次是：出来学门技术、出来见见世界、挣钱补贴家庭、家里劳动力富余、务农挣钱太少。②

第二节　人 多 地 少

一、全国基本状况

上述经济利益驱动是民工外出的“拉力”或“吸引力”，而人多

① 陈印陶：《打工妹的婚恋观及其困扰》，载《人口研究》1997 年第 3 期。

② 见表 2-2。

地少的矛盾则是民工外出的“推力”。人多地少是中国最基本的国情之一，长期以来一直存在，并且还将继续下去，还将有所加剧。这一矛盾时时刻刻都有可能把农民“挤出”农业领域。但是长期以来由于中国的工业、服务业、城市化水平都不能容纳过多的外来劳动力和人口，再加上城乡二元经济结构和管理政策，绝大部分农民被束缚在有限的土地上，人多地少的矛盾一直存在。

到20世纪50年代初，中国共产党领导武装斗争，从地主阶级手里夺取了7亿亩耕地分给3亿多无地或少地的农民耕种，解决了土地资料过多集中在地主手里的不正常现象，大大缓解了人多地少的矛盾。但是另一方面，中国历来有多子多福、子孙满堂等倾向于多生多育的生育观念和生育行为。所以，1949年以后，人口增长率极高，当然在50年代初的生育高峰中有战争结束后的补偿生育的成份。人口持续增长很快又使人多地少的矛盾重新加剧。

例如：1953—1956年，虽然每年大量开垦荒地，但由于人口增长较多，人均耕地由1953年的2.8亩降到1955年的2.7亩。这时，实际上人口已经过剩。河北省河间县的个体农民，1950年出勤率，男性劳动力为110～112天，女性劳动力为30天。合作化后，据1955年全国2.6万多个农业合作社调查，平均全年每个劳动力只劳动96天。河北省河间县的耕地较多，1955—1956年，农业劳动力过剩26%。山西省阳高、灵丘县等5个县18个农业社大约过剩30%。四川省内江县18个农业社过剩35%，可见问题十分明显。①

耕地总亩数从1949年的14.6亿亩上升到1957年16.7亿亩的最高峰值，然后不断减少，到1995年仅为14.2亿亩。总人口从1949年的5.4亿不断上升，到1995年达到12.2亿。这一增一减，导致人均耕地亩数大幅度下降：1949年为2.7亩，1957年为2.6亩，1962年为2.3亩，1970年为1.8亩，1975年为1.6亩，1980年为1.5亩，1985年为1.4亩，1990年为1.3亩，1995年为

---

① 廖田平：《两种生产理论和我国的人口问题》，广东人民出版社1982年版，第68页。

1.2 亩。

中国农户户均耕地有多么少，可以与世界上其他一些人多地少、山地多平原少的国家比较一下：韩国人口密度相当大，每平方公里 460 人，1993 年每个农户拥有 13 公顷(195 亩)耕地。日本情况大致也是如此，1995 年每个农户拥有 1.4 公顷(21 亩)耕地。日本这一数字仅是欧共体国家平均数的 1/10，是美国的 1/150。① 而中国 1995 年每个农户仅拥有 0.41 公顷(6.15 亩)耕地。从每个农业经济活动人口(这一概念的范围大于“农业劳动力”)承担的耕地数量看，韩国 1961 年从 0.40 公顷(6 亩)上升到 1990 年的 0.59 公顷(8.85 亩)，而中国同期却从 0.36 公顷(5.4 亩)下降到 0.2 公顷(3 亩)。②我们还可以另举一例：前南斯拉夫在 1953 年曾规定每个农户拥有的土地数量不得超过 10 公顷(150 亩)，山区可以达到 15 公顷。凡超过 10 公顷以上的农业生产者的土地，才以有偿的方式转为全民所有制财产(按：前南斯拉夫解放初期进行的土地改革，只对外国侵略者、银行及特别大的地主等人的土地进行剥夺，对一般大土地占有者的土地没有触动)。可见其农户拥有土地之多。1961 年，平均每个农户拥有 4.2 公顷耕地，1985 年略有下降，但仍高达 3.4 公顷(51 亩)。③ 到 20 世纪 80 年代中期，由于种种原因，前南斯拉夫国内要求扩大农户耕地面积的呼声不断高涨，要求规模小幅度扩大的人认为每个农户应以 15 公顷为宜(225 亩)，要求规模大幅度扩大的人认为每个农户应以 30 公顷(450 亩)为宜，而后者又主要是根据西欧农户的规模判断的。④可以比较看出，我国农户耕地面积是何等狭小。

---

① 《参考消息》1993 年 9 月 11 日，《人民日报》1995 年 1 月 11 日第 7 版。

② 《各国人口、资源、环境与发展：国家概况》(英文版)，1997 年，第 72、206 页。

③ 熊家文：《南斯拉夫扩大农户的土地经营规模》，载《经济学动态》1988 年第 12 期。

④ 熊家文：《南斯拉夫扩大农户的土地经营规模》，载《经济学动态》1988 年第 12 期。

二、人多地少造成农民难以致富

在现有技术条件等不变的情况下，农民要想依靠纯农业经济活动致富，主要途径是扩大耕地面积。虽然提高农业技术会更充分地挖掘农业潜力，但这会使农业耕地用工时间明显减少，从而使农业剩余劳动力问题更突出(这一点我们在后面再分析)。

从 1978 年开始，我国农村开展了以土地联产承包为核心的改革，大大激发了农民的积极性，农业产出量有了惊人的增长。但是农民手中的耕地数量没有增加。农民要想依靠耕种有限的农业土地来尽快发家致富，受到了严重制约。虽然增加资金投入，提高农业技术水平等也可以增加收入，特别是扩大对中、低产田的改造可以明显增加农业产出量，但是这一切对农民来说，谈何容易。

例如，据 1985 年初在全国范围进行的一次农村社会经济调查，在调查的 71 个县、93 个乡、272 个村的 37422 户农民中，平均每户 4.8 人、2.67 个劳动力，承包 8.35 亩耕地(平均分为 9.7 块)，靠这样小规模经营粮食生产，仅能果腹，不能致富。① 据测算，如果不扩大农户耕地面积、其他生产条件不变，要使中国的小农户每个劳动者年收入达到工商业劳动者的收入水平，农产品价格要提高到目前水平的 4 倍以上，这是不可能的，一方面这样提高农产品价格，政府财政负担不起；另一方面，这不符合价值形成与实现的规律，并引发严重通货膨胀。据对河北省廊坊地区调查，在 20 世纪 80 年代末，纯农户劳动力平均收入为年 700 元左右，兼业户劳动力平均收入为年 1500 元左右，农民耕地积极性明显下降。虽然在该地区每个农民每投入一个工作日，一般可得纯收入 6~7 元，实际收入并不低，但是每个劳动力经营土地平均只有 4 至 5 亩，全部投工不足百个，全年收入也只不过 700 元左右。但在河北省的隆尧县，45 个家庭农场，开发利用边远次地、荒地 6000 亩，粮食平均亩产 395 公斤，比一般农户高 30%。1987 年，这些家庭农场人均纯收入 2000 元左右，比全县平均水平高 4 倍。在该地区的霸县胜

---

① 《人民日报》1986 年 4 月 30 日。

芳镇东升街，把许多劳动力转移出去后，耕地由专业农户统一耕种，统一提供机耕、水电服务，每个劳动力平均经营土地 15~20 亩，劳动力平均收入 2000 元左右，基本上相当于当地乡镇企业职工的收入。① 另据山东省平度市的统计资料，一个经营 30 亩至 50 亩的农户，年纯收入一般在 1 万元至 1.5 万元之间，实现了务农致富。浙江省鄞县的数据表明，家庭农场场长的收入大体与村办企业厂长、经理的收入相当。②

三、人多地少导致农业效率低、劳动力严重浪费

我国人多地少，耕地资源严重不足，这已是不争的事实。但是从 80 年代以来，各地农民却不断弃耕而去，这是为什么？

农民弃田而去的原因之一就是在一个农业劳动力仅有 4~5 亩耕地、一个农户仅有 8 亩左右的耕地的正常条件下，农民根本无法靠纯农业致富，只能维持生存。既无法积累资本进行投资，也无法扩大再生产，农业技术也无法推广使用，一年当中，劳动力的时间大量闲置。农民在家“守”穷，不如外出挣钱。

另外，农业机械化水平的提高，也是劳动力大量闲置的重要原因。技术进步是一条客观规律，即便在人多地少的情况下，技术进步也是要顽强地按其自身规律运转下去的，只不过其速度会慢一些。在日本，1951 年每亩水稻用工 135 个小时，1975 年下降到 81 个小时，下降了 40%。在我国，1978 年全国平均稻田用工 38.1 个，1985 年减少为 19.96 个。1978 年至 1991 年，我国粮棉油生产每年所需要的实际用工量减少了 290.9 亿个标准劳动日，折合劳动力为 9507 万人。在 1978 年至 1985 年之间，劳动用工数量的减少，主要靠家庭联产承包制焕发出来的劳动力自身的积极性，而此后，农业机械化的作用就越来越大了。到 1993 年年底，在农业生产中，

① 岳岐峰：《积极谨慎推动我省农村土地规模经营》，载《河北日报》1988 年 5 月 28 日第 1 版。

② 陈俊生：《关于沿海发达地区粮田适度规模经营问题》，载《人民日报》1994 年 12 月 29 日第 2 版。

农业机械承担的劳动量占 40%以上。农业机械在粮食增产中的贡献率为 10.9%，在诸影响要素中排在肥、水、种后居第四位。全国耕地面积的 55%、播种面积的 20%、收获面积的 10%、农村运输量的 60%实现了机械化作业，机电灌溉面积占有效灌溉面积的 57%，年机械植保 2.7 亿亩，机械脱粒量 2.8 亿吨。约 1/7 的耕地(2 亿亩)的农业生产基本实现了机械化作业，约 4 亿亩耕地成为旱涝保产的机电灌溉基本农田。与中华人民共和国成立初期相比较，我国粮食产量增长 3.5 倍。但农事大忙作业时间普遍缩短，北方缩短约 10 天，南方缩短约 7 天。每个农业劳动力提供的粮食由 946 公斤上升到 1300 公斤。① 但是这一切决不意味着我国农业机械化水平已经很高了，也不意味着我国科技进步对农业的贡献份额已经很大了。相反，与发达国家相比，我国在这方面还是十分落后的。在农业发展中，科技进步的贡献份额在发达国家已达 60%～80%，而在我国仅为 30%～40%。

据有人在 1980 年对安徽省首批实行“包产到户”改革县调查，即便在不考虑农业机械化水平和技术进步因素的条件下，农村联产承包责任制的实行，也大大提高了农业劳动效率，农业剩余劳动力的矛盾立刻呈现出来。当时的滁县地区约有 20%的农业劳动力是可以常年游离土地的剩余劳动力。这是在技术水平没有提高、规模经营还比较小的情况下出现的剩余劳动力问题。该调查点的每户农业劳动力仅希望承担 8～10 亩以旱地为主的耕地，在以水田为主时，平均每个农户农业劳动力仅希望承担 5.5～7.5 亩耕地。② 另据有人于 1988 年对四川省平原地区调查和测算，农户(按每户标准劳动力 2 个人计算)专门从事粮食生产的临界规模为 10 亩耕地。超过 10 亩，规模效益可以增大；低于 10 亩，农户必须兼业才能维持

---

① 梅成建、徐文兰:《从无到有的 45 年》，载《人民日报》1995 年 2 月 27 日第 10 版。

② 中国农村发展问题研究组编:《农村·经济·社会》(第一卷)，知识出版社 1985 年版，第 130、132 页。

简单再生产支出。①到20世纪90年代初，有人估计，按当时农村劳动生产率水平，每个劳动力利用畜力至少可耕种10~15亩，而家庭承包耕地只有8亩左右，大约有40%的剩余劳动力。根据20世纪90年代中期各地农业经营的经验，实施规模经营农业专业农户，承包30~50亩耕地的只能算是个小户，承包50~100亩耕地可算是个中户，承包100亩耕地以上的才算是个大户。但是他们的共同特征都是基本实现农业机械化，农业科技进步的贡献率较高。

实际上，关键的问题是农业剩余劳动力能否转移出去。只要剩余劳动力能够转移出去，农业机械化、农业科技进步的作用还可以有更大的发挥，对非规模经营的农户是如此，对规模经营的农户就更是如此。江苏省也是人多地少，但是农业剩余劳动力转移较为成功，大量农村青壮年劳动力转移到乡镇企业等第二、三产业中去，“六〇三八”部队(老年人和妇女)在农田里迫切需要省工省力的新技术，为此江苏省大力推广轻型稻田栽培技术，收效显著。据统计，1995年江苏省抛秧达245万亩，肥床旱育稀植625万亩，稻茬麦田免耕技术年推广面积达2500万亩，占全亩稻茬麦田的96%以上。这些技术的推广使亩用工量由过去的40多个降到15个左右，少的不足10个。江苏省靖江市丁家村60岁的宦金兰说，过去一个劳动力每天只能插秧六七分地，1994年村里推广抛秧技术后可抛七八亩，全家的责任田她一个人种就可以了。至于规模经营的农场，则效益更高。在江苏一些农民自愿组织办的农场中，农场职工的收入比乡镇企业职工还要高10%~20%。②

四、案例分析

上述内容是对全国整体情况下的人多地少矛盾的描述。人多地

① 雷起荃等：《建立稳定的粮食供给机制及实现途径》，载《经济研究》1989年第3期。

② 郑葆华、邢宇皓：《江苏大地看“丰收”》，载《人民日报》1995年10月29日第2版。

少具有推动农业劳动力转移、外流的压迫力，但是由于种种客观因素和主观因素的制约，在有的地区，大量民工外流，而另一些地区，农业剩余劳动力并没有明显外流。现在我们首先对浙江省民工外流情况进行分析。

浙江省人多地少的矛盾由来已久，所以在历史上就不断涌起一批一批的农民工闯荡全国。改革开放后，尤其是农村实行联产承包责任制后，浙江省农村中的各种能工巧匠、小商贩等更是各显神通，走遍全国。据调查，浙江农民大量外出，基本上都是把田交给家里其他成员耕种，由于人均耕地极少，大家都在农田里，势必都受穷。当然有些农户因种种条件限制，根本没有把土地转交出去就自行抛耕远走他乡。浙江省工业经济较发达，所以建设用地有增无减，从而加剧了人多地少的矛盾。在“八五”期间，全省平均每年减少耕地 32 万亩，相当于一个中等县的耕地面积，而全省年均增加人口 30 万左右。到 1995 年，全省人均耕地只有 0. 55 亩，大大低于世界粮农组织确定的人均占有耕地最低警戒线(0. 795 亩)。所以，20 年来，浙江农民不断涌向全国各个角落，外出人口较多的地方以温州地区最为出名，如其下辖的永嘉县外出打工者，1980 年就达 1 万多人，1983 年达 3. 6 万人，1985 年突破了 8 万人大关，1996 年接近 10 万人。而 1982 年人口普查时，永嘉县总人口才 72 万人。浙江省外出务工经商的农民具有勤劳耐苦、心灵手巧、见缝插针的特点，专干那些在当地不起眼的服务行业或项目。他们经常单枪匹马闯荡江湖，独立经营，流动经营。不过，随着市场经济的发展，他们也逐渐走向规模经营、定点经营。如，经营加工服务业的农民，开始向外地工商局申请设点执照(这也与当地工商、税收加强管理有关)。有的小商贩打入集体企业、国营商店等。他们往往支付柜台营业员工资或自己走上柜台，推销自己的商品，继而又承包、租赁这些柜台。直到 20 世纪 90 年代末，在北方许多城市的小商店还是经常出现这种情况：开始时是外地来的小商贩给这位店主打工，可是过了不久，不知不觉，反仆为主，原来小业主开始为这位外地小商贩打工。

据1990年第四次全国人口普查资料，1990年7月1日，浙江省共有离开户籍地县、市一年以上流动人口214.5万人，为1990年迁移人口116.82万人的2.07倍。而离开户籍地县、市不到一年的流动人口，据第四次人口普查前调查摸底数据推算，全省有70多万人。据第四次人口普查前的户口整理资料，1990年初，在浙江省县、市内，乡、镇、街道之间人户分离人口(即有户口而无人居住和暂住而不带户口的人)有130多万，以上三类流动人口合计，总数大概为同期迁移人口的3.55倍，占全省1990年平均人口的9.8%。① 另据1992年中国生育率抽样调查资料，浙江省外出人口(外出一年以上和一年以下合计)占本省人口比例达11.3%，是各省中比例最高的，全国平均仅为5.8%。对于许多落后地区的农村，剩余劳动力外出打工是一条必由之路。这不仅减轻了这些地区的人口压力，缓解了这些地区的就业矛盾，而且也加速了这些地区的在业人口构成的调整。虽然浙江农民经常抛开自己那一亩半亩耕地远走他乡，但是他们在异地他乡却又可能成为承包耕地的种田大户，成为种田的专业户，有的一户就可承担一两百亩耕地。

20世纪90年代中期，全国各地对外出民工较多的地区进行大量的较大规模的典型调查，我们可以从中看出人多地少的矛盾对农村劳动力外出的推动作用。

一般情况下，劳动力人均耕地越少，劳动力转移出去打工或转移在本地及周围地区乡镇企业工作的比例就越高。例如，据黄平等同志于1994年调查中国东南、中部、西南和西北四个地区的8个村(每个地区两个村，每个村外出或转移劳动力均较多)的资料，劳动力平均耕地最少的村，外出或转移劳动力占本村劳动比例最高，所以，劳动力转移后，该村劳动耕地面积反而名列前茅，见表2-4。

---

① 徐天琪、叶振东：《市场经济大潮中的浙江人口移动》，载《浙江学刊》1995年第1期。

表 2-4　**8 个村劳动力外出或转移与劳均耕地亩数的关系**

	1 村	2 村	3 村	4 村	5 村	6 村	7 村	8 村	总计
外出或转移前劳均亩数	2.71	0.59	1.34	1.74	0.82	1.73	3.74	2.55	1.91
外出或转移劳动力占本村劳动力%	76.9	90.2	50.7	49.5	47.7	49.5	46.2	50.0	56.3
外出或转移后劳均亩数	11.75	6.04	2.72	3.43	1.57	3.44	6.94	5.10	4.36

资料来源：根据黄平主编：《寻求生存》，云南人民出版社 1997 年版，第 60 页表2-5、表 2-6 数据整理。

在劳动力可以外出打工或转移到乡镇企业等非农产业的条件下，人均耕地面积越少的农户，外出或转移得就越彻底，农户的兼业程度就越低。反之，人均耕地面积越多的农户，外出或转移得就越弱化，农户的兼业程度就越高。这是因为，虽然土地是农民的命根，但是当土地少得十分可怜，无法维持生存，更谈不上致富的时候，这土地对农民来说也就无所谓了。有关数据见表 2-5。在该表中，三项指标均说明，在这些有劳动力外出或转移的农户中，人均耕地越多的农户，兼业化程度越高(表 2-5 中的数据是 1989 年左右调查的)。在所有有劳动力转入非农产业的农户中，67.40%的农户没有转出承包的土地，13.60%的农户只转出了一部分，只有 19%的农户全部转交了土地。到 20 世纪 90 年代，这种转让土地的趋势还会有所发展。例如，1993 年，浙江省宁波市冬季调查，全市农村退包土地的农户有 21736 户，退包粮田 67056 亩，相当于全市承包农户数和承包亩数的 20%。① 这些退包土地的农户数量在有劳动力转移出去的农户中的比例肯定会更高一些。但是从上述数字可算出，这些退田农户户均仅有 3.09 亩土地。根据 1990 年全国人口普查资料中宁波市及县数据，宁波农村户均人口 3.2 人，即人

① 万学远：《不失时机推行适度规模经营，进一步深化农村改革》，载《人民日报》1999 年 11 月 4 日第 5 版。

均不足 1 亩地。所以，在劳动力不断外出时，他们转让土地是必然趋势。

表 2-5 **劳动力外出或转移的农户的兼业化与人均耕地亩数的关系表** (%)

	土地没有转出去	土地转出去一部分	土地全部转出去
0. 5 亩以下	52. 80	22. 20	25. 00
0. 5~1. 0 亩	67. 30	13. 00	19. 70
1. 0~1. 5 亩	71. 70	13. 20	15. 10
1. 5~2. 0 亩	75. 00	8. 30	16. 70
2. 0~2. 5 亩	73. 00	14. 30	12. 70
2. 5~3. 0 亩	82. 00	11. 40	6. 60
3. 0 亩以上	82. 70	13. 00	4. 30

资料来源：马鸿运等著：《中国农户经济行为研究》，上海人民出版社 1993 年版，第 247 页。

第三节 自 然 灾 害

自然灾害是造成人口和劳动力被迫流动与迁移的重要原因。但是，我们必须切记，当代的自然灾害在相当程度上是人为因素造成的，是人类与自然共同制作的“恶作剧”，人为因素在自然灾害的形成与恶化中的作用越来越大。

一、灾害猛于虎

在当代，由于人为因素的破坏，使得土地资源急剧减少，其他各种自然资源遭到严重破坏和掠夺，各种有毒有害废物堆积，水质与大气严重污染，海平面上升，等等，这一切使得人类赖以生存的家园难以存在，环境难民已成为一个世界性难题。

到 20 世纪 90 年代，世界上大约有 1 亿环境难民，到 21 世纪中叶，全球大约有2亿环境难民。如沙漠化已经由区域性问题变成影响100多个国家的世界性难题，正在威胁着陆地表面35%的土地和8.5亿人口。再如，海平面上升是人类现在和未来的巨大灾难。由于温室效应不断加剧，气温将不断升高，极地冰帽逐渐融解，海平面正在上升。我国科学家多次呼吁加强研究、制定对策。在20世纪90年代初，联合国气象组织的一项报告认为，到2050年，全球海岸线一带的海平面将平均上升30厘米到50厘米，世界各地海岸线的70%，美国海岸线的90%将被海水淹没。到2100年，海平面将上升1米，到那时，世界上许多地区将浸入水中。如尼罗河三角洲将有1/5的可耕地成为一片汪洋；一些沿海城市将被淹没，将有数亿甚至十几亿人口被迫逃离家园，另谋生路。

这一切，在中国也决不是危言耸听。

中国一直是多灾之国。一般年份，全国受灾害影响的人口约2亿人，其中死亡数千人，需要转移安置约300万人，农作物受灾面积4000多万公顷，倒塌房屋300万间左右。随着国民经济持续高速发展、生产规模扩大和社会财富的积累，以及人口密度的提高，同时由于减灾建设不能满足经济快速发展的需要，自然灾害造成的损失呈上升趋势。按1990年不变价格计算，自然灾害造成的年均直接经济损失为：20世纪50年代为480亿元，20世纪60年代为570亿元，20世纪70年代为590亿元，20世纪80年代为690亿元；进入20世纪90年代后，年均已经超过1000亿元。同时，受灾人口也在增加，如1979年受灾人口达19542万人，1989年上升到21620万人，这还不是最多的年份，在20世纪80年代，最多的年份是1985年，达到31269.2万人。在20世纪90年代，旱灾、水灾交替发生。1998年，仅水灾就造成2.23亿受灾人口。

（一）沙进人退

沙漠不断蔓延，正在造成我国大量人口失去家园。众所周知，我国的沙漠位于北部的内蒙古和西北部的甘肃、青海、新疆一带。但是我国的主要煤炭资源和石油资源以及天然气资源也主要位于这些地区的地下。地上一片荒漠，地下一片能源，这看起来有点矛盾，而实际上这说明在远古时代，这里曾是一望无际的原始森林。

正是由于地壳的变动，把这些植物资源深埋在地下，成为今日的能源。另一方面也说明，这些沙漠的出现，与人类长期在这里造成的破坏有关。

我国是世界上沙漠化较为严重的国家，这一灾害在我国的主要特点是范围大、持续久、危害重、治理难，遍及13个省市自治区，包含着90个完整沙区县、508个部分沙区县，近4亿人口受其影响，总面积达262.2万平方公里，占国土面积的27.3%，相当于14个广东省的面积，是全国耕地面积的2倍多。西北、东北、华北等13个荒漠化危害严重的地区，粮食产量低而不稳，有的亩产仅几十斤，“种一坡，拉一车，打一箩，煮一锅”，遇上干旱，那就要绝收了。并且更为严重的是，沙漠化的灾害还在发展，20世纪70年代以来，沙化土地面积每年以2460平方公里的速度扩展，超过了全国每年耕地净减面积。其中，内蒙古乌盟后山、阿拉善地区、新疆塔里木河下游、青海柴达木盆地东南部等地，荒漠化扩展速度年均达4%以上。目前，北京市距离沙漠地带只有70公里了。沙漠化造成的经济损失是相当严重的，据中、加、美国际合作项目的研究成果，在20世纪90年代，中国荒漠化灾害造成的直接经济损失每年约为541亿元，相当于西北五省(市)1996年财政收入的3倍。①

目前我国沙漠的新扩展，主要是人为因素的破坏。联合国早在1977年就提出，干旱区和半干旱区人口密度不应超过每平方公里7人和20人，而我国同类地区许多地方的人口密度严重“超标”，个别半干旱地区每平方公里人口超过60人。这种人口压力造成过度开垦、放牧、采集野生中药材及乱砍滥伐、不合理用水等短期行为，造成沙漠化加速到来，而这一切又进一步加剧了人口超载矛盾。据统计，荒漠化地区草场超载率高达50%至120%，有些地区甚至高达300%。

荒漠化地区燃料十分缺乏，农民把一年中的相当多的时间花费

① 董建勤等：《维护绿色家园》，载《人民日报》1998年7月12日第4版。

在寻找柴草上，并由此进一步破坏了植被，甚至是在名副其实地斩草除根。在全国闻名的贫困县——甘肃省定西县，据1982年统计，平均每个农户一年铲草皮破坏植被25.3亩，全县铲过的山坡地皮数百万亩。这年复一年地铲下去，树越来越少，草越铲越光，雨越下越小，但是沙越来越多，人越来越多。而越来越多的人又进一步加剧向越来越贫瘠的大自然进行越来越无情的摧残，大自然反过来又更严厉地报复人。最终结果只能是一方水土难养一方人。20世纪80年代中期开始，国家扶持种草种树，有计划地向这些地区的农民供应燃料煤，这种"铲光"现象得到改变，但没有根本解决问题。一方面，许多农民没有钱来买这些低价的煤炭，另一方面，已经严重破坏了的生态环境难以在短时间内恢复，甚至仍在恶化。1987年夏季，中国青年报记者麦天枢、黎戈宁到甘肃贫困的沙漠地区考察，他们沿途到处看到这样的壮观而悲惨的场面：拉着盛水胶囊的拖拉机、装满了水的油罐车，排成行在山路上吭吭地慢行；村僻路窄进不去机动车的地方，十里、二十里山道上毛驴车摇摇晃晃，拖的是一只装水的汽油桶；挑担子的汉子歇脚时，双手扶着两只盛水的大罐子。拉水的汽车进村，成了一切生灵的节日：黄牛排成队在后面追赶汽车，鸟儿一群群在天上扑向汽车，老人、孩子拥成团在村口等汽车——等着分一人一天三斤或五斤的活命水。靖远县曹砚乡，只有8000多人口，过去为供应这8000人、一千多头牲畜和5000只羊的用水，最多时要出动80辆黄河车，在30多公里的山路上每天运两趟水。20世纪80年代中期，国家投资130万元兴建了从黄河到乡政府所在地的小型接力扬水管道工程，并每年对所需电费、修理费给予上万元的补助。①

上述现象并不是个别的，而是在整个大西北地区较为普遍存在的。青海柴达木盆地原有植被较好的固定沙地200万公顷，但因过度樵采，到20世纪80年代中期有1/3以上成为流动沙丘。据了解，荒漠化地区的胡杨林、红柳、梭之林等良好固沙植物有很大一

---

① 麦天枢、黎戈宁：《一方水土难养一方人》，载《中国青年报》1987年10月15日第1版。

部分是因过度樵采而被破坏。胡杨林在沙漠中有顽强的生命力，有许多小说、报告文学等在描写大西北一代一代知识分子及其他有毅力的人愿把青春洒在沙漠中的崇高、顽强精神时，经常以胡杨林来比喻、形容。但是目前这一参照物却越来越稀少了。荒漠化地区的甘草、麻黄、发菜等医药、珍贵植物，易采集、价格高，农牧民无节制地采挖，导致沙地植被大面积破坏。甘肃省仅 1994 年一年因挖甘草而破坏草场 6 万公顷以上，给畜牧业造成的损失超过千万元，内蒙古在 1993 年至 1996 年因挖发菜破坏草原 1200 多万公顷，其中 400 多万公顷严重沙化，失去了利用价值。在西北干旱、半干旱地区，内陆河流是维系荒漠生态系统的命脉，水资源的不合理利用导致的植被退化和沙漠化扩展十分迅速。据统计，甘肃、宁夏、青海、新疆四省因大水漫灌致使 1574 万公顷土地盐渍化。①

虽然，自 1949 年以来，我国政府对沙漠化进行长期的治理，已治理面积占沙漠化面积的 10%，但是总体上，“绿化不如沙化快”。据全国普查结果分析，导致土地沙漠化继续扩展的首要因素是过度放牧；其次是盲目垦荒；再次是乱挖乱采。

(二) 黄河已经成为季节河

黄河是我们祖国的母亲河。但是在远古时代，黄河并不叫黄河，而叫大河。因那时这条河并不黄。如《诗 · 国风 · 魏风》中描写黄河是“河水清且涟漪”。黄河的名字在西汉初年才偶尔见到，直到唐代才通用起来。

黄河自 1972 年出现首次断流后，断流的间隔时间越来越短，而断流的时间却越来越长。现在专家预言黄河已经成为一条季节河，并将成为一条内陆河或叫做内流河，即不再流入海里。唐代诗人王之涣曾有“白日依山尽，黄河入海流”的著名诗句，诗人若是再生，不知会如何修改自己的诗句。

黄河断流的主要原因有两个，一是黄河流域生态环境严重破坏。从上游到下游莫不如此。据通过卫星拍摄的图片，20 世纪 70

① 赵永新：《人为破坏：荒漠化扩展的主因》，载《人民日报》1998 年 7 月 24 日第 5 版。

年代和80年代黄河源头有大片绿色；到20世纪90年代则出现大片黄色，荒漠化面积年均增加速率为20%，而20世纪70年代和80年代仅为3.9%。黄河青海出境水量占黄河总流量的49.22%，而1998年则比9年前正常年份锐减23.2%。二是过度引黄灌溉。据分析，黄河两岸的引力动力全部同时开动，足以抽干几条黄河。黄河怎会不干涸！

历史上黄河洪水泛滥曾造成成千上万人四处逃离，无家可归，成为流民。黄河断流也必将造成几千万人口失去生存的"动脉"，远走他乡，再次成为流民，四处寻找生路。这在局部地区已成为事实。

(三)长江正在变成"黄河"

在20世纪80年代，我曾见到一幅漫画，至今记忆犹新，作者把黄河和长江以人格化的方式画成两条巨龙，黄河向长江呼叫："长江，我是黄河！"长江的回答是："黄河，我也是黄河！"即长江正在变黄。

长江流域的生态环境正在遭受严重破坏，河水的含沙量不断增加，河床不断抬高，危险极大。1998年的长江洪水，令全国人民惊心动魄。据不完全统计，1998年，全国共有29个省市区遭受不同程度的洪涝灾害，受灾面积达3.18亿亩，成灾面积达1.96亿亩，受灾人口2.23亿人，死亡3004人(其中长江流域1320人)，倒塌房屋449万间，各地估报直接经济损失1666亿元。

(四)建设中的破坏

年复一年的大规模基本建设以及工业化和城市化的发展，侵占和破坏了大量耕地资源，破坏了生态环境，使许多以农业为生的人口失去了赖以生存的基础。我国每年因修路、开矿、城市开发等人为破坏而新增的水土流失面积达1万多平方公里。因地貌植被破坏，流失的泥沙量超过20世纪80年代。开发建设、开矿、修路等造成废弃土石量大大增多，每年约堆积3亿吨，压毁大面积土地，其中20%左右径直流入江河、湖泊。1998年，中央电视台"新闻联播"曾报道批评，云南省某段新建公路，在开拓路基时，堆积下去的土石竟把一条河流堵住了。

各种矿藏资源的开采，造成大量良田被毁掉。具有多年历史的淮北矿务局，到1990年已塌陷征地8.2万亩，全局积存的煤矸石已超过7000万吨，占地800亩。从1984年起，该矿务局把垦复土地的工作提到议事日程上来，取得一定成效。开滦矿务局所属五大煤矿的唐山市古治区，到1998年有农业人口11万。但由于百余年的地下煤炭采掘，毁掉了大量耕地资源，人均耕地从50年代的2.9亩减少到1998年的1.1亩，全区采煤塌陷和受波及土地已达9.3万亩，其中塌陷坑水面1.7万亩。这给当地农村经济社会发展造成极大危害。①

内蒙古包头医学院1999年公布了对沙德格的一项调查：由于包头钢铁公司大量排氟，致使邻近受污染的沙德格苏木97.63%的儿童有严重的牙齿斑釉，而成年人为89.57%，按WHO推荐的各国通用标准评价，该地区儿童氟斑牙为中度流行，成年人已是显著流行。牲畜中牙病流行，羊因牙齿长短不齐无法咀嚼草料而死去，其中一个大队原有的万头牲畜，只剩下不过4000头。牧民已是难以为生，近年来已有30多户人家被迫离乡。第一任苏木书记郝文举曾背着羊头到北京、自治区、盟里告状。第二任书记乌哈说，我们可以调走，可这里的娃娃们怎么办，这里的牧民群众的骨骼疾病谁来管。第三任书记那生巴雅尔说，氟毒究竟还要害几代人？②

二、来自灾区的流民

一场自然灾害袭来，就会导致大量农民四处流浪。这在许多灾害较为频繁的地区已成为一条规律。表2-6为我国某些年份仅因为春荒而导致农民外流人口变动状况，这里还不包括因南方水灾等其他自然灾害引起的农村人口流动状况。

① 朱进源：《垦复土地，造福后代》，载《人民日报》1990年6月28日第5版；果兴等：《荒废地上大有作为，三年增收逾三千万》，载《人民日报》1998年8月5日第2版。

② 《人民政协报》1999年3月29日。

表 2-6　　**1949—1964 年春荒引起人口流动状况**

年份	春荒人口（万人）	外流人口（万人）	营养性疾病（万人）	破产渡荒（万人）	卖送儿女（人）	非正常死亡（人）	夏荒人口（万人）
1949		179					
1950	4920	35			331	7995	
1951	2093	9			667	2713	
1952	2388	4			66	948	
1953	3824	13			159	263	
1954	2443	19			437	475	
1955	6992	52			3242	1477	
1956	2014	21			568	10012	
1957	4134	60			699	273	2843
1958	1939	40	45		518	57751	
1959	9766	235	302			17853	3800
1960	12977	209	474		10688	374890	
1961	21813	8	3039		666000	647010	7845
1962	18745	159	627	76	3531	11016	15323
1963	7038	43	144	18	421	1086	6141
1964	8295	173	381	44	638	905	3865

注：

1. 春荒人口中，1958 年以前大部分是需要救济的人口，1959 年以后的是缺粮需要统销的人口。

2. 外流人口中，1956 年以前多是逃荒、要饭的，1957—1960 年多是盲目流入城市找工作的，1962—1964 年有相当一部分是外出以物换粮的。

3. 营养性病人包括浮肿、干瘦、子宫下垂、月经不调、小儿营养不良等疾病。

4. 卖送儿女中，1960 年多是城市收容的弃婴，1961 年多是几年来灾区遗留的孤儿。

5. 非正常死亡中，1959 年以前，多是冻、饿、自杀等死亡的，1960 年以后多是肿病死亡的。

资料来源：国家统计局、民政部编：《中国实情报告：1949—1995》，中国统计出版社 1995 年版，第 267 页。

在第一章里曾描述20世纪50年代和20世纪60年代大量农村人口因受灾而四处流动的情况。他们主要是逃生、求生，并且在一定程度上是被动地四处乞讨。例如1950—1955年，山东的梁山、阳谷、寿张、鱼台等县灾民慕名涌入河北省的邯郸市谋生，当地政府给予安置，然后帮助找工作，或者动员回原籍。其间共发放粮食21600多斤，为770多人(户)安排了工作，动员426人回原籍，并发给路费。① 这种由政府直接出面安置流民的方式，在20世纪80年代和20世纪90年代已不复存在。但是另一方面，在20世纪90年代因受灾而外出的流动人口，往往是在主动寻找就业机会。

1991年，安徽省遭受中华人民共和国成立以来最严重的一次洪水灾害。洪水过后，许多农民外出谋生，他们并不是因为政府在灾后安置救济工作不力，也不是因为家中无米可炊，而是要弥补洪水造成的损失。

1998年，长江流域和东北地区等地发生特大洪水灾害，还有地震等灾害。经民政部、水利部、农业部、国家统计局、中国气象局年终核定，1998年全国共有3.5亿人次受到各类灾害影响，因灾死亡5511人，紧急转移安置2082.4万人(次)；倒塌房屋821.4万间，损坏房屋1662.5万间；农作物受灾5014.5万顷；各类灾害造成的直接经济损失为3007.4亿元。1998年，中央下拨抗灾救灾资金83.3319亿元及大批抗灾救灾物资。民政部、中华慈善总会、中国红十字会总会、各地民政部门共接收捐款35.15亿元，捐物折款37.44亿元。1998年，仅中央财政和救灾捐赠用于安排灾区群众生活的资金和物资就达113.7亿元。②

尽管如此，还是有大量灾区农民在灾后四处流动，寻找就业机会。到底有多少外流人口难以估算，但是从中央有关部门下发的有关文件看，问题还是较为普遍的。如，1998年10月，国务院办公厅转发了劳动和社会保障部、国家发展计划委员会、建设部、水利

---

① 邯郸市地方志编纂委员会编：《邯郸市志》，新华出版社1992年版，第836页。

② 《人民日报》1999年1月13日第4版。

部和农业部《关于做好灾区农村劳动力就地安置和组织民工有序流动工作的意见》，国务院办公厅的通知指出，要防止灾区农村劳动力盲目外流，确保社会稳定和灾后重建工作的顺利进行。《意见》要求灾区各级政府要做好这项工作，要牢固树立就地安置为主的指导思想，把农村劳动力使用和安排列入当地灾后重建和发展经济的总体规划。做好灾区农村劳动力就地安置工作，当务之急是切实安排好受灾群众的基本生活，保证他们能够安全过冬，这是防止盲目外流、保障灾后重建的前提。《意见》还要求：1998 年最后三个月到 1999 年前三个月，用人单位原则上不得再新招收零散的农村劳动力。确需招收农村劳动力，应当经地市以上劳动社会保障部门批准，通过劳务协作形式来实现，并优先考虑灾区农村劳动力。对已在城市有工作岗位的灾区民工，要求其返乡探亲后不要携带新的人员外出。已盲目流入城市的人员，要做好劝返工作。1999 年 11 月上旬，中央综合治理委员会流动人口治安管理工作领导小组在京召开第三欢会议，公安部要求，当前和今后一个时期，各地要积极做好劝阻劝返灾民盲目外流工作。据报道，1998 年冬季，已有大量灾区民工流入福建、广东等非灾区省份。

1999 年“春运”期间民工增加的主要原因正是灾区民工外流增多。1999 年春运期间，铁路客运量超过历史最高记录，超过预先估计约 5 个百分点，全国民工流动总量约为 5000 万人，其中节后外出民工约为 3700 万人，比 1998 年同期增长 14%。据广东、浙江等输入地调查，灾区民工流入数量有所增加，主要来自四川、湖北、湖南、安徽和江西等水灾省。湖北省节后高峰期外流的灾区农村劳动力占外出民工总数的 77%。而安徽省沿长江的无为、望江等受水灾的县，入冬后又遇上大旱，农民靠种地增收减灾已完全无望，所以春运期间，这里民工外出数量成倍增加。

当然，在这个时期中，各级地方政府遵循中央的指示，也做了大量的劝阻工作，否则，外出的灾区民工还会增加。如湖南省岳阳市 1999 年 2 月 18 日至 24 日，外出灾民达 1.4 万人，经劳动保障部门宣传教育，劝留盲目外出民工 8800 人。湖北省石首市在 1998 年水灾中是重灾区，37 个民垸扒口行洪。灾后，大量灾民急于求职，市政府有关部门严格实行流动就业证卡制度，加大查处、打击假招工的力度，劝阻了2360名农民盲目外出打工。同时，拓宽就地安置的渠道。如参加恢复生产、重建家园的灾民有3.8万人，参加堤防加固、河障清理的灾民3.2万人，参加移民建镇工程的灾民1.4万人，在乡镇企业就业和开发“四荒”搞综合种植、养殖的从业人数达2万人，使就地安置总人数达10.4万人，占灾区劳动力总数的76%。

另一方面，灾区各级政府也曾有计划地向外输送一部分农村劳动力外出打工，这是整个灾后重建工程中的一个组成部分。1998年水灾刚过，中央立即开展高层次的灾后重建工程，其核心是将经常遭受洪水威胁的人口从低势地域中迁移到较安全的高势地域。仅湖北、湖南、江西和安徽四省，就有94万名移民需要重新安置，并已有80%在春节前喜迁新居。这94万人口相当于三峡库区静态移民的规模。国家计委为此于1998年年底下拨14.9亿元资金，1999年1月又下拨10亿元，另有10亿元于1999年上半年下拨，总额为35亿元。在这个建设过程中，如何安置好这近百万人口和劳动力的确是一个重要问题，否则有可能出现大量人口盲目外流。这样大规模迁移人口，要使人口绝对不出现外流，是不可能的。所以与其盲目流动，还不如主动使他们有序流动。其他安置途径是插队安置、小集中安置、扩镇安置、筑台安置和建镇安置。许多移民在迁入新居之后，仍然外出打工去了，或是干起其他非农产业。这与四处游荡逃灾、讨饭就根本不同了。如上述的湖北省石首市，在劝阻了2360名农民盲目外出打工后，加大灾民就业前的培训工作力度，自筹资金5万元，免费培训灾民1760人。该市先后组织5780多名民工到广州、深圳、北京、石家庄、福州等地就业，创收2200万元。

除上述较大范围的灾害造成人口外流外，在许多贫困县，也常年有人口外出，他们或是举家外迁，或是外出打工，时有返乡之行。据有关人士于1994年对西北地区某县碑村调查，碑村年降水量仅有420~450毫米，而冬春初夏相对少雨，降水量集中在7~8月份，占全年降水的55%。同时，由于植被少，土壤中水蒸发量大，致使自然降水的利用率很低，干旱时有发生。每年春季干旱发生率在50%，个别年份一年四季连续大旱。河流引水工程只能解决人畜饮水问题，无力灌溉农田。1994年的旱灾，再加上一场严重的冰雹灾害，其粮食亩产量仅相当于1993年的1/3。在这种状况下，村里的人们分成两种类型。一类是老年人，他们安于现状，眷恋土地，又渴望幸福、富裕，所以，他们把“雪山太子”神仙请来，祷求风调雨顺，五谷丰收。这种做法在1949年以后中断了，但80年代以后人们又将它请回来了。另一类是年轻人，他们有新的思路，这就是外出打工。1994年，碑村有293人外出打工，占全村总人口2076人的14.1%，占全村16岁以上人口的19.7%。这一类型的村民形成了自己的一套生存行为模式：天旱或遭灾，救济+外出打工=吃饭；天不旱无灾，干农活+外出打工=吃饭+零用。①

在许多贫困地区，民工外出往往是渡过灾荒、弥补损失的重要手段。河南省夏邑县本来就有民工外出的历史，1994年，全县遭受百年不遇的干旱，全县秋粮减产过半，有的乡村甚至绝产，从收成的粮食看，约有1/4的农户到冬春季节将出现粮荒。对于政府来说，老百姓的吃饭问题是一件首要大事，没有饭吃，不仅难谈发展，连稳定也成为问题。但灾害已经形成，来年生产并不能解当务之急，怎么办？县的领导人一方面安排生产和救灾，一方面下更大的气力抓“劳务输出”。县委书记丁巍提出，要把“劳务输出”作为一条重要温饱之路，靠“流动”救灾，在流动中求稳定，求发展。原则是全县上上下下齐努力，想办法抓“劳务”、“有序”要流动，“无序”也要流动，只要能开辟收入途径，不论什么样的流动组织形式都行。结果还是很好的，1994年共有12.3万人次外出打工，并进一步带动农村劳动力继续外出务工经商。据推算，像夏邑县这样一个有百万人口的省定贫困县，1995年有13万人次外出打工，如每个外出劳动力净收入1000元，全县农村就可增加收入1.3亿元，每个农民增加收入150元左右。调查的同志与调查点的村干部

---

① 黄平主编：《寻求生存》，云南人民出版社1997年版，第331~344页。

座谈时，他们最有感触的一点是，劳动力外出户的提留统筹费用容易收取，从而化解了基层的许多矛盾。这是贫困县当地政府参与组织民工流动以求摆脱灾害和贫困的较典型的例子。

还有一些贫困县，由于自然条件和生态环境较差，农民自发地外流，甚至是永久性迁出。吕梁地区是全国闻名的贫困山区，其中的文水县是该地区较发达的县，但仍有大量人口自发外流。该县的沟口乡 1985 年有 4400 人，1994 年只有 3400 人。从户籍看，包括新生人口在内，10 年间净减少 1000 人。全乡原有 21 个自然村，1994 年只剩下 20 个，有一个村的人口全部迁出。苍儿会乡在七八年间，每年迁出人口 100 人左右，有一个 30 多户的自然村早在 1987 年就消失了。此外，有相当一部分人口(主要是劳动力)户口虽然仍在山区，但生活和工作却主要在山外。沟口乡约有 1/4 的山区劳动力在山外，其中部分是季节性的，农忙在山里生产，闲时在山外做工。有一个村庄 1985 年时有 204 人，1994 年户口人数仅有 60 人，实际村里仅有 20 多人。①

还有一些小山村，由于偏僻、闭塞、落后或有严重的地方病，经常有人口外流。一旦当地条件得到改善，他们又有可能自发地流回来。福建省西北山区清流县高坂村，以“女儿村”而闻名当地。该村是 20 世纪 60 年代由闽南泉州市郊高坂村移民定居建起的村庄。村庄依山面河，景色秀丽。但是，村民到此定居后的十余年里，村中妇女婚后只生女孩，未曾生过一个男孩，致使许多农户举家外迁。此事引起国内外有关部门的关注，并派了专家前往考察。经过对该村饮用水的化验，发现井水的含镉量太高，损害了男子睾丸中的精子成熟和活动，其中与卵子结合能生男孩的染色体精子受影响最大，致使只生女孩不生男孩。1983 年，经多方努力，该村从山上引泉水进村作为民用水，“女儿村”终于告别了“只生女儿不生男”的历史。1983 年到 1998 年，已出生了 11 名男孩，原来因害怕只生女儿不生男而外迁的村民又陆续迁回高坂村。

---

① 赵树凯著:《纵横城乡》，中国农业出版社 1998 年版，第 120～122、153 页。

第四节 政策制度

与民工潮有关的政策与制度有许多方面，大体上可以划分为两个层次，一个层次是宏观政策与制度，另一个层次是直接针对民工潮出台的政策与制度。

一、宏观政策制度

我国的宏观政策制度有许多方面，其中与农民流动密切相关的也有许多种类。我国经济社会发展的一个重要特征是城乡分隔的二元经济发展模式。这一模式的一个基本内容是农村人口不能自由流动和迁移到城市里就业、上学、居住等。据有关分析，在改革开放之前，我国共有 14 种具体的制度限制了农民自由流动，如众所周知的户籍制度、粮票及其他票证制度、住房制度、就业制度、教育制度，等等。这些制度把农民死死地束缚在土地里。改革开放后，这些约束农民流动的社会篱笆被打开了。

(一)户籍制度

在中国，户籍制度具有几千年悠久历史。中国户籍制度的内容、特征及其重要性，可以说是世界上任何一个国家所无法相比的。不了解中国的户籍制度就不了解中国的经济社会历史，更不了解中国当代的农民。

但是在 20 世纪 50 年代初期，中国的户籍制度不是为了束缚农民的，也不是针对农民流动的，而是为了便于当时的宏观管理，以后随着各方面形势的发展，户籍的功能也就越来越多，对农民的束缚也越来越厉害。

1950 年 8 月，公安部制定了《关于特种人口管理的暂行办法(草案)》，加强了对特种人口的管理，主要是为了肃清反革命分子和国民党反动派的残余势力。1950 年 11 月，第一次全国治安工作会议要求在城市开展户籍管理工作。在镇反运动中，公安部着手建立了渔民、船民的户籍管理。1953 年和 1954 年的人口普查和选举制度推动了全国普遍户籍制度的建立，受当时政治气氛的影响，在

1953 年，15～17 岁的人口有 82.3 万人虚报为 18 岁，目的是为取得公民选举权。

1. 户口与粮食关系相挂钩

从 20 世纪 50 年代初开始，我国的粮食供求关系较为紧张。1953 年 12 月，全国城乡开始实行了粮食统购统销政策，城市人口供给商品粮，农村人口粮食自给，但标准不像以后那样严格，范围较宽：县以上城市、农村集镇、缺粮的经济作物产区人口，一般地区缺粮户、灾区的灾民，有计划地供应粮食。1955 年 8 月，国务院发布了《农村统购统销暂行办法》和《市镇粮食定量供应暂行办法》，开始实行粮食转移证、粮票等管理使用办法。并明确规定，粮食凭城镇户口实行按人定量供应。这一制度一直实行到 20 世纪 90 年代初。

2. “农业户口”与“非农业户口”

1955 年 11 月，国务院颁发的《关于城乡划分标准的规定》，把农业人口和非农业人口所占比例列为划分市镇标准的指标之一。1963 年以后，公安部在人口统计中把是否吃国家计划供应的商品粮作为划分户口性质的标准。

但是，人口从农村流向城市是一个世界性的客观规律。虽然上述户口制度及其他制度严重束缚了农民的手脚，但是只要有机会，农民就会大量流入城市。而另一方面，由于合作化和人民公社化的农村管理体制严重挫伤了农民的积极性，农业劳动生产率一直徘徊不前，全国人均占有粮在某些年份还有下降，农村人口进入或外出务工经商的稍微一多，全国粮荒就会出现。1977 年 11 月，国务院批转的《公安部关于处理户口迁移的规定》指出：从农村迁往市、镇，由农业人口转为非农业人口，要严加控制，从此提出了“农转非”问题，并在此后制定了若干项“农转非”的政策。公安部为贯彻上述政策，给全国各省、市、自治区下达了“农转非”控制指标，即“每年批准从农村迁入市镇和转为非农业人口的职工家属人数，不得超过非农业人口数的 1.5‰”，从而对“农转非”实行了政策与指标双重控制的管理体制。

3. 限制城乡之间人口迁移

1958 年以前，我国实行户口自由迁移政策。1949 年 9 月中国人民政治协商会议第一届全会通过的《共同纲领》和 1954 年 9 月第一届全国人民代表大会通过的《宪法》都规定，中华人民共和国公民有居住和迁徙自由。有关户口管理的政策也只对迁移提出须办手续的要求，并未加任何限制条件。所以从 1949 年到 1958 年间，人口流动与迁移十分频繁。仅 1954 年到 1956 年的 3 年间，迁移人口就达 7700 万。

1958 年以后，政府把自由迁移政策改为控制城市人口规模政策。如同第一章所述，在 20 世纪 50 年代，中央多次发出要劝阻农民盲目进城、盲目四处流动的指示。1958 年，又出台了《中华人民共和国户口登记条例》，正式确立了户口迁移审批制度和凭证落户制度，以法规的形式限制农村户口迁往城镇。1975 年修改的《宪法》取消了关于公民迁移自由的条文。

城镇人口迁往农村一般是不受限制的。但是一旦从城市迁到农村，要想再迁回去，那就难极了。所以，城镇迁往农村的人口也就减少了，正常情况就没有。在农村农民眼中，如某一家人或某一个人从城市迁到农村落户，即就意味着，不必多问，准是在城市里犯了错误，被打发到农村进行劳动改造。不仅从城市迁往农村是十分稀少的，而且从北京、上海、天津等大城市迁往中小城市也是不多的。

在改革开放后的 20 世纪 80 年代中期，也就是实行身份证制度之前，任何人外出住旅店，只带工作证是不够的，还必须携带本单位盖有公章的住店介绍信，对于经常出差的人来说，这是一件麻烦人的事情。至于农民要进城住店那就更难了，外出打工、经商，那会当作资本主义的尾巴被割掉。

4. 改革开放后，户籍制度稍有改动

1980 年以后，在户籍制度上，把“农转非”的控制指标由不超过当地非农业人口的 1.5‰调整为 2‰。此后，各省市不断自行开口子。1990 年以后，国家及中央有关部委出台的“农转非”政策有 36 项，正式要求出台的有 10 项，拟议中要求出台的有 5 项，地方自行制定的就更多了，其中包括的或针对的对象种类可多了，真是“三教九流”，无所不包，如归侨、难侨、“顶替”、下放劳动改造、知青、寺观僧道及其他无户口特殊人员。当然这些问题的解决，可以大大减少盲目流动人口，促进社会的安定。

但是，这种传统体制下的“农转非”政策走的是一条“死胡同”。因为一个人农转非后，就意味着国家要包揽他的就业、上学、住房、商品粮等所有城市人口正在享受的福利。如果按京、津、沪三大城市的福利标准，城镇每接纳1名“农转非”人口，每年需支出粮、油和副食补贴500多元，1984年到1988年的5年中，“农转非”人口累计就达4679万人。按此福利标准推算，国家每年要多支出财政补贴23亿多元。这还不包括国家对“农转非”人口所承担的医疗保健和福利分房的费用。在教育方面，按1988年末平均数字计算，4679万“农转非”人口中，应有普通中学学生和小学学生747.1万人，占总数的16%。按照普通中学平均每所学校520人、小学平均158人计算，城镇需要国家新办普通中学3969所，小学34354所。另外，每年的“农转非”人口中，有40%的人需要安置就业和解决住房问题。并且这种制度仍然是以限制农民自由迁居城镇为前提条件的。所以，在户籍管理制度上还必须进行其他方面的改革。

“自理口粮户口”制度。自20世纪70年代末开始，进城务工经商的农民不断增多，他们大多数必须在城镇居住或长或短的日子。这已成为不可逆转的事实，并且他们中有许多人要求在城镇落户。1984年1月1日，《中共中央关于一九八四年农村工作的通知》中指出：越来越多的农民脱离耕地，转入小工业和小集镇服务业是一个必然的历史性进步，可为农业生产向深度广度进军，为改变人口和工业的布局创造条件。不改变“八亿农民搞饭吃”的局面，农民富裕不起来，国家富强不起来，四个现代化也就无从实现。《通知》规定“1984年，各省、自治区、直辖市可选若干集镇进行试点，允许务工、经商、办服务行业的农民自理口粮到集镇落户”。同年10月，国务院发出了《关于农民进集镇落户问题的通知》，其中规定，凡申请到集镇(指县以下集镇，不含城关镇)务工、经商办服务业的农民和家属，在城镇有固定住所，有经营能力，或在乡镇企事业单位长期务工的，公安部门应准予落常住户口，发给《自理口粮户口簿》，统计为“非农业人口”；粮油部门要做好加价粮油的供应工作，可发给《加价粮油供应证》，地方政府要为他们建房、买房、租房提供方便条件，并把他们纳入街道居民小组进行管理，使其同集镇居民一样享有同等权利，履行应尽义务。这次户籍改革是以20世纪70年代末粮食大幅度增产为物质基础的，并且还适当增加了粮食进口。国家还实行议价收购，1985年又以粮食合同定购制度代替了统购派购制度。到1986年年底，在不足3年的时间里，全国办理自理口粮户口的达1633828户、4542988人。尤其在南方一些省市，农民自理口粮户口进镇的异常踊跃。如浙江的“农民城”——龙港镇，就是这一制度的产物。1984年该镇仅有人口7812人，1994年增加到近14万人。各地在具体落实这项政策时，力度相差很大。浙江省反映积极，在全省范围内敞开集镇大门，欢迎农民入镇。1984年全省自理口粮户口的城镇人口只有2.28万人，1985年猛增到45.27万人。城镇人口的猛增，导致全省粮食供应能力与粮食消费力之间的平衡受到影响，因而不得不在1986年取消了自理口粮户口凭卡购粮的规定，并动员部分农民返回农村。而辽宁省则在这一政策中又附加了一些条件，因此，到1986年全省自理口粮进镇落户的人仅3.2万左右。

要看到，自理口粮户口是与计划经济体制相联系的产物，当粮食和生活必需品价格完全放开之后，自理口粮户口进镇也就失去了原有的意义。现在的农民外出务工经商根本不理会这回事。

5.“蓝印户口”制度

“蓝印户口”制度也就是“当地有效城镇居民户口”制度，因这种户口证件的印签用蓝色，所以称“蓝印户口”。改革开放以来，几乎什么都可以买卖，户口也可以买卖。20世纪80年代末，私下买一个进京户口大约需5000元钱。这种买卖关系往往是有人要从北京调出，如果你来与他对换，即进京，那么你就要交5000元钱给他。随着这种买卖关系的盛行，有关人士建议这项买卖应由政府充当卖主，以增加收入，并且也可以缓减“农转非”压力和农民进城务工经商的压力。1992 年 8 月，公安部拟定了《关于实行当地有效城镇居民户口制度的通知》，征求各部门和地方政府的意见。1992 年 10 月，广东、浙江、山东、山西、河北等十多个省先后以省政府名义下发了实行当地有效城镇居民户口的通知，这些省的市县也很快制定了自己的规定并予实施。①

这项制度的核心是要收取买者的一笔城市建设费。实行“蓝印户口”制度的省、市，不再办理自理口粮户口，把它纳入了蓝印户口的管理范围。这一制度对在城市长期务工经商的农民有一定的吸引力，尤其是那些在城镇已经投资办企业、开店等的农民来说，还是有益的。但是在具体执行过程中出现蜕变。一是这一制度在某些城市变成单纯户口买卖。再加上一些农民根本不了解实际情况，认为花了钱，就在一夜之间变成了地地道道的城镇居民，其实根本不是那么回事。所以，出现了一些社会不稳定事件。二是更有些头脑过于灵活者，把这一制度变成凡是要进本市落户，就必须交纳城市增容费，不管你是哪路神仙，也不管你是来自何方，大学生，甚至研究生也要交，再来就业。最突出的例子是北京市政府于 1994 年 11 月 1 日实行的《北京市征收城市容纳费条例》，即要在北京办理常住户口的外来人员，每人要交纳 1 万至 10 万元不等的费用。其中也规定了一些可以减免的特例。这一政策引起很大反响，在京的各大报纸开展了讨论或进行连续报道，反对者不在少数。近几年来，中央三令五申，禁止任何地方政府收取城市增容费之类的费用，各地也都废除了有关政策。

(二)票证制度

匈牙利著名经济学家指出，计划经济最重要的特征就是短缺，即需大于供，可以说，计划经济就是“短缺经济”。为了应付短缺，人们发明了各种票证，只是有了钱还没有资格购买商店里的商品，还必须拥有同种类的购买票证，每张票证只能购买一定量的商品。在我国，票证最多的年代是 20 世纪 60 年代，当时凭票限量供应的

① 本节上述有关数据主要参见殷志静、郁奇虹著：《中国户籍制度改革》，中国政法大学出版社 1996 年版。

商品，全国范围内统一的有70多种，北京市最多时达102种，其中不仅包括自行车、手表、缝纫机"三大件"，而且还包括火柴、食盐、卫生纸，等等。

票证曾是束缚农民流动的最严厉的、最沉重的枷锁，这些票证中最重要的是粮票。我国使用粮票的时间可以追溯到抗战时期的边区政府。中华人民共和国成立后，自1955年9月我国第一次发行不同面值版的全国粮票开始，各种粮票达几千种样式，可以划分为有边齿的、无边齿的、变体的、漏色的、全国票、地方票等。面额最大的是1976年版的军用粮票，面额为1万斤。面额最小的只有半市两。面积大的如信封、小的似指甲。画面选题十分广泛，有毛主席语录、各地名胜古迹、农业机械、工程建设、十二生肖、人物花鸟以及火车轮船等。有效使用期，有的长达二十余年，有的仅为一个月，也有的是无限期的。还有规定单月或双月才能使用的。

北京市档案馆为纪念改革开放20年，从1998年12月10日到1999年2月10日，在该馆举办北京商品票证回顾展。当然，这一展览只是对那些经历过票证时代的人们来说，似有"忆往昔，峥嵘岁月稠"之感。面对那些当代高消费的后代来说，似乎是天方夜谭，难以想象和理解。

20世纪80年代以来，许多票证很快消失了，但是粮票消失得较晚。1992年，国务院实行粮食购销体制改革，在全国范围内宣告了粮食票证的历史使命已经完成，各大城市也陆续废除了粮票。北京市是从1953年对粮油棉布等多种基本生活必需品实行统购统销政策的。1993年1月1日起，全国放开粮油市场价格，终止粮票通行。继上海和天津之后，北京市于1993年5月10日取消粮票。这一切大大方便了外出务工经商的农民，这也是"民工潮"兴起的重要原因之一。

（三）宏观经济政策的调整

经济发展过程往往出现忽快忽慢、忽热忽冷的交替现象，这与宏观经济政策有很大关系，尤其是当经济发展过快、过热时，需要宏观经济政策加以干预。而这一干预会造成外出务工经商的农村劳动力突发性的大量外出，或大量回流。

一个较为明显的例子是1989年下半年，全国经济发展急速降温。到1989年年底和1990年年初，造成1000多万农村劳动力从城镇回流到农村。这个降温过程，在当时叫做经济治理整顿。影响较大的省份主要是南方及沿海省份。如浙江省当时有25%的乡村企业因耗能大、效益差而停产，一半以上的农民建筑队无事可干。由此造成1000多万劳动力无出路，只好回到农田里去。浙江人多地少，农业生产向来有“绣花农业”之称，即精耕细作。但是在20世纪80年代中期，农业反而被忽视了，变成了粗放经营，并且农田水利设施老化，农业劳动力老化，粮食生产连续5年徘徊不前。有关部门认为这正是重新振兴浙江农业的大好时机，加强了对农业的投入，并引导回乡的农民建筑队承包乡村水利工程，大搞农田水利基本建设。效果还是较为明显的，浙江省粮食总产量1985年达到1621.3万吨，此后逐年减少，到1989年减少到1544.7万吨。但是1990年上升到1586.1万吨，是1989年的102.7%，1991年又上升到1678.8万吨，是1990年的105.8%，是1989年的108.7%。从1991年开始，我国经济发展结束了治理整顿又开始加速。虽然速度还不十分快，但是民工外出随之猛增。浙江省粮食生产又一次大滑坡，1992年仅为1553.5万吨，是1991年的92.5%。当然，这与受灾大小有一定关系，1991年浙江省有83.3万公顷耕地受灾，1992年为145.3万公顷。

1989年，山东省建筑系统施工面积比上年减少20%，大量农民建筑队伍被退回。仅山东威海市就有2万名农民建筑工人退回，他们只好在农田水利基本建设中大显身手：承包5000多个水利项目的80%。

与非农业相比，农业比较效益的提高，也会导致农民回流。江苏的苏南地区，乡镇企业十分发达，大量当地农民进入乡镇企业。但由于农业适度规模经营政策的实施，农业社会化服务体系的建立和健全，种粮经济效益较务工明显提高，吸引了一些在乡镇企业做工多年的农民申请回家种田。1986年，苏州市有10多家乡村企业的绝大多数职工几乎同一时间里向厂方提出辞呈，要求回家承包水产养殖业等多种经营项目，工厂不得不从其他地方再招聘农村剩余劳动力替代他们。①

二、民工流动与政府行为

毫无疑问，农民外出务工经商，起初完全是自发的、自觉的，输入地和输出地政府没有推动他们。但是当一些贫困地区大量劳动力外出后挣回大把大把票子时，人们惊奇地发现：哦！这也是一条重要的致富捷径。为了早日实现小康目标，许多政府部门开始推动民工潮，使得民工潮带有政府行为的味道。

有人说："流动人口作为中国转型时期的一个新的社会现象，是被政府'制造'出来的。"②这里的"流动人口"仅是指农民外出务工经商。把民工流动说成是政府制造出来的，似乎不太符合实际情况，至少在20世纪80年代是如此。上述引文的两位作者也承认："我们从1996年对江苏一些县的调查中得知，直到80年代中期，县一级的政府对农民外出仍然控制严格。但到了90年代，这些县政府都成了流动人口的积极支持者，不但乐于送他们外出，也乐于迎他们回来。'出去一人，脱贫一户'已成为普遍的共识。有的地方政府允许外出打工者保留3年责任田；有的地方政府对愿意放弃责任田的农民提供高达1000元的一次性补偿；其他地方政府将土地转包措施制度化。"

总起来看，在民工潮的潮起潮落的过程中，政府行为越来越明显。政府行为可以划分为中央政府行为和地方政府行为。中央政府行为主要表现为对宏观经济的调控和对民工流动的疏导等方面，这些内容在上述本章当中，以及在第一章有关"春运"中都有所涉及，现在我们主要关心的是地方政府在民工潮中的行为。

(一)某些县政府把农民外出打工当作支柱产业

许多较为贫困的县把支持农民外出打工当作发展支柱产业。在

---

① 《人民日报》1987年7月7日第3版。

② 胡晓波、邹宜民：《当代中国流动人口的经济政治学分析》，载胡耀苏、陆学艺主编：《中国经济开放与社会结构变迁》，社会科学文献出版社1998年版。

四川省开县，人们认为打工产业对本县经济发展具有重要作用，"空手出门，抱钱回家；出去 1 人，脱贫 1 户，带富一片"。开县是一个人口大县，142 万人口，70 多万劳动力，富余 28 万劳动力。20 世纪 90 年代以来，每年外出打工者有 25 万之多，可以说，从东南沿海到西北边陲，到处都有务工的开县人。他们自己说："无论东西南北中，都有开县打工人。"据县邮电部门的统计，全县外出打工者在 20 世纪 90 年代初，每年通过邮局汇回开县的现金就达 2.7 亿元，还不包括他们回家时随身带回的现金。开县有关部门坚持对外出务工人员进行教育和培训，以尽可能减少劳动力的盲目外流。县有关部门和各乡镇都建立了专门的劳力输出组织机构，并在全国各地建立了几十个联络站，收集劳务需求信息，解决务工者的各种疑问，直接加强与当地政府和用工单位的联系。对所有外出务工者，各乡镇都要组织他们进行 3 天至一星期的法律知识和职业道德教育，让他们树立"既要为家里挣钱，又要为家乡争气"的思想。全县 20 多万人在外面闯荡，很少有违法违纪事件发生，受到各地用工单位的好评。县委书记张光国还有更高层次的谋略：准备对外出务工人员进行输出前的专业和技术培训，让他们掌握一技之长，以便更适合用工单位的需要，使劳务输出由体力型向熟练操作型和专业技术型转变。①

（二）提高素质、改善形象

在打工市场上，一直是供大于求。因此，某些县政府开始考虑如何提高打工者的素质，改善本县外出打工队伍的形象问题。

河北省涞水县，是省定贫困县。该县政府把农民外出打工作为山区摆脱贫困的主要渠道之一。据粗略计算，1986 年至 1998 年，该县靠打工增加农民收入 1500 万元以上。该县劳务输出的主要方向是北京（县城距离北京市约 100 公里）。随着劳务市场竞争日趋激烈，他们开始注重进京务工者的素质提高。在输出时做到"五把关"，即把好政治关、体质关、文化关、道德关、技术

---

① 佘长安：《劳务输出成为开县支柱产业》，载《光明日报》1993 年 12 月 29 日第 4 版。

关。还有“五不输”，即有劣迹前科的不输、思想道德不好的不输、身体不好的不输、文化程度低的不输，技术水平达不到要求的不输。①

（三）疏导排忧

民工在流出与流回的往返路程中，要闯过一道道的难关，几乎是生与死的较量。许多地方政府部门在这方面提供了良好的疏导与排忧解难的服务。

如，许多地方政府用专用的大客车接、送民工，大大减轻了民工旅途之苦。1994 年春节前夕，近百万名湖北民工乘坐本省劳动部门派出的专车，带着鼓鼓囊囊的钱包从沿海返乡过春节。湖北有 500 万农村剩余劳动力，外出打工是安置富余劳动力和农村脱贫致富的重要途径。全省各级劳动部门先后成立了 1000 多个职业介绍所，同时还在全国 20 多个省市建立劳务信息网络，在广州、深圳等沿海城市建立劳务服务管理机构，搜集劳务信息，组织劳务输出，提供劳务服务。1994 年，全省有 85.5 万民工是经劳动部门有组织输出的，约占全部外出民工的一半。② 这一比例还是相当高的，就全国一般情况而言，大约是 10%。

南昌市劳动局在 1994 年建立 100 个乡镇劳动管理站，实行管理、教育、服务一条龙运作，仅 1995 年就安置农村剩余劳动力 12 万多人次。他们首先对本地剩余劳动力进行调查统计，广泛搜集外地用工信息，开展技术培训，办理外出打工手续，实行跟踪管理服务，仅南昌县就为外出打工人员建立档案近 2 万份。新建县为外出打工者相对集中的地方设立办事处，有的地方还建立了临时党支部，南昌县麻丘乡劳动管理站在乡政府支持下，派出 5 名教师在武汉租借民房办起了“麻丘外出劳力子弟小学”，开设 4 个班，招收学生近 200 名，解决了打工者的子女上学难的问题。③

① 许术雷、张生刚：《涞水劳务大军京城形象“靓”》，载《保定日报》1998 年 10 月 8 日第 2 版。

② 《人民日报》1994 年 2 月 17 日第 1 版。

③ 《人民日报》1995 年 12 月 11 日第 2 版。

湖南省在广州市设立了一个湖南省流动人口计划生育管理站，只有2间办公兼住房的房间，6名工作人员，但是取得了显著的经济效益和社会效益。该站自1993年3月建立到1994年5月，就在计划生育服务方面取得明显成绩，共注册登记湘籍流动人口1.2万多人，妇检5342人次，查出假证180多个，纠正“调包”54人，拒绝代发审验5600多人，督促就地落实节育措施1232例。这既有利于当地计划生育工作，也维护了湘籍民工的形象。在运送民工方面更是成绩突出。湖南民工每人回家一次花费600元以上，1993年到1994年，该站已经减少1万多人返乡，等于减少农民损失300余万元，还为3500多人及时找到工作提供了方便。通常一人返乡要有1~2人陪同，管理站的设立减少了近3万人次的客运量，有助于缓解客运紧张的矛盾。①

(四)为打工者维权护航

外出打工经常会遭到不公待遇，也会在日常生活中产生一些法律纠纷，但是由于种种原因，他们的合法权益经常受到侵害，不易得到及时的正义伸张。所以，许多地方政府派出专人到本地外出打工地点，代表打工一方，代表输出地政府有关部门，维护打工者的合法权益。

例如，青海省湟中县妇联在组织妇女外出打工时，注重跟踪服务，保驾护航。自1995年到1998年年底，该妇联向广东等地输出劳务400余人。县妇联认为，这些大西北的女娃涉世不深，从山区走向大城市的新环境，如果妇联的跟踪服务上不去，很可能影响她们的健康成长。于是，妇联首先与输入单位签订打工者的权利与义务合同，以便在出现问题时能够充分地按法律办事。为使合同能够落到实处，妇联在女工中成立管理组织，由有威望、品行好的人担任组织负责人；并在当地找到有威望的青海籍人员作为委托代理人，以县政府的名义发给委托书。湟中县妇联还不定期地探望劳务人员，听取他们的生活、工作情况汇报，查看她们的吃住情况，将

① 《人民日报》1994年5月27日第1版。

她们在生产和生活中遇到的问题和困难与厂方沟通，求得及时解决。①

湖北省枣阳市罗岗镇外出打工者在前些年大都是单独行动，没有统一组织，很多人或是盲目流动，空手而归；或是在打工过程中遭凌辱、挨打骂。1997 年 11 月，罗岗镇成立劳动所，加强管理、服务、护航工作。他们在宣传劳务输出、帮助提高打工者技能的同时，还对打工者进行法律知识的教育，并跟踪服务。如当得知外地某厂老板乱扣他们的打工妹的工资、让她们超时加班，劳动所立即与当地劳动部门联系，和这个厂老板交涉，最后这个老板慑于《劳动法》的威力，退还了克扣的工资。②

(五)为打工者解除后顾之忧

外出打工一些人往往是“身在曹营心在汉”，他们虽然在外面打工，但时时刻刻牵挂着家乡、牵挂着家庭。为了解除打工者的后顾之忧，一些地方组织积极采取措施，为打工者家庭排忧解难。

河北省定州市清风店镇人多地少，素有经商传统。仅进京贩卖肉蛋蔬菜的农民一般每年就可赚三四万元。但是他们同样牵挂着家中的土地，也影响他们务工经商的收入。针对这种情况，1995 年镇党委、政府规定，凡不愿经营土地的农民，可以将土地使用权转让，使土地向种田能手集中。同时，组织 27 个村街各自成立专门社会化服务组织，对仍种地的外出经商人员提供耕、种、浇、收的全程承包服务。这一改革措施一方面加快了农业机械化覆盖率，达到 95%；另一方面外出经商人数大幅度增加，已占全镇总人口的六分之一以上，以前的经商“小分队”变成了“集团军”，每年全镇可增收 3000 多万元。③

家庭方面的后顾之忧是制约民工外出的重要因素。据河北大学于 1992 年对河北省 5000 农户调查，当时调查到 37 名外出打工者

---

① 邸广铮、张玉梅：《“儿”行千里“母”担忧》，载《中国妇女报》1998 年 11 月 18 日第 2 版。

② 《中国劳动保障报》1998 年 11 月 5 日第 3 版。

③ 《保定晚报》1996 年 5 月 22 日第 1 版。

已不再外出打工，其中 33 人是因为“家务拖累”，占 89.2%。所以，政府能否像上述清风店镇政府那样行动，对推动外出打工事业的发展是十分重要的。

但是，在政府行为中，还有一些不利于，甚至是阻碍民工经济发展的错误行为。这主要表现为民工的输入地和输出地政府部门向民工乱收费，最突出的是“务工证”费。

第五节 市场经济

民工潮是继家庭联产承包责任制和乡镇企业发展之后农民的第三次伟大创举，民工潮是我国市场经济中最活跃的因素之一，它是中国农民在历史上第一次主动地、积极地参与工业化、城市化、现代化和社会化，并分享其成果。农民这一伟大创举的动力来自何方？就是来自市场经济。

一、市场经济就是流动经济

市场经济是什么？从某种意义上说，市场经济就是流动经济，人、财、物都处于高度流动之中。流动者昌盛，静止者死亡；正所谓树挪死，人挪活。改革开放以来，我国市场经济不断得到发展，也为农民流动提供了前所未有的条件和前景。

有关资料表明，1978 年，我国农产品出售总额中，国家定价部分占 94.4%；工业销售总额中，国家定价部分占 97.5%；服务产品价格几乎 100%由国家控制。从庞大的机器设备到小小的瓶子盖，其价格都是国家统一规定。不仅如此，如上文所述，由于短缺经济长期存在，全国各级政府各个部门还配发了无数种类的票证，有钱还要有相应的票证，才能购买，才能流通，才能流动。在这种状况下，产品和服务的市场化程度微乎其微，人员迁移与流动的市场化更是不存在。生产要素的市场化程度、企业的市场化程度和政府行为方式适应市场化的程度微乎其微。外贸依存度只有 9%左右，资本依存度(利用国际长期资本总额与 GDP 之比)、投资结构水平(外资投向资本技术密集型产业的投资额与利用国际长期资本总额之比)以及生产依存度(本国企业境外生产总值与GDP之比)基本为零或接近于零。

在经过大约20年的改革开放之后，我国国民经济市场化程度已达到50%。其中，农产品总体市场化程度到1997年已达到77.2%。到1997年，工业产品市场化达68.3%；服务产品的市场化程度为41.4%。根据三大产业产值占国内生产总值的比重进行加权，我国产品总体的市场化程度为61. 71%。在生产要素市场化方面也取得重大进展。生产要素由资本、土地和劳动力构成。1997年，我国资本的市场化程度为17.2%(即有价证券占金融资产总量中的比例，可浮动利率贷款占总款的比例)；土地市场化为22.5%(土地交易量与全部土地出让量之比)；劳动力市场化为70%，这其中农民外出务工经商或转入乡镇企业等从事非农产业的流动，起到很大推动作用。这三大要素综合考虑，1997年我国生产要素总体的市场化程度为36.5%。企业市场化对劳动力流动有着关键性制约作用。企业市场化是指企业资源配置由政府支配转化为市场调节，据有关指标推算，1997年我国企业市场化程度为51%。我国政府对市场的适应程度，1994年为24.3%，1997年为36.6%。①

二、市场经济推动农民流动

市场经济这只巨大的看不见的手推动着成千上万的农民走出家门，为生意而走街串巷、走南闯北。

改革开放以后，市场经济不断发展，尤其是农村集贸市场大发展，这主要得益于农村联产承包责任制和多种经营。农村实行联产承包责任制以后，农民生产积极性不断高涨，多种经营也全面发展，不仅乡镇企业如雨后春笋，而且各种专业户和以商品生产和流通为特征的各种经济联合体也大批涌现。到1995年，全国集市就达6.1万个，其中万人以上的大集市600多个，还有专业集市3000多个。国有企业自主权不断扩大，其他各种所有制形式的企业不断

---

① 常修泽、高明华：《市场化：我们走了多远》，载《人民日报》1998年12月21日第9版。

增加，也大大推动了集市经济的发展。1993 年，在全国 8 万多个集贸市场中，成交额在 1 亿元以上的 611 个，其中日用工业品市场成交额在 5. 24 亿元以上的有 50 个，农副产品市场年成交额在 1. 89 亿元以上的有 50 个。成交额最大的日用工业品市场是浙江的义乌中国小商品城，为 45. 2 亿元。成交额最大的农副产品市场是广东深圳布吉农产品批发市场，为 20. 59 亿元。城乡集贸市场商品零售额占社会商品零售总额的比重由 1978 年的 5. 4%上升到 28. 3%。到 1998 年，城乡集市数量已达 89177 个，是 1978 年 33302 个的 2 倍多；集市贸易成交额 19836 亿元，是 1978 年 125 亿元的 158 倍以上。

我国集贸市场现在一改传统的集贸市场拾遗补缺的作用，已支撑起商品流通的半壁江山。“建一处市场，活一片经济，兴一批产业，富一方群众，动一方人口”，已成为全社会共识。

(一) 集市贸易引发人口流动的洪流：以山东为例

山东省是人口大省，山东省经济有自己的特色，是我国海岸线最长的省。改革开放后，山东人曾提出一个口号：再建一个“海上山东”。山东农副产品具有多样性，盛产苹果、花生等。所以山东的集市多，带动起来的流动人口也多。

从山东的情况可以看出，集市兴，人口动；集市衰，人口静。1949 年至 1957 年，山东集市数量大约是 4100 个，集市流动人口 12. 6 亿人次，成交额 6 亿元。1958 年，由于“左”的思想和政策的影响，一些地方关闭了集市。1958 年集市数量减少到 3520 个，成交额下降到 43766 万元，集市流动人口减少到 10. 8 亿人次。分别比 1957 年减少 591 个，17995 万元和 1. 79 亿人次。城市集市受到的打击更大，几乎所有的生产资料集市都被取缔。1959 年至 1962 年，国家重新肯定了集市的作用，中共中央、国务院也曾发出关于组织农村集市贸易的指示，山东省同全国一样，集市又兴隆起来，1960 年，济南市和青岛市的集市已恢复到 28 处，流动人口达 1. 47 亿人次。到 1963 年，全省集市贸易发展到 4621 个，成交额达 10. 3 亿元，集市流动人口达到 14. 22 亿人次。但是接下来 1966 年至 1977 年，全省集市数量从 4300 个减少到 3000 个，流动人数从

13.36亿人次减少到9.23亿人次。城市集市再次被取缔，并且是全部取缔。改革开放以后，党中央再次肯定了集市的积极意义，山东省的集市贸易再次活跃起来。1979年年底，集市数量就达3831个，比1977年增加了831个，其中城市80个，成交额共达17.86亿元，比1977年增加了8.99亿元。集市贸易人口流量为14.59亿人次，比1977年的10.65亿人次增加了3.94亿人次，其中城市人口流量为0.75亿人次。但这一切还没有恢复到历史最高水平。1985年，集市贸易发展到一个新的阶段，当年集市数量达到5255个，比1979年增加了1425个，其中城市增加了209个；成交额43.82亿元，比1977年增加了25.99亿元；集市流动人口27.80亿人次，比1979年增加了13.21亿人次。早在1984年，山东省集市贸易成交额就仅次于广东和四川，居全国第三位。

据统计调查，1985年山东集市贸易中的流动人口，城市集市每集每天平均入市人口2688人次。一年按350个集日计算，城市集市流动人口2.7亿人次。农村集市，按5日一集计算，一个集贸市场每年有73个集日，全省农村共4967个集市，平均计算，1985年农村集市流动人口为19.86亿人次。还有各种专业市场流动人口。全省有各种专业市场94个，流动人口2.15亿人次。全省有山会330处，古会313处，庙会106处，骡马大会44处，合计793处，入市流动人口1.98亿人次。1985年全省共889个乡镇举办了物资交流会，入市人口1.11亿人次。到1985年9月，全省有23214人从事第三产业的农民迁移到这些集镇从事工商业活动。

参加农村集市买卖双方的流动人口绝大多数是农民。参加城市集市贸易的卖方多数来自城市郊区或邻县农民，据调查，这部分人在城市贸易市场上经营的摊户中占80%以上。他们早出晚归，进城出售农副产品，近郊的多使用马车、小推车、自行车等非机动车辆，邻县的多使用轻骑等机动车辆。还有些个体运输户在农村进城出售农副产品集中的乡镇设立通往城市集市贸易点的专线交通车，往返运送出售农副产品的农民。而在批发农副产品的市场上，还有来自外省的流动人口。在城市批发市场的商品中，藕来自江苏、安徽；西红柿来自江苏；土豆来自河北、山西、内蒙古……

据20世纪80年代中期预测，按照集市密度每1.4万人一个集市计算，到1990年，全省8300万人口中，应有近6000个集市。整个集市流动人口将达到32.5亿人次，到2000年集市数量不会再有大的增加，但将会有2000多个集市变成天天集，流动人口达35亿人次。①

但是这一预测可能保守了一点：1998年，全国共有集市89177万个，人口124810万人，基本上是1.4万人一个集市。山东省经济发展速度快于全国平均水平，集市贸易也会有较快发展。如1992年，在全国农副产品收购额排序前100名县中，山东省有15个，即占15%。在乡镇企业总产值排序前100名县中，山东省有21个，即占21%。1994年，国家工商行政管理局评出的1993年全国百强集贸市场中，山东省有9个。

（二）集市贸易推动农民“造城”

集市贸易促使人们不断云集、迁居，最终在有关政策的引导下，会出现农民“造城”的局面。

安徽省在20世纪90年代初实行“蓝卡户籍”制度，即允许农民向当地集镇或中心村迁居，办企业或其他行业，享受集镇居民的同等待遇。结果在几年的时间里出现了40多个新兴城镇，形成了4126个专业市场。安徽省寿县有一个村子叫板桥镇，是一个贫困村，后来村民从实际出发，兴建几个草席市场，当地政府因势利导，扩大市场规模，与22个省市的专业市场建立了购销联系，这个贫困村很快发展成一个拥有近3万人的“草席城”。这个城靠自己的特色进入了全国大市场，又靠大市场促进个性向高层次发展，并带动了附近几个村的近万名农村专业户发展。②

河南省邓州市穰东镇是全国百个明星镇之一，该镇是靠加工服

---

① 上述有关山东省集市资料见孙凤山：《山东集贸市场流动人口调查)，载《中国人口年鉴——1986》，社会科学文献出版社1987年版，第490~493页。

② 胡方玉：《积极引导农民“造城”》，载《光明日报》1994年2月21日第6版。

装而闻名的，加工和经营服装，在该镇已是传统产业。但从20世纪90年代以来，该镇注重发展产业特色型的农民城。如先后投资2800万元修整了12条街道，建成了8个大型服装专业大场、一座面积达2万平方米的封闭式“服装城”。镇上的服装加工机械发展到1.3万台，从业人员近2万人，年加工各类服装600多万套(件)，生产的裘皮服装远销欧、美、亚洲的十几个国家。该镇还制定优惠政策，给自带资金、自找项目的商户优先办理非农业户口，享受子女入托、就学、招工等一切社会福利待遇，并提供经营全程服务。到1994年12月，从镇外迁入的280户中，已有80%的建起了门面小楼，还有300多商户向当地派出所递交了入户申请。在已迁入的280户850人中，原为非农业户口的仅有100多人。①

山东省桓台县把发展小城镇与发展集市经济结合起来，大大促进了人口流动与迁移。早在1988年，建设部及省、市、县建委就联合考察了桓台县的小城镇建设，确定把起凤镇和华沟村作为试点单位。马踏湖居民小区的100套居民楼已于1994年交付使用，并在全国村镇建设会议上被评为村镇建设试点获奖项目，其规划已被编入了《全国村镇规划经验汇编》。华沟村已建成了150套上宅下店的居民楼，形成了商业街。到1994年年底，全县乡镇驻地已建成12个居民小区，建成楼房604幢，开发面积达84430平方米。沿路村已建成18个楼区，二层以上楼房722栋。由于通讯、水、电、暖全部配套，极大地促进了集市经济发展。1993年，仅新城镇各类经营摊点就达2.5万个。有近10万人进入集市，年成交额达600万元。②

(三)集市贸易促使农民打破“边界”

在20世纪90年代初，《人民日报》曾发表一篇很短的文章，至多有200字，但很有新意。这篇文章指出许多在省界、县界、乡

---

① 赵正强等：《800余镇外商人争办“绿卡”》，载《光明日报》1994年12月9日第4版。

② 张丙星：《农民有了自己的“城”》，载《光明日报》1994年4月12日第4版。

界上的小经济发展点，往往会有惊人的发展，其市场经济特点非常明显，原因是人们在这种交会点上可以得到许多新的信息。作者最后提出要研究“边界经济”。

实际上，目前在全国名列前茅的大集市贸易往往是在边界上，并不是都在大中城市。例如福建省石狮市，处于海边，即陆—海交会点。这个所谓的市，是从1987年才撤镇建市的，当时状况是：“电灯不光，车用人扛，自来水断，厕所淹仓”。但是很快发展成拥有20多万本市人口、外来务工经商20万人口的小城市，并与50万境外侨胞有着密切的联络。在不到6平方公里的市区内，平均每千名石狮居民便拥有一间店面，全市有18条商业街，8个专业市场，4座商业城，近万家商店。企业所需的生产资料全靠市场解决，近20万人才与劳动力全部从市场招聘。石狮市是以服装起家的。他们有两条大路，一条通向内陆，另一条通向海外。他们在内陆10多个大城市举办产品展销会，然后到国外举办招商会或贸易洽谈会，还多次举办海峡两岸纺织服装博览会。据统计，到1998年，石狮人已在全国的28个省市区设有办事处，在全国20多个大城市的商场建立了1200多个销售专柜，在60多个国家与地区设立代表处，全世界各大中型百货公司的老总及批发商代表每年春秋两季汇集于此，把石狮的产品带向国内、带向世界。①

总之，集市贸易可以沟通不同行政区域的人们之间的交流、流动，可以把不同产品的产区的农民召集到一起，使许多不愿出门的农民无意中冲破种种“边界”的束缚，汇入市场经济大潮，汇入川流不息的“民工潮”。

三、市场经济加快农民致富的步伐

市场经济就是竞争经济，就是互相竞争，发家致富。许多农民外出打工，往往是在看到周围邻居挣到钱，日子过得火红起来，也就坐不住了，跟着就出去了。我国的农民历来有安土重迁的习惯，

---

① 潘帝都、赵鹏：《石狮：敢为人先立潮头》，载《人民日报》1998年10月27日第9版。

但是自20世纪80年代以来为何却普遍躁动起来了？这就是市场的魔力，竞争的魔力。在市场经济条件下，金钱就是本领，就是能力。有人说“钱不是万能的，没有钱却是万万不能的”，这句话倒是有几分真义在。

20世纪90年代初的一项问卷调查表明：在外出打工者中，有25.9%的是“生活不困难，外出多挣钱”，有24.4%的是要“见见世面，寻找更好的发展机会”；有43.2%的是“生活困难，外出挣点钱”。尽管农民的生活已有很大提高，但是与他们生活期望目标相比仍有差距，许多农民在经济上有被剥夺感，他们对现实生活的不满意程度在提高。问卷调查显示，有近半数的人认为外出就业有助于防止生活水平下降。可以说，有相当一部分人是在对生活危机恐惧心理的激励下走出家乡的。①

农民尤其是打过工的农民，对打工与不打工的比较，是有较深感受的，请看有关调查(1995年)的访谈记录：

叶某：我曾在1993年10月到成都市双流县打工搞建筑业，挖土方，我没有技术只有当平工，每天收入5元或6元，干了一个月，收入200多元，比较高兴。但由于家庭拖累重，我只好回家务农。1995年不可能外出了，我自己承包地种好就差不多了。种地确实不合算，还是出去打工的好。打工工作单纯，收入高，下班后吃了饭就该耍了，在家务农辛苦，累得很，还要做家务。我到双流县打工就不想回来，不是想到有老人和孩子需要照顾我根本不想回家，回乡务农是没办法的事，为了养家糊口只能这样做。外出者一般都是有点技术，没有技术也是全劳动力，在家种地的人只有凭劳动力干活。在家的劳动力不值钱，出去的劳动力才值钱。我们周围没有人是种庄稼致富的，收入高的人都是外出户。

瞿某：1995年我也打算出去，也考虑是否把土地承包给别人，但到时我担心还是无法脱身，况且出去打工也不是很稳当，万一不成，两头落空，正处于矛盾之中。但我认为外出是件好事，比在家种地要好得多，我们村上盖了房子的大部分都是外出务工挣的钱，

① 赵树凯著：《纵横城乡》，中国农业出版社1998年版，第22、26页。

而同样一个劳动力在家种地就没有什么收入，只能糊嘴。在外务工既能打点生活，又能挣回一笔钱……有些外出没有挣到钱的，并不是他们笨，只能说运气不好而已，没找到好的地方。而像我这样没有条件出去的，我自感相当遗憾。而那些有条件出去又不愿出去，在家游手好闲的人是比较讨厌的，完全是一种懦夫懒汉。对那些在家乡致富有方的人，我很羡慕他们，他们有能力，有条件。外出户与非外出户在家庭生活方面相比，要占绝对优势，出去的小伙子，成家娶亲的条件要好得多，家用电器购置的多，档次高，房子修得漂亮。我对未来生活充满信心，虽然我没有条件出去，但只要社会稳定，政策稳定，我的两个孩子会有条件出去的。①

综上所述，我们可以得出以下结论：

(1)经济利益是促进农民外出打工的内在动力因素，即外出打工能够增加农民的收入。或者说，现代流民的一个最重要特征是“我要流动”，而不是“要我流动”。这种经济利益主要是指增加收入、学习技术和学习管理经验。过去的农民流动往往是因自然灾害等而被迫流动，而20世纪80年代以来的“民工潮”则表现为农民主动追求经济利益，农民越来越理性了。大量数据资料已经证明，农民外出打工主要是为了获取更多的经济利益。这主要包括以下几点：第一，打工收益高于种田收益。由于种种原因，现在农民种田的成本很高，仅能养家糊口，甚至种田收益不抵种田成本。另一方面，我国非农业居民年均生活收入一直相当于农民人均年纯收入的2.5倍左右。并且各种摊派、税收也压得农民抬不起头来。甚至在农村居民人均收入仅相当于城镇居民的40%的情况下，农村居民人均缴纳的税款额却相当于城镇居民的9倍，如果加上各种杂费，它相当于城镇居民的30倍。② 第二，虽然打工需要支付必要的成本，包括交通成本、生活费用及各种风险，但

① 上述两例摘自杜鹰、白南生著：《走出乡村》，经济科学出版社1997年版，第337~340页。

② 赵人伟等主编：《中国居民收入分配再研究——经济改革和发展中的收入分配》，中国财政经济出版社1999年版，第35页。

是总体来看，打工收益还是大于在家务农收益和打工成本之和。这是一批又一批农民义无反顾地跨出农门，四处寻找打工机会的强大内在推动力。

(2)人多地少是促使农民外出打工的压力因素，这是一种长期的强大压力。人多地少主要表现在两个方面：一是人均耕地亩数少，并且还在不断减少。二是机械化水平提高导致人均农田劳动时间减少、农业劳动力进一步过剩。人多地少还造成农民很难依靠耕种土地发家致富。在这种情况下，即便打工收益不高，农民也要外出。

(3)自然灾害是促使农民外出打工的诱导因素、催化因素。自然灾害是突发性的、暂时的，但是对中国来说又是年年必有的，从而这一因素又是必然的和长期的。有些农民在遭受到自然灾害时就外出打工已成为一种历史传统。还有些农民在外出和不外出犹豫不决时，一旦发生自然灾害就会决心外出。不过，毕竟时代不同了，在古代和近代，广大农民因受灾而外出，主要是为活命，为了寻找新的生存环境，并且往往是毫无目标地盲目流动。而现在，农民因受灾而外出，往往是为了弥补损失和寻找新的发展机遇。如 1998 年大灾之后，许多农民是在政府帮助盖新房子、家里一切都安置妥当之后才外出打工的，这是一种“堤内损失堤外补”的行为。总之，自然灾害对“民工潮”起到了一种推波助澜的作用。

(4)制度政策是民工潮发展变化的决定性因素。这种作用主要有两点：一是制度政策的约束和限制作用。实践表明，改革开放 20 多年来，有关约束、限制民工流动的制度政策在逐步放松、调整，甚至有些政策已完全取消。二是各级政府及有关部门对民工流动如何管理、引导和服务，并加以制度化和政策化。某些贫困县和地区，农民外出打工不仅成为脱贫致富的一条有效途径，而且成为本地经济发展的重要支柱。这其中，政府的有效组织领导作用也是十分重要的。

(5)市场经济是农民外出打工的外在动力因素。市场经济就是流动经济，并且会在一定程度上造成经济发展不均衡、收入分配差别化，这一切都会为人口流动造成一定的外部环境。同时，市场经济增加了企业用工和个人就业的自由度，既创造了劳动力需求又创造了劳动力供给。另外，市场经济具有波动性，农民自动流出和流回，正好满足和适应了这种波动性。

第三章

四面出击

——现代流民流向分析

从20世纪80年代开始，民工潮席卷全国，从东海之滨到喜马拉雅山脚下，无处不见民工潮的“浪花”。不过，这一波又一波的“浪潮”的流向，还是有一定规律性，有基本的流动趋势。本章主要对民工潮的这种空间上的流向与分布进行分析。

第一节　从农村到城市

从20世纪80年代开始的民工潮，最初的流向就是城市，随着小城镇的发展，不少民工又流向城镇。可以说，城市和城镇一直是农民兄弟向往和追求的“圣地”。

一、民工进城入镇

从来自多方面的抽样调查资料看，进入城市和城镇的民工一直占所有农村外出民工的大多数。

据1986年对全国11个省市、100个农村外出劳动力抽样调查显示，农村外出劳动力流入大城市的占3.8%，流入中小城市的占

29.5%，流入建制镇的占12.1%，流入农村集镇的占5.2%，流入外乡农村的占48.8%，出国占0.6%。这11个省(区)市是：上海、江苏、浙江、福建、河北、内蒙古、山西、黑龙江、广西、宁夏和青海。这11个省市的外出农村劳动力的流向，有一定的差别。发达地区的农村外出劳动力更倾向于向大中城市流动，沿海地区的农村外出劳动力也倾向于向大中城市流动。而内陆省份农村外出劳动力却倾向于流向外乡农村、农村集镇和建制镇。上海农村外出劳动力流向大城市的占37.3%. 这一比例是调查各省市中最高的，流向中小城市的占18.5%，流向建制镇的占23.4%，三者共占80%多。浙江农村外出劳动力流向大城市的占18.4%，流向中小城市的占31.3%，流向建制镇的占26%，三者共占近80%。而福建和广西农村外出劳动力流向中小城市的比例更高一些，分别为63.8%和35.4%。其他省份农村外出劳动力流向大城市的比例很低，均不超过10%，流向外乡农村的比例较高，如山西为58.1%、青海为79.3%。

从外地流入这100个村的外来劳动力看，来自城市的仅占9.5%，来自农村的占90.5%。这说明劳动力在城乡之间流动十分不平衡，主要是从农村流向城市的单向流动，而不是双向流动。并且从城市流向农村的现象主要发生在上海和青海，进入这两个地区农村的城市劳动力均占进入本地区农村所有劳动力的17.3%。① 虽然因调查样本较小，可能影响到对各省市判断的准确性，但是这一调查结果基本上可以反映出20世纪80年代中期全国农村外出劳动力流向城市的态势。

但是，进入20世纪90年代，情况又略有变化，即进入城市的民工占农村所有外出民工的比例有所上升。以河北省为例，据上文提到的资料，1986年河北外出农村劳动力中，进入大城市的占18%，进入中小城市的占18%，进入建制镇的占25.8%，进入外乡农村和集镇的占48.3%。另据1995年人口抽样调查资料，1990年

① 庾德昌主编：《全国百村劳动力情况调查资料集》，中国统计出版社1989年版，第30、33页。

10月1日，外省市农村人口进入河北、河北本省农村人口进入本省的外县市区的比例是：进入省会市的占15.59%，进入地级市的占45.57%，进入县级市的占13.81%，进入集镇及农村的占25.03%。

进入20世纪90年代中后期，民工进城与进村的比例大体上为7∶3。据河北大学人口研究所与河北省计委联合于1992年进行的河北省农业剩余劳动力调查，外出农村劳动力中，进入城镇的占72.9%，进入农村的占27.1%。但是，15~29岁年龄组的外出农村劳动力(占所有外出农村劳动力的50%)进入城镇的比例更高一些，达76.7%，进入农村的仅为23.3%。而30岁及以上年龄组的外出农村劳动力进入城镇的占69.1%，进入农村的占30.9%。1995年10月，外省市进入河北外来农村劳动力和本省外出农村劳动力进入本省外县市的劳动力中，进入城镇的占72%，进入农村的占28%。

就全国而言，农村外出劳动力似乎更倾向于城镇。据中国社会科学院农村发展研究所与中国农业银行信息部于1993年联合进行的一项抽样调查，在被调查的农村外出打工人员中，在城镇打工的占77.77%，在农村打工的占21.03%，出国打工的占1.2%。① 另据全国政协经济委员会和国务院发展研究中心、中国农村劳动力资源开发研究会以“农村剩余劳动力转移与劳动力市场”为题，在1994年组织的一次调查，共抽样调查15个省、市、自治区的28个县、市，农村外出打工者进入城镇的占80.9%，进入农村的占19.1%。②

但由于大城市民工持续供大于求，民工开始向小城镇和农村转移，从而大城市里的民工所占的比重有所下降。据河南省农调队对该省42个县4200个农户的劳动力基本情况调查，1998年，河南

---

①　李璠：《外出打工人员的规模、流动范围及其他》，载《中国农村经济》1994年第9期，第31页。

②　“农村剩余劳动力转移与劳动力市场”课题组：(28个县(市)农村劳动力跨区域流动的调查研究》，载《中国农村经济》1995年第4期，第20页。

省农村转移劳动力从流向的地域看，以在本省市内转移及流向城市为主的方向仍然没有改变，但向城市转移的比例有所下降，转向城市的比重为58.6%，比1997年下降了9.5个百分点，并且在省内转移的明显不同于转移到省外的。1998年河南省农村劳动力在省内转移的人数中，转向农村的占39.9%，转向建制镇的占13.4%，转向城市的占46.7%。而转向外省的农村劳动力中，这三个方面所占比例分别为13.3%、10%和76.7%，即转向农村的比例明显降低。①这说明，短距离转移者较易选择农村。

二、大城市里民工长期爆满

所谓大城市，在这里是指上海、北京、天津、重庆四个直辖市以及各省省会市。

从民工潮兴起之时，广大农民就首先瞄准了大城市，并且滞留在大城市里的民工及其所带动的农村其他流动人口长期爆满。虽然我国大城市人口占全国人口比重仅为7%左右，但是却容纳了全国农村外出打工者的20%以上。据1993年的一项抽样调查，大城市的农村打工者占所有农村外出打工者的23.7%。1994年对28个县市外出农村劳动力调查，进入大城市的占33.5%，中等城市的占9.3%，小城镇的占37.8%。不过，1994年的这一数据中的大城市还包括一些非省会城市。

我们以上海为例。上海是全国最大城市，也就当然成为全国各地外出民工选择的重要目标之一。1993年年底，大量民工提前涌进上海，民工数量是当时需求量的许多倍。为了防止引起社会动荡，上海市委市政府特意邀请浙江、江苏、河南、安徽、江西和四川六省驻沪办事处的领导座谈，向他们通报各地民工过量涌进上海的状况，并指出，上海已到了难以承受的地步。当时每天涌入上海的外来流动人口极多，并且当时在安徽阜阳车站已聚集3万多名准备南下打工的民工。大量民工在上海的车站、码头和街道上露宿。许多民工长时间找不到工作，徒劳往返，费时费力，造成许多不必

① 《中国信息报》1999年6月24日第3版。

要的损失，也有损于上海的市容，甚至成为严重的社会不稳定因素。上海市已有下岗职工近20万人，就业状况较为严峻。有关部门表示，上海劳动力已进入饱和状态，目前迫切需要的是具有高素质、高技能的专业人才。但是，这些信息难以及时传达到农民兄弟的耳中，即便传达到了，农民也难以相信，仍然会蜂拥而至。

从另一方面看，上海还是需要大量农民工的。据测算，20世纪90年代，上海户籍劳动年龄人口为850万左右，而当20世纪50—60年代生育高峰出生的大批劳动力逐渐在21世纪初退出劳动力市场时，由上海户籍人口构成的劳动力资源将迅速减少到600万。户籍人口的负增长以及年龄老化的劳动力人口，将使上海市在很长一段时间内面临较大数量下岗经济人口与年轻劳动力和较高水准专业人才短缺并存的局面。因此，上海户籍人口与外来人口长期共存将是一个客观趋势。并且可以预言，我国其他大城市也正在或将来必然会步其后尘，只不过目前农民兄弟太热情了、太迫不及待了、太多地涌入了。

外来民工进入上海，许多人只是干了上海人不愿干的活，吃了上海人未曾吃过的苦。他们进入上海务工首先碰到的问题是居住环境恶劣、劳动条件差，因为上海住房紧张也是全国闻名的。如，上海一家棉纺厂的几百名外来妹住在一个地下防空洞里，光线阴暗，空气潮湿，并且全部睡在地铺上。这样的居住环境会严重损害身体。后来，经过厂工会出面协调，她们才得以搬到一个大仓库里，居住环境才有了些改变。外来民工在工作中吃的苦头就更多了。如，工作环境恶劣，安全缺乏保障，加班加点等。据上海市妇联的一项调查，60%的外来妹每天工作10个小时，21%的外来妹每天工作12小时。至于一些给个体摊贩、私营老板打工的，超时加班就更普遍了。据报道，上海闸市区黄河路美食街上近200名外来妹3年多来不知什么叫假日。有些单位，在与外来民工签劳动合同时，只规定民工义务，却不提应有的权利。甚至有的单位根本不与民工签合同。有些个体老板，每月只发放外来民工应得的工资的一小部分，剩余部分留到年底一起发放，若谁中途辞职或有差错，剩余工资就一笔勾销。

省会城市也是民工流动的主要方向。我国的省会城市大多是当地经济、社会发展的中心，并且大多处于交通发达的十字中心，为民工的进出提供了方便条件。如上述提到的河北省省会石家庄市，处于东西与南北铁路交通交叉点上，南进、北上、东去、西奔的民工都可能在这里落脚。1990 年和 1995 年，石家庄市的外来民工占全省外来民工的 15%以上。

西藏自治区的拉萨市，也涌进了大量外来民工。改革开放后，许多汉族的务工经商人员大量进入西藏，尤其是进入拉萨市。1988 年，据拉萨市公安部门介绍，外地进入本市的流动人口超过 5 万，相当于本市常住人口的 40%左右。1992 年，拉萨的暂住人口和流动人口达到 6 万，是拉萨城关区常住人口 12.6 万的 50%。在这数万暂住人口和流动人口中，除了几千人的藏族朝佛者以及少量的观光旅游者外，其余大多数都是务工经商者。这些人大体可以划分为 4 种类型，他们各有自己的活动方式和活动范围。

第一类是汉族建筑施工队。大多数来自四川，少数来自甘肃，他们由包工头出面承包各单位的办公楼、宿舍楼修建工程，集体住宿在施工地点，与市中心老城区有一定距离，他们集体起火做饭，劳动时间长强度大，工程结束后马上转移到新工地，平时与本地藏族城乡居民几乎没有什么接触。20 世纪 90 年代以来，拉萨基建工程项目很多，汉族施工队人数也在增加。但是这些工人绝大多数来自内地农村，文化水准和政策水平都有限，所以与本地藏族群众之间有文化隔阂，来往仍不多。

第二类是汉族个体生意人和手艺人。他们来自全国四面八方，但也有一定特点：饮食和木匠经营者主要来自四川，服装、修理和服务业主要来自江苏和浙江，日用百货和食品经营者主要来自青海和甘肃。他们能吃苦，经营有方，市场需要什么，他们就做什么、卖什么。这些务工经商者中多数在拉萨市区单位集体户的汉族居民中有亲友，在亲友的协助下承租铺面，晚上借宿在亲友家。少数人在老城区藏族居民中租房屋做铺面和住所。虽然这些生意人的顾客主要是藏族，但是他们与藏族的其他方面的接触与交流并不多。

第三类是外地来拉萨经商的藏族生意人。他们主要来自昌都、川西、青海和甘南地区，其中大多数人在老城区居民户租房子，少数人寄住在城里亲友家，主要经营活动是从当地藏族群众和朝佛者手中收买畜产品等各种土特产品，然后贩卖到原籍或境外。这些人主要交往对象是本地藏族人，与单位集体户的汉族职工没有生意来往。他们当中也有少数人把内地的日用百货运到拉萨出售，但是往往竞争不过做同样生意的内地汉族人。

第四类是其他民族的个体生意人。他们主要来自甘肃、青海。这些人多数从事长途贩运，少数人在拉萨开店设铺，长期经商。①

三、都市里的“村”

大量农民进城务工经商，他们不仅要挣钱，而且要生活、要居住。中国有句俗语，叫做“物以类聚，人以群分”。这些人口往往更具有流民的某些特征，这就是他们工作动荡不定，今日有事干，明日就可能无事干；今日在此地干活，明日就可能移作他处。他们居住也是似定非定，这几个月在某地打棚落脚，过几个月就可能搬迁而去。但是，在这种分散—聚合的循环往复的流动中，形成进城农民自己的社区形式，形成都市里的“村落”。

这种“村落”主要有两种类型，一种是按地缘关系形成的。在这种“村”里，人们能够聚居在一起，是由多方面的、内在的、有机的要素促成的。第一，农民外出务工经商，大多数是老乡介绍和带动的，这也是农民在现有条件下充分利用自己周围信息资源的重要方式。第二，互相照顾、支持。俗话说，出门七分难。农民进城后是生活在体制之外的人群，他们没有挂靠单位，没有组织领导，只有互相依靠了，遇到麻烦，可以互相帮助解救。第三，形成“地方优势”。在寻找工作、扩展经营范围等方面，这种“村落”有自己的优势，甚至有自己的地盘。这种“村落”往往是按省份聚集和划分的，如“浙江村”、“河南村”、“新疆村”，等等。另一种类型是按专业性质形成的，如“画家村”、“眼镜村”。无须多说，这种

① 马戎著：《西藏的人口与社会》，同心出版社1996年版，第81、151、415、418页。

“村庄”在内在机制、外在规模等方面都与地缘性“村庄”明显不同。这种专业性“村庄”必须是在某地域内某种产品的产、销形成一定规模之后才出现的，是业缘性的，并且其中往往也有一些怪才、奇才。在人口规模上，这类“村庄”与前一类相比，就十分小了。

这种都市的“村”，在北京更为明显。北京是全国政治、经济、文化的中心，来自全国四面八方的农民进入北京后，也呈现出一定的组织性，这就是各种地缘“村”和业缘“村”的出现。

(一)北京的地缘“村”

这种地缘“村”中最为突出的是“浙江村”，其次还有“河南村”、“安徽村”等。

1.“浙江村”

北京的“浙江村”是以北京市丰台区南苑乡大红门地区为代表的。南苑乡位于天安门的正南方，离前门只有5公里。实际上，“浙江村”不只是一个“村”，而是若干个“村”形成的“村落”群体。这一带南北方向，从木樨园到大红门；东西方向从马家堡到成寿寺，遍及这一地区的26个自然村，就是说，“浙江村”基本上是傍自然村而自然形成的。浙江人最集中的地方是大红门、果园、石榴庄、东罗园与时村5个自然村。在行政区域上，这一片是8个街道办事处与南苑乡交叉管辖的地带，是典型的城乡交汇处。不仅丰台区有“浙江村”，而且北京市的朝阳、海淀区等也有“浙江村”。“浙江村”不仅指来自浙江的农民，而且也包括进京务工经商的其他浙江人；不仅包括浙江务工经商者，而且也包括其他省份外来务工经商的人口，但毕竟是浙江农民占大多数。

“浙江村”大约是在1982年左右兴起的，到1986年，“浙江村”已初具规模。当年这里聚居了1.2万外来人口，已经接近当地农村人口数。1990年，外来人口达到3万。1990年以后，每年以50%的速度递增，1994年年底外来人口达到9.6万人，是本地人口1.4万人的近7倍。但是似乎此后并没有增加多少。据报道，到1996年年初，“浙江村”人数达10万人。

在人口构成中，这一带的“浙江村”中，浙江私营和个体工商户（包括其家属）有5万多人，剩下的4万多人是来自河北、湖北、安徽等省的雇工。在“浙江村”中，75%的工商户来自浙江省温州地区的乐清市（县），这其中又有40%至50%来自原虹桥区，其余浙江人来自永嘉、瑞安和温岭等地，基本上也是温州人，约占20%。据有关人士调查，根据部分“浙江村”人口办理的暂住证中的信息，1992年，“浙江村”人口平均年龄33.2岁，与北京市人口平均年龄34.3岁接近，但高于北京整体外来农村人口的平均年龄27.7岁。实际上，“浙江村”人口平均年龄还要低一些，因为办理暂住证的人，往往是成年人，其家属尤其是儿童办证比例就可能要低一些。据北京市1994年流动人口抽样调查，在北京的浙江人约有59万，仅次于河北省在北京的人数。

“浙江村”中的浙江人思想活跃，善于经营，他们借助改革开放的政策环境，很快在“村”内形成了生产、交易的大市场。随着“浙江村”名气的扩大，开始由向外推销逐渐演变成坐等批发销售，各种商贩慕名前来订购货物。20世纪90年代初，甚至东欧和俄罗斯客商也大批地进入“浙江村”购买皮夹克，有的商家曾连续三四天不睡觉赶做衣服销售。随着销售量的增大，批发业务日益扩展，一些浙江商贩合伙兴建批发市场。同时，有关部门也在“浙江村”周围兴建交易场所，为浙江商贩提供服务，当然也收取一定费用。如1992年集资兴建了木樨园轻工业品批发市场，1993年兴建了海慧寺工业品交易市场，等等。①

“村”中还有“村”。在几乎是找不到明确界线、十分庞大的“浙江村”中，人口不是绝对均匀分布的，而是还有许多一个一个的相对独立的小群体，不同类型的生产和贩卖者，各有自己的一群合伙人。例如，在南苑乡的浙江人聚居区，有一个“金瓯皮服大院”。这个大院面积至少也有50亩地，原先是南苑乡的一块空地。1995年，散居在此地周围的浙江人与南苑农工商联合公司第三分公司联

① 王汉生等：《北京“浙江村”：中国农民进入城市的一种独特方式》，载贾德裕等主编：《现代化进程中的中国农民》，南京大学出版社1998年版，第316~319页。

合，把这块空地开发成一个拥有 1000 多间房屋的大院，四周是围墙。一些浙江人就在里面居住生活和加工服装，大约有 5000 人住在里面，比一个一般规模的自然村人口多许多。这个大院几乎自成体系，有“金瓯液化气站”、有初具规模的“金瓯菜市场”。菜市场里的货物几乎都来自温州，如粉干、面干是直接从温州捎来的，荔枝干、海蜇皮、虾米、鱼等全是温州人喜爱的食物。还有一些海鲜虽然是从青岛、秦皇岛运来的，但也是符合温州人口味的，并且贩运者也是温州人，他们自己做一些温州式的饭菜。在大院内主要是制作销售皮革服装，所以，整个大院有一股子皮革腥味，但是仍然是一片繁忙景象。

实际上，“浙江村”之所以能够长期存在下来，也是因为给当地居民带来一定实惠，得到当地居民的容忍。仅以出租房屋为例，许多居民千方百计提供房间，租给浙江务工经商者，甚至房主的居住条件也不比租房者好多少；还有的居民动手建简易房屋，以供出租。在大红门的时村，共有居民 3988 人，外来人口 11947 人(1995 年年底数字)。时村居民共出租 6084 间房屋，但是其中危房、不合法及不合规定的违章建筑达 5924 间，占 97.4%。当然，在这种背景下，这里租房、住房的混乱状况达到了令人难以置信的程度。时村纵深 1500 多米，消防通道被严重堵塞，最宽的路只可供消防车前进一百米。居住得如此集中，使得这里市政公共设施被迫超负荷运转。有的地方，电视无法看，电灯像萤火虫，私搭乱盖的违章建筑挤占道路，电线乱拉乱牵，造成了巨大的火灾隐患。从这方面看，“浙江村”所在地的当地居民也是付出了代价，承受着未来的灾害风险。这种风险包含着各种火害和传染病灾害。

2. “河南村”

“河南村”有广义与狭义之分。广义的“河南村”分布在朝阳区六里屯街道和东风乡下属的豆各庄、苇子坑、辛庄、高庙、水西村一片，夹杂着安徽、山东、河北农民。狭义的“河南村”仅指高庙和苇子坑一带。与“浙江村”所不同的是，“河南村”还有一个别名，叫做“破烂村”。即“河南村”人是以拣破烂为主要生意的。当然，“河南村”在规模、名气等方面也比“浙江村”差多了。

苇子坑的确切位置是在朝阳区长城饭店东北方向。“破烂村”的起名，正是由大量拣破烂者云集在苇子坑引起的。这个“河南村”起源于1979年，20世纪80年代初期已经初具规模。当时主要是河南人在此地打工，打工之余收拣点废品。不久，一些人发现拣破烂比打工更赚钱，就在此地兴起废品收购业务。当然，开始是以自己动手拣为主，后来才是“买”，即收购。

苇子坑垃圾场占地约十亩，内部又分割围成若干个小区，每个小区各有不同种类的垃圾，堆积成山。在垃圾场，也有职业分工，大体上分为三种职业：“开点”、“收破烂”和“打小工”。“开点”就是在苇子坑一带的大垃圾场里租下一块地皮，开辟一个“据点”，收购破烂，并分类整理，再通过各种渠道运往企业。实际上就是开一个“店”或“门脸”。这个开点的人就是一个掌柜的了。“打小工”的则是受“点主”雇佣的伙计。“收破烂”的就是拉着板车到处拣破烂的人。

3.“安徽村”

“安徽村”主要位于北京市海淀区知春路西五道口，还有海淀区蓝旗营及其他城乡结合部。其成员主要来自安徽省的无为、阜阳、巢湖等地的农民，也有来自河北、河南、江苏等省的农民。他们没有什么“支柱产业”，较为杂乱，有卖菜的、回收垃圾的，也有钟点工、装修工、清洁工，以及从事其他服务活动的。他们之间内部冲突少，内聚力也较弱，一般不抱团。总之，与“浙江村”、“河南村”、“新疆村”相比，“安徽村”更为松散。

在北京，除了上述地缘“村”外，还有业缘“村”，即职业或行业相似或相同的人们不约而同地居住在一起，形成一定规模，产生一定名气。如北京圆明园福缘门一带有一个“画家村”，在北京劲松一带有“眼镜村”，在红桥一带有“珍珠村”。但是这些“村”的“村民”未必是以农民为主，尤其是“画家村”更是如此。他们往往是有一定专业知识和经历的自由职业者，虽然家庭出身可能是农民，但是其职业身份却可能不是农民，他们的行动方式等也不属于“民工潮”、流民的范围内，这里不再对这类“村”进行探讨了。

（二）北京“村”社会生态关系剖析

在北京的各种“村”之所以能够生存和发展下去，是因为其本身有一定的生命力，有自己的社会生态平衡机制和网络。不过，在这个发展过程中，这些“村”也在嬗变。

“村”的社会生态关系大体上可以划分为两类，一类是内部生态平衡关系，另一类是与外部的关系。

1.“村”内部生态平衡关系

在北京的各个“村”的内部社会生态关系，仍是以“浙江村”较为典型。首先，“浙江村”的人口规模的扩大和发展，是以“链条移入”模式开始的，以一个老乡带动、介绍一批老乡流入“浙江村”，这一批老乡中每人再带动几个人，以此循环下去。所以，“浙江村”的发展似乎是由无数条看不见的链条环绕着一个雪球，不断滚动，不断变大，这些链条之间又发生许许多多的横向联系，形成网络状态。但是，这个雪球在越滚越大的同时，也在越滚越慢。这一方面是因为在规模已经很大的情况下，就难以保持初期的发展速度了；另一方面，这些链条的源头都是伸向浙江，尤其是伸向温州，而温州可以挖掘出来的劳动力总是有限量的。如温州虹桥镇的人口进入北京“浙江村”的非常多，几乎是可以来的都来了。在该镇（3万人口），竟然有 69 个职业介绍所。在本地劳动力资源枯竭的同时，这些链条又开始伸向外省市。如在温州有的民间职业介绍所，使用外省籍的“带班人”，由这些“带班人”把本省老乡介绍到温州，进入裁缝班学习，到春节时把这些学生带到北京。但是到 1996 年前后，这些外省民工在“浙江村”也办起职业介绍所，直接从本省介绍老乡到“浙江村”工作。所以，这个大雪球，至少有两个层次，一个层次是浙江人自己构成的，在外面第二个层次是外省民工，但是这两个层次又是有机地结合在一起的。

正因为“浙江村”的产生和发展模式是如此，所以，“浙江村”在经营业务活动方式上，也带有这种特色，这就是尽量利用老乡关系资源，形成各种经营链条，这些经营链条又与外界联系起来。浙江人在业务上，首先与老乡、与本地人、与本省人发生来往，然后再考虑与外地人的关系。但是这也不意味着他们内部就没有矛盾。

可以说，“浙江村”里充满了各种经济纠纷，还有各自的老乡链条之间的帮派性的争斗。一位来京的浙江人说，在家里我觉得人还是“性本善”的多，来这里后发现却是“性本恶”者多，我原来总觉得大家都是老乡，好说话、好办事，来这里后才发现，窝里斗更厉害。一些在京的浙江人苦苦经营几年后反而亏本破产，往往不是被北京人或外地人害的，而是被老乡之类的人坑骗的。

“浙江村”的人在生活上也越来越自成体系，不出“村”子，就可满足生活需要。1988 年初，“浙江村”有了第一个幼儿园，1989 年形成第一个集中的菜市场，1990 年及以后，相继有了理发店、修理铺、诊所等。1995 年以后，又有了公共浴池，并且以围大院的方式建成的“村落”不断增多。1992 年末，有一些大户合股与当地乡、村、生产队合作，当地出地皮，温州人出资金，盖起连片的平房或二层楼，然后分别出租给温州人。到 1995 年，这类大院有 46 个，共容纳人口 3 万多。有一些大院还提供系统的水、电、排污、邮电、教育、治安和娱乐服务。①

“浙江村”这种生活方式的出现，一方面是自我提供方便，有利于提高效率、节省时间。但是另一方面也要看到，这是进城农民仍然生活在体制之外的典型例证。如城市的幼儿园、中小学等都不收非本市籍户口的人。至于进城农民自己生活上的种种不方便，更是无人过问，没有任何部门愿意主动出来解决。这也是“村”与外界的关系的一个方面。

2. “村”与外部的关系

各个“村”不是生存在真空中，它们必须与整个城市的社区协调起来，才能生存和发展。在 20 世纪 80 年代末和 90 年代初，北京市民对各种“村”有许多方面的意见，如治安不好、环境污染等，许多市民对“村”有一种恐惧感。而“村”里的“村民”何尝不也是如此呢？总之，双方的隔阂很大，互相之间明显缺乏沟通和了解。北京有关管理部门采取了沟通、合作、引导的方式，取得了较好效果，有关“村”的危机才得到缓解，有些“村”进一步规范化，发展

---

① 项飚：《社区为何》，载《社会学研究》1998 年第 6 期。

成规范化的大市场。

在许多事情上，“村民”往往对当地管理部门采取一种不信任、不合作的姿态。但是，双方的合作终究还是要进行的。“浙江村”模式，即由“浙江村”人自我服务，开办经营各种自我服务的经济业务项目，然后在这个基础上，形成自我管理的要求和规范措施。最后才是政府部门介入，着重是对政策方面的介入管理。如，打击犯罪、赌博等丑陋现象；清理各种违章建筑、整治环境卫生、打击偷税漏税等。

四、都市里的流民“游击队”

都市里有相对稳定下来的“村”，也有散兵游勇形成的大大小小“游击队”。这里的“游击队”有两个不同方面的含义。一个含义是指一些农民商贩，沿街叫卖，并无定处，为了逃避工商管理、环卫管理等的管制和税收，他们一旦发现风头不对，就提起篮子，拔腿就跑，跑到另一处，又叫卖起来，或是过一会又返回原地，明显是在打游击战术。我们往往看到这样一种对立现象和情绪：每当记者、学者们在采访外来进城农民时，农民经常抱怨城市人轻视他们，对他们管得过严，收费过多，处罚过严，等等。但是当采访城市有关管理部门时，这些部门也有一些怨言：不服从管理、扰乱秩序、四处游击逃税，缺斤少两、以次充好、既拾又偷，等等。实际上，这两种现象都是存在的。加入“游击队”的人，大部分并不是来自“村”的，而是一些本来就四处游击的单独行动的流民。

另一种含义的“游击队”是指那些以出卖劳动力和手艺的以服务业为主的农民工。他们往往就是郊区或不太远处农村的农民，是钟摆式到城里来务工的。他们每天又没有特定的任务和目标，而是站立街头，挂立牌子，招徕业务。他们并不需要躲避什么部门的管制。他们往往是利用农闲空档，进城寻找极为短期的挣钱活儿干，行动极为简便。在保定市建新街南的建新桥头上，几乎是常年都有一些农民工站在那里等待雇用。他们经常是每人带一个长一尺左右、宽半尺左右的小牌子，上面写有几个字：“瓦工”、“装修”、“全活”(即什么活都能干)等。一旦遇到一个雇主，双方便讲起价格来。这些农民工也是辛苦的，1999 年上半年，据报道有位农民工在为一雇主涂刷房屋时，因涂料有毒气，在干活时当场晕倒在地。

许多城市，因为产业结构调整、经营方式转变等，的确清退了一批农民工。但是他们并没有回家，大多加入了“游击队”的行列，见缝插针，干起钟点工、街头服务业等。

第二节 从内地到沿海

从“民工潮”流向的地域分布看，在 20 世纪 90 年代以前，中西部地区的民工主要是向东南沿海城市和农村流动；从 20 世纪 90 年代中期开始，在继续保持向东南沿海流动的主流不变的同时，许多民工又逐渐向大西北流动，虽然数量不占多数，但是的确有这样一个动向。

一、从“孔雀东南飞”到“一江春水向东流”

“孔雀东南飞”是对 20 世纪 70 年代末开始的大西北知识分子、专业人才向东南沿海流动的形象比喻。

“一江春水向东流”是 20 世纪 80 年代开始的内陆大量民工源源不断地流向东南沿海地区的生动写照。

在 20 世纪 70 年代末，中国最引人注目的人口流动现象是“孔雀东南飞”。如甘肃省自 1979 年至 1985 年，是人才外流最严重的时期，每年流失各类专业技术人员 3000 人左右。新疆、宁夏、贵州、青海等省区，也同样存在这种现象。而东南沿海省市，本来人才密度(平均每万人口中的大中专人数)就高，但是却还嫌不够，仍大量引进。

如，上海市早在改革开放之初，就大量吸收人才。1987 年又出台了 7 个相配套政策文件，1993 年，由 211 名在上海地区的学部委员、国家级专家组成了“上海市突出贡献专家协会”，该协会还倡议建立“上海市突出贡献专家基金会”，以资助重大科研项目，表彰奖励有突出贡献的科技工作者，等等。改革开放之初，一些地区从内地引进一些需要解决夫妻分居等家庭困难的人才，以济当地经济发展之急。随着人才市场的发展，以及人们对户籍、单位性质等的日趋淡薄，人才流动从以往的业余兼职等智力流动的形式，更多地向职业的重新选择过渡。上海虽然具有人才优势，但高级人才并不富裕。据有关部门估算，上海的第一流人才，1993 年只有千余人。上海要成为现代化的国际大都市，必须在各个领域拥有一批国际一流的专业人才。广东更是后来者居上，在吸收人才方面，更为积极和开放。一些企业、单位在引进人才时提出“三不要”，即不要对方的户籍关系、不要组织关系、不要档案材料。如此这般，许多内地人才竞相不辞而别，来到广东，来到南方。所以，早在 1993 年，一些专家对照上海与广东，认为上海的企业在引进人才方面的观念尚需要进一步转变。在对科技、人才的渴求上，上海的企业不如广东的企业强烈。在高级一流人才的待遇上，上海不如广东的政策开放。

深圳人才流动持久不衰。有人根据每天从内地进入深圳特区的人数推算，从 1987 年到 1992 年 12 月，流向深圳的求职者达 2000 万人次，其中具有中专以上文化程度的各类人才占 60%到 70%。也有人根据深圳特区旅馆的床位按比例估算，从 1987 年到 1992 年 12 月，曾到这里求职的各类人员至少有 5000 万人！

但是，红花还需绿叶配。沿海地区大规模的、快速的经济发展，不仅需要众多的专业技术人才，而且也需要成千上万的普普通通的劳动者。正是来自全国和四面八方的人才流动，直接推动了广大的农民工迈向沿海地区的脚步。

据 1986 年“全国百村劳动力情况调查资料”，1986 年，农村劳动力流出人数中，有 51.82%进入东南沿海地区，仅有 48.18%进入中部和西部地区。进入 20 世纪 90 年代，“民工潮”更加泻向东部地区。据 1993 年的一项全国范围的抽样调查，在出省的农民中，有 42%的进入东部地区，有 39%的进入中部地区，只有 19%的进入西部地区。

在东部地区，1993 年农村外出打工人数占东部农村人口的 4.2%，占东部农村劳动力总数的 8.5%。在被调查的东部地区外出打工人员中，跨省流动的占 27. 1%，其中在东部区域内跨省流动的占 69. 6%，流向中部的占 21. 2%，流向西部的占 6. 6%，流向国外的占 2. 6%。

在中部地区，1993 年农村外出打工人数占中部农村人口的 7. 5%，占中部农村劳动力总数的 15. 9%。在被调查的中部地区外出打工人员中，跨省流动的占 26. 6%，其中到东部打工的占 71. 8%，在中部本区域内跨省流动的占 34. 6%，流向西部的占 1. 8%，流向国外的占 9. 3%。

在西部地区，1993 年农村外出打工人数占西部农村人口的 7%，占西部农村劳动力总数的 13. 5%。在被调查的西部地区外出打工人员中，跨省流动的占 22. 2%，其中流向东部的占 52. 2%，流向中部的占 9. 4%，在西部本区域内跨省流动的占 38. 4%。①

总之，从农村外出劳动力占本区域农村人口的比重、占本区域劳动力总数的比重看，均是中部地区最高，东部地区最低。从农村外出劳动力跨省流动人数占总外出劳动力人数比重看，东部最高，西都最低，中部居中。从跨区域流动劳动力占本区域出省劳动力总数比重看，东部各省出省劳动力中，在东部本区域的比重最高，达 69. 6%。中部和西部也是流向东部的比重最高，分别为 71. 8% 和 52. 2%。真可谓是一江春水向东流。

当然，在东部各省市中，农村外来劳动力的分布重点也是不同的。

(一)深圳市外来民工超饱和

1980 年 5 月，深圳特区成立，随之而来的是人口大量涌入。深圳的经济发展速度世人注目，深圳外来人口之多也是令人感叹不已。

1979 年，深圳市仅有 31. 41 万人口。由于“三来一补”企业在深圳工业化过程中占有较大比重，需要大量劳动力，加上整个城市发展极快，需要各类人才，所以深圳外来人口年复一年地大量增

① 李瑶：《外出打工人员的规模、流动范围及其他》，载《中国农村经济》1994 年第 9 期。

加，其中也有相当数量的农民工。1980年，深圳外来劳动力仅有8000人，到1989年年底增加到64万人。1987—1989年，特区外来劳动力绝对数量增加了30万人，每年增加15万人，年递增45.5%。如果没有外来的暂住人口，深圳就没有充足的劳动力资源。深圳的临时工、聘用工、轮换工、建筑工、种养工和个体户等各类短期性从业人员，绝大多数都是暂时人口。1990年，深圳市的暂时人口发展到133.29万人，其中有120万属于短期性从业人员；在特区的产业工人中，临时工占四分之三，他们绝大多数是农民。①

在这些暂住人口中，除了进工厂打工外，还有许多人接替本地农民，下田耕地，但是他们种地的行为也是短期的。在深圳，第二、三产业发展很快，从而可以创造大量就业机会，当地农业劳动力大都“洗脚进厂”或“转业经商”，从而大量耕地不得不租给内地农民耕种。而那些暂住人口或未办理户口来特区代耕的农民，文化素质不高，经营技术守旧，他们在田边搭棚，凑合生活，当地称之为“本地人开店挣钱，外地人搭棚种田”。

在深圳的非常住人口中，除了开会、出差、旅游、过境等真正的流动人口外，还有以下几种类型的非常住人口：

第一，务工经商的暂住人口。这一批人口在1988年约有93万，并在继续增加。这些人口中，不乏有高学历、高层次的知识分子、专业人才，他们是深圳向高科技、高层次发展的重要力量。但是也有一些普普通通的外来农民，他们暂时在企业、单位中打工，或是在干个体经营，或是暂时还无业。据推算，在20世纪80年代末，这些人口约有15万人。20世纪90年代以来，深圳市政府不断清理、整顿暂住人口，但是过后不久，还是有增无减。

第二，盲流人口。盲流人口则是“三无”，即无有效的合法证件、无合法正当职业、无合法居住场所的人口。他们可能办理、也可能没有办理临时户口。这类人员在10万以上，占深圳市常住和暂住人口的6.5%以上。这类人对深圳社会治安、居民正常生活危

① 黎宗剑：《社会转型与人口发展》，载《社会学研究》1994年第3期。

害极大。

第三，沉积人员。他们也是外来人口，本来持有有效合法证件，有正当职业，有暂住或临时户口，有相对固定住所。但因种种原因，失去了原有的工作。可是他们又不肯轻易离开深圳，从而沉积下来了。他们或是合同期满，或是被解雇，或是自动离开企业，或是持有短期临时户口(早已过期)，却又从事长时间的单干活动，如随街补鞋、补伞、补锅等，或是走街串巷叫卖等。

第四，寄籍人口。国务院首先批准上海市试行“寄籍人口”制度。这类人口也是流动人口，在深圳也存在。他们主要是长期居住在本市的科研、教学、搞创作活动的专家、学者、作家、艺术家、教练等著名人士以及他们的家属子女，这些人在入学、供应、社会活动等方面，享受与深圳市民同等待遇。①

1995 年，深圳流动人口已达到 290.7 万人，外来人口与常住人口的比例为 3∶1。如此众多的外来流动人口带来许多问题：第一，大量外来务工经商人口流动无序，有工则来，无工则游，企业私自招工现象也严重。第二，居住混乱，许多小区的暂住人口租房居住情况失控，有些出租房屋成了藏污纳垢的场所。第三，进出混乱。90 公里长的防线常出现非法混进特区的现象，主要是藏匿车上、爬铁丝网、钻桥洞、海上进入、“蛇头”引带和无证人员乘火车进入等六种。据分析，到 20 世纪 90 年代，深圳流动人口问题更为复杂，约有 30 万流动人口未被纳入正常的管理，在工厂、企业务工人员中有 30%左右未办务工和暂住手续，企业老板也采取瞒报、少报劳务工人数的手法逃避管理；一部分人居住在亲戚、朋友家中，不愿办证；有不少流动性大的工商小贩，从事发廊、种养、建筑等行业的人员，以及一些购、租房屋的港澳台人士和他们的妻儿亲属，也未办任何证件登记手续；居住在非法性出租屋、“三边”窝棚中的人员，以及乞丐、擦车仔、卖花女等为主。虽经清

① 张敏如、李桂英主编：《中国沿海地区人口流动与管理》，中国广播电视出版社 1989 年版，第 12~37 页。

理，但反复滞留在内。① 许多人们想在深圳赚大钱、发大财，当发财美梦破灭后，就不惜铤而走险，偷、蒙、拐、骗、抢，具有很大的破坏力。

（二）广东民工满城乡

在改革开放以前，广东外来暂住人口很少，每年不超过 2 万人。改革开放后，“民工潮”十几年如一日地一浪高过一浪，涌向广东。流动人口数：1985 年为 20 多万人，1987 年为 40 多万人，1989 年 80 多万人，1991 年近 160 万人。1991 年年底，在广东已领暂住证的 140 万外来暂住人口中，从事工业、建筑业、交通运输业、商业、服务业和种养业等各种经济活动的就有 132.8 万人，占已领暂住证的外来暂住人口的 94.9%。还有大量未领暂住证的外来务工经商的农民。

在改革开放以前，外来暂住人口主要是来自各地的城镇，来自农村的较少。而改革开放之后，外来暂住人口主要来自各地农村的农民。1991 年年底，在广东已领暂住证的 140 万外来暂住人口中，来自湖南省的最多，有 60 万左右，占 40%以上。

从滞留时间看，改革开放以前，外来暂住人口多数只居住几天，一般不会超过 3 个月。改革开放后，暂住时间超过 3 个月以上的占全部外来暂住人口的 80%以上。进入企业的外来民工滞留时间更长，大都与企业签订了为期 3 年以上的劳务合同。有些从事种养业的外来农民，还与当地农村组织签订了为期 15 年的劳务合同。到 1997 年，外省市来广东的农民工达 310.53 万人，加上在省内的农民工，达 482.46 万人。

实际上，进入广东的外来民工有多少没有领取暂住证的，无法搞清楚其数量。据有关抽样调查材料显示：广东省自 1987 年以来，每年有 30%～40%的外来人口没有履行暂住登记手续。他们之所以不愿登记，有多方面的原因，如长期找不到固定工作和居住地方；有些用工单位私招雇用外来民工，以便逃脱有关管理和监督；某些

① 黄振芬：《加强深圳市流动人口管理之对策》，载《特区理论与实践》1996 年第 11 期。

混杂在外来人口中的违法犯罪分子，为了便于从事犯罪活动或是为了避免发现前科，更是不会登记；许多民工和用人单位对履行登记和领证的重要性认识不足。

进入广东的民工大量滞留在广州市，这一点是世人皆知的，无须多言。其实，据有关调查资料来判断，在广东省，从大中小城市到普通农村，到处都是流动的民工，如珠江三角洲地带经济稍微发达一些的村镇莫不如此。

广义的珠江三角洲地区包括广州、深圳、珠海以及珠江三角洲经济开放区内的28个市县。这一带外来劳动力数量，有人估计有300~400万，也有人估计1990年为400万，1991年为500万，1992年仍有增加。

1978年以来，珠江三角洲一带经济迅猛发展，很快把当地农业剩余劳动力全部吸收，随之就开始吸收外来劳动力。不仅企业吸收外来劳动力，而且农业也吸收外来劳动力。在农村实行联产承包责任制后，当地农业劳动力不断向非农产业部门转移，承包户只好把责任田转包给外来劳动力耕种。这一切基本上是从1985年开始的。当时外来劳动力除了进入各类施工地外，也开始进入“三来一补”的劳动密集型企业。城市里的环卫、搬运、保安等脏、重、险的工种也由外来劳动力承担。在农村，由外来人代耕逐渐发展成专业承包并雇用外来工。1986年外来劳动力达184.94万人，1988年增加到320.91万人，甚至引起三角洲鱼米之乡的粮食短缺、米价飞涨。1989年，外来劳动力进一步增加，但1989年下半年宏观经济开始紧缩，突出表现是基本建设规模压缩，曾导致许多农民兄弟突然失业。但不久，广东经济又一次大发展，尤其是1992年邓小平同志南巡讲话之后，经济发展速度再上新台阶，进入三角洲的民工不断增加。这些民工当中，有本三角洲地区的，有本省的，但更多的是外省的。外省来的民工四川、湖南、广西最多，其次是浙江、江西。有人曾勾画出四条流动线：

东线：即广深走廊，包括深圳、宝安、东莞、广州、花县。

中线：包括佛山、南海、顺德、中山、珠海、番禺。

西线：包括江门、台山、新会、鹤山、恩平、三水、高明。

外环区：包括扩大珠扛三角洲开放区的几个县市，即惠州、惠阳、惠东、博罗、从化、增城、清远、肇庆等县市。

东线的外来劳动力最多，占三角洲的五分之三，达300万。外来人口与当地人口之比最大的是宝安，外来人口是当地人口的2.4倍。中线虽然是经济最发达的地区，但外来劳动人口规模比东线少得多，总数为165万人。西线外来劳动人口更少。外环区较少，并且外环区还向其他地区转移劳动力。清远市(含贫困县)每年向发达地区输出劳务达20万人次以上。①

许多村镇也是大量吸收外来劳动力。如，广东省东莞市的雁田村，1982年户口登记册上的常住人口为2337人，到1992年为2796人。该村引进外来劳动力大约是从1985年开始的，当时一位在雁田村当兵的广西人，复员以后与一个雁田人结婚成了家，他看到雁田村对劳动力有需求，便开始从广西老家介绍劳动力。此后，各地的劳动力也来此寻找工作。在来雁田打工者中，还是广东省的人最多，其次是广西人，四川和湖南人也较多。随着雁田村经济的发展，来雁田村的外来劳动力增长很快。据村里的统计，1989年，外来劳动力有6355人，其中有4892人来自外省。1991年，外来劳动力达到8000人，其中外省的有6500人，占80%多。1992年，外来劳动力8500人，其中外省的有6500人，占80%多。据凤岗镇公安分局的登记，1993年，雁田村企业雇用的外来劳动力有27130人，其他方面吸收的外来劳动力有4100人，合计31230人。1994年，雁田村企业雇用的外来劳动力29340人，其他方面吸收的外来劳动力5108人，合计34448人。实际上外来劳动力数量远远超过这个数字。据雁田公安派出所的估计，1994年，雁田的实际外来人口大约有六七万人。

在广东其他小镇，外来工也是不少。如广东省东莞市的常平镇，1978年仅有常住人口3000多人，到1987年9月，在镇内“三

---

① 林维业：《改革开放以来广东外来暂住人口的新情况及治安管理对策》，载《政法学刊》1992年第4期。周大鸣：《珠江三角洲外来劳动人口研究》，载《社会学研究》1992年第5期。

来一补”企业就业的职工中，外地人占三分之二，全镇已报户口的外来人有2.3万。常平镇区自理口粮人口为1370人。另有报暂住户口的外县、外省人口2580人，占镇区常住人口的47%。全国除少数边远省份外，各省均有人来此地就业。又如广东省汕头市揭阳县炮台镇，历史上就是一个农副产品集散中心。改革开放后，流动人口大增。流动人口占常住人口百分比：1956年为18%，1978年为26%，1987年为54%。再如广东省佛山市顺德县桂州镇，改革开放以来，第二、三产业大发展，农业劳动力急剧减少，同时吸收大量外来劳动力。农业劳动力占总劳动力比重由1978年的78.5%下降到1987年的27.1%。工业劳动力的来源除本镇居民和农村剩余劳动力外，还有相当一部分是来自外县和外省的。桂州镇每5个劳动力中就有一个是外地人。①从1987年到20世纪90年代末已经过去十几年了，这三个镇目前外来工的发展变化状况，我们暂时还不得而知，可能会有更大的变化。

（三）浙江外来民工补空缺

众所周知，浙江大量农民外出务工经商，走遍天涯海角，在北京有许多“浙江村”，在全国各地有“温州发廊”。但是另一方面，又有大量民工前来弥补空缺。这其中有本地农民进入城镇，有全国各地农民来浙江“淘金”。

1. 浙江小城镇吸收了大量本地农民

据有关人士于1986年对浙江几个镇进行的典型调查，发现这些镇已经开始大量吸收周围农村农民进镇务工经商。尤以南浔镇、柯桥镇、柳市镇和横店镇较为突出。

浙江省湖州市郊区的南浔镇位于浙北杭、嘉湖、平原的北部和沪宁杭“金三角”的中心地带，毗邻江苏省，靠近上海市，西距湖州市区34公里。该镇1985年吸收进镇的自理口粮农民就达1302人，占1980年至1986年6年净迁入人口的65.8%。镇区常住人口中的非农业户口比重达99.9%。在镇上工作的职工总数达1.3万余

---

① 中国沿海地区小城镇发展与人口迁移调查研究组：《中国沿海地区小城镇发展与人口迁移》，中国财政经济出版社1989年版，第354~358页。

人，其中非本镇常住人口占 40. 6%。每日进镇赶集的农民不少于 5000 人。

浙江省绍兴县的柯桥镇位于宁、绍平原的西北部，东距绍兴市区 12 公里。早在 20 世纪 70 年代，这里的乡镇企业就迅猛发展。经济的发展带动人口的流动。1986 年年底，该镇区常住人口比 1980 年增长 34. 3%，其中机械增长占 81. 2%，1985 年吸收进镇的自理口粮农民达 2009 人。另外，每日进镇赶集农民逾万人，来镇采购的外地客商达千人以上。镇区常住人口密度达每平方公里 24002 人，而实际居住人口密度则达每平方公里 3 万人。

浙江省温州市柳市镇，东临海滨 12 公里、西距温州市区 20 公里。该镇形成于 900 多年前的南宋时期，相传古时这里有一棵大柳树，乡里人多聚在此树下交易商品，并不断发展成一个自然镇。可见这里历史上就有商贸传统。1986 年年底，该镇常住人口比 1980 年增长 58. 7%，其中机械增长占 75. 9%，1985 年吸收进镇的自理口粮农民多达 2207 人。镇上职工总数 1. 3 万人，其中非本镇常住人口占 40%以上。另外，每日进镇赶集者逾万人。柳市镇还设有劳务市场，每天接待进镇谋取待雇人员不少于 50 人。

浙江省金华市东阳县横店镇，距金华市区 70 公里。相传前清时期有一名“衡”的商人来此开店，以后店铺逐渐增多，成为集镇，“衡”演化为“横”。1986 年年底，该镇常住人口比 1980 年增长 20%，其中机械增长占 78. 8%。登记为镇非农业人口的自理口粮农民共 1277 人。另外，每逢集日上市人员都在万人左右，而每年 4 次物资交流会的赶集人数达 5 万~10 万人。

上述 4 个镇综合起来看，到 1987 年 7 月份，4 个镇已吸收 3 万名农民进镇务工经商。其中 81%的来自于本镇辖区、村，这与就地招工政策有关。这些外来农民工以早出晚归为主，这类劳动力约占 77%，而住在镇上的农民工只有 7000 人，占 23%。据调查，75. 8%的非定居农民工向往入镇定居。不过，这些农民工到底能否入镇定居还要受一些客观条件制约，如镇上的商品房，议价粮问题，以及各项服务设施能否充分解决；再如，农业机械化、规模化经营问题能否解决。实际上，上述四镇中，已经定居下来的农民工每逢农忙时，有46.9%的还是要回村务农。而在钟摆式早出晚归的农民工中，这一比重高达66.8%。①

2. 某些村庄农业劳动力有出有进

在浙江一些村庄，本村劳动力有进入城镇的，有外出务工经商的，但是也有外地劳动力进入本村填补空缺的。如浙江省温州市苍南县钱库镇的项东村就是这种模式。

据有关人士调查，在20世纪90年代初期项东村就有24家迁到周围小城镇，人口近百人。其中一些人把土地转包给了其他农户耕种，也有一些人已经把户口迁入小城镇，成为小城镇上的自理口粮的城镇住户。这些人与项东村的关系越来越松散，他们之中有许多人经营企业比较成功，但他们的企业与村庄脱离了关系，不再承担村庄的任何负担。有些人进入了距离项东村几十公里的著名龙港镇。迁出者主要凭借自己的强大经济实力，而且无一例外地都是从事收入较高、社会地位也较高的非农工作。

但是，进入项东村的外来工却是另一番样子。外来人口有50户，2000人左右。他们大多是来项东村从事非农经营或转包土地的，经济实力较差。据对其中36户的调查，发现原本属于同一个祖先，后搬到其他地区居住而现在又回来的项姓人家有11户，占31%；与村人有亲戚关系的有19户，占53%，其中大部分人是项东村民的女婿、外甥等；真正没有任何特殊关系的外来工只有5户，仅占14%。②

3. 农民造城：龙港镇

浙江省温州市苍南县龙港镇被称为中国第一座“农民城”，因为它是当地农民自己动手兴建的新镇。1983年11月，经浙江省人民政府批准，在苍南县濒临东海的鳌江入海口南岸，撤5个小渔村

① 中国沿海地区小城镇发展与人口迁移调查研究组：《中国沿海地区小城镇发展与人口迁移》，中国财政经济出版社1989年版，第262、266、273、274页。

② 陈吉元、胡心亮主编：《当代中国的村庄经济与村落文化》，山西经济出版社1996年版，第111、143、161页。

兴建龙港镇。这五个相连的荒野小渔村，虽然“路不平、灯不明、水不清、人贫困”，只有6000多人口，三家小杂货铺。但是，这却是南至福建、广东，北至温州、上海、北京的枢纽。他们提出：“地不分南北、人不分东西”，“敞开大门建设，联合农民造城”。

第一，要造城，就要先造声势。他们组成一支30多人的“农民进城宣传部”，先后多次赴12个区、镇宣传，仅三天多时间就收到8省7县5000多户农民要求进镇的申请，很快就形成了各地农民涌向龙港镇的大潮。1984年，他们提出了“谁投资谁受益、谁出钱谁建房”的建城方式，在全国最早实行了有偿使用土地的政策，到1985年年底共征收1000多万元。在申请农民自理口粮进镇办厂、经商时，减去了政府有关部门多颗大印，只要县计经委盖章即可，大大方便了进镇农民。

镇政府推出的第二个方法是鼓励各类企业向外开拓市场，发展同全国各地的业务联系，为远程贸易大开绿灯，大胆扶持个体经商人员和推销员，同时鼓励农民自理口粮，离土离乡进镇落户。突破传统的计划经济体制下对办工业所采取的严格审批制度和集中经营模式，不需要繁多的审批审核手续、自我投资、自担风险，并且不限规模、不限等级，乡、村可以办各种规模的乡镇企业、集体企业、农民个人也可以办各种家庭、联产企业、个体私营企业，主要依靠市场经济的内在动力推进工业的发展，促进城镇建设。

第三，培育市场体系，健全市场机制和功能。龙港镇的企业大多数是股份合作和私营企业，原材料与产品销售两头在外，劳动力也是外来为主，所以市场是否活跃是决定镇经济发展与繁荣的首要因素。镇政府全面放开政策，除国家规定的烟草、农业生产资料实行专营外，其他生产资料和生活资料的流通都完全放开经营。同时，把当地市场基础建设作为一个重要建设项目，从规划、用地到资金投入等各方面给予优惠政策和优先安排。从1984年到1992年，市场基础建设共投入资金1578万元，形成了腈纶再生毛毯、农贸、水果、钢材、水泥、服装、家具、水产品、布匹、工业品等十大专业市场和五条专业街。同时开放房地产市场，发展金融市场。到1992年，龙港已形成以4家专业银行(包括中国银行)为骨干，10多家信用社和3家民间金融组织为补充的金融市场，城乡居民储蓄金额1.92亿元，信贷余额1.8亿元。

第四，全方位办教育。龙港镇建镇从开始时就把教育摆在政府工作的重要位置上，将财政的50%用于教育事业，并采取其他筹资方式，增加对教育的投入。发动社会各界人士、名流贤达捐资助教，鼓励私人办教育，鼓励群众购买教育奖券，征收教育基金。1985年到1993年年底，其投入教育资金4760万元，全镇办起普通中学30多所，聋哑学校1所，幼儿园32所，中专学校3所，大专班2个，九年制义务教育普及率达90%。

第五，建立健全社会保障制度。对那些离土又离乡的农民来说，社会保障制度是十分重要的。一是建立养老保险制度，全镇有80%的股份合作企业早在1993年就对工人投了养老保险。二是建立社会福利制度。龙港镇对全镇五保户、烈军属实行全保。创办20余家福利企业，安置残疾人170名，所有有劳动能力的残疾人都得到了安置。还建成了350平方米的敬老院一所，可安置20名孤寡老人。三是建立医疗保健制度。有一所民办公助的县医院、四所乡镇卫生院和90余家个体诊所，并配有镇、村二级卫生保险网络。居民大部分自费医疗，行政机关和全民企事业单位则实行医疗费承包。医院实行微利经营，国家不给补贴。①

到1993年年底，全镇总人口近14万人，全镇工农业总产值13亿元。在全国2000多个亿元镇中，社会总产值名列第20位；工业企业1300多家，其中99%的企业是股份经营。在龙港镇的建设和发展过程中，外来农民发挥了不可缺少的作用。龙港镇建设到1991年年底，就投资了4.5亿元，其中98%以上的投资来自农民，而这些投资的农民绝大多数又是来自外地的。

4. 浙江的外来女

有大量的浙江人外出务工经商，但同时也有许多外省市的劳动力和人口进入浙江，可谓是有来有往。在进入浙江的外来工中，女

---

① 李其铁著：《龙港“农民城”的建设与发展》，学苑出版社1994年版，第33~38页。

性也占有一定比例。据不完全统计，仅到1990年，外来女性人口涌入浙江的已有10万多。其中主要分布在经济发达的杭、嘉、湖和宁、绍平原的农村，即务农者多。据湖州市调查，截至1990年年底，该市、郊区和所属三个县，1984年以来外来女性人口已超过1.7万。

在1984年以前，外来女性人口进入浙江从业，还是一种局部现象。据抽样调查，在1979年到1984年的6年中，外来女还只占调查样本(780人)的3%。1985年进入的占4%，1986进入的占10.5%，1987年进入的占23.2%，1988年进入的占31.2%。1989年1月至9月进入的占28.1%。进入90年代后，进入浙江的外来女就更多了。

外来女性受教育年限平均为6.3年，高于全国农村劳动者平均受教育年限(6.1年)。她们来自全国15个省、市、自治区，进入平原农村的占31.9%，进入山区农村的占61.4%，进入城市的占1.2%，进入小镇的占3.1%，其他占2.4%。从总体上看，这些外来女的文化素质还是低于浙江的，否则，她们当中会有更多的人到城市里找工作。她们进入浙江农村后，收入水平又比在原籍有所提高。①

(四)“要发财，到海南”

在20世纪80年代末和90年代初，在北方许多城市公共场所，尤其是在火车站，经常看到这样的招工广告：“要发财，到海南”。

海南是中国的宝岛，1988年海南省成立。作为一个特区，一股“海南热”席卷全国。人们向往着宝岛的宝藏和宝岛的美丽风光，并且更重要的、更有吸引力的是人们把这个特区与深圳特区联系起来，认为，这会是一个大“深圳”。许多人在深圳发了财，一些人认为去深圳这一拨没赶上，去海南这一拨总算赶上了吧。所以，来自全国的各路神仙，大举“围攻”海南。据有关抽样调查，在这些人口中，来自农村的占76%，来自城镇的占24%。同时，海南人

---

① 王瑞梓主编：《浙江人口发展战略》，杭州大学出版社1990年版，第288~295页。

也急于求成，大肆“招兵买马”，起到了推波助澜的作用。如，在海口市，许多旅馆门口挂出一串一串的公司牌子，各种公司一下子冒出了几万个。这些公司有的成为海南未来发展的重要力量，但是也有的只是昙花一现。一批一批的人们十万火急涌进海南，他们中有许多人梦想很快就可以发大财。但是，许多人十分遗憾地离开了海南，留下的大多数只不过是一个个打工者，至少在初期他们是如此。1989 年以后，在全国治理整顿过程中，无数家公司摘走了牌子，撤走了人。过了一年半载之后，又是各地的真正投资者进入海南，各地的农民工也不断进入海南。①

据詹长智、孙山等人于 1992 年 3—4 月的抽样调查(样本 1000 人)，流入海南的劳动力(调查对象不包括正式调入海南的公职人员和企业中的经理阶层)中，男性占 62%，女性占 38%。分省区看，来自四川的最多，占 25. 4%，湖南的占 22%，浙江的占 11%。在这些打工者中，未婚的占 82%，已婚的占 18%。从来海南之前的职业看，耕地种田农民占 54%，手工业者占 8%，刚毕业的学生占 10%，农民复员退伍军人占 9%，乡村经商者占 4%，原先职业为国家工作人员的占 16%。他们来海南的目的是为了赚钱的占 85%以上，为了增长见识的占 8%，为了逃避婚姻、感情的占 2%，闯荡江湖、准备将来干一番事业的仅占 1%(这部分人多是刚从学校毕业的学生，他们还有学生时代的幻想、理想)。从他们来海南的途径看，盲目自己流来的占 50%，投奔亲友的占 1%，别人带来的占 24%，看报后找来的占 25%。这些人来海南前，也是有一定准备的，如带有各种有效身份证件，进入海南没有被遣返回去。而另一些人，由于种种原因，没有弄到边防通行证及介绍信，到海南后又没有找到工作，往往被收容遣返。这些被遣返者，有的又偷偷地溜回海南。②

① 马鹤青：《“冷”“热”之后看海南》，载《人民日报》1990 年 4 月 21 日第 5 版。

② 邬沧萍主编：《中国经济开发区外来人口研究》，华东师范大学出版社 1996 年版，第 246~248 页。

二、西北东北打工忙

从20世纪90年代开始，外出民工开始重视大西北等边疆地区。例如，1999年春运期间，流向新疆的民工明显增多。仅四川省流向新疆的民工就比1998年同期增长46%。兰州火车站高峰期日客流量超过历史最高纪录，其中大部分是转往新疆的民工。1999年进入新疆的民工比1998年增长了30%。

现在，我们主要观察一下新疆和黑龙江等地区或城市的打工者状态。

（一）新疆打工多辛苦

从地区上划分，我们可以把在新疆打工者划分为两类人员，一类是外省区民工进入新疆打工的，另一类是新疆本区人在本区内打工的。

由于新疆自然条件与内地相比差异较大，所以，中国中部，尤其是东部打工者进入新疆是比较辛苦的，并且风险较大。另外，路途遥远，往返一次也是不容易的。

据有关数据，1994年，东部地区外出打工者一年打工时间为222天（指东部劳动力在本省、东部地区内及到中、西部打工），中部地区为202天，西部为198天。三个地区外出打工者在本地区内打工的分别占本地区外出打工人数的73%、73%、78%。但是，中、东部打工者进入新疆打工的天数就明显比西部外出打工者平均天数高。据1992年有人对新疆塔城市的外来农民打工者调查，他们一年的打工时间为223天。来该城打工的共有4462人，来自22个省262个县。其中，有组织的占57.8%，盲目流入的占12.3%，其他为通过各种关系进入的。分省份看，来自江苏、四川两省最多，共占77.7%，浙江的占9.1%，河南与山东占6.6%，上述5省共占93.4%。他们平均年龄26岁，性别构成为男占91.7%，女占8.3%。这可能主要是因为来新疆较为艰辛、风险大，所以女性比重非常低（就全国平均水平而言，女性一般要占20%~30%）。

这些外来农民虽然挣了当地人的钱，但是也繁荣了当地经济。他们分布在27种具体行业中，其中开商店的46户，裁缝店45户，木工 22 户，理发店 23 户。这 4462 名外来农民工使当地居民的多余空房成为出租房。该市 1975—1984 年仅有 7 户房东，并且大都处于保密状态，租金也较低。1988 年有 167 户出租房屋，租金由 1975 年的年均每间 60 元上升到 1502.06 元。1992 年，有 174 户出租房屋，444 人承租，共出租 385 间，收租金 504330 元，每户得 2898.45 元，每间年均 1309.95 元。①

从 20 世纪 90 年代中期开始，进入新疆的外省市农民工不断增多。这其中一个重要原因是新疆这几年经济发展较快，投资也较多，从而客观上需要劳动力。就以棉花种植业来说吧，近几年，新疆棉花大丰收，仅摘棉花就需要很多劳动力，这种需求季节性很强，雇用短期打工者是很合算的。一般情况下，摘一公斤棉花给 3 角至 5 角的工钱。一个农工一般一天收入 40~50 元，两个月的采摘一般可得 2000~3000 元。1996 年秋季，陕西、甘肃等省大约有 30 万农民进疆摘棉花，其收入进一步增加。1997 年，四川等地进疆采棉花的打工妹，还是由雇方用飞机送回老家的，并希望他们第二年再来。

外省市民工进入新疆的发展态势，也有一定的变化。据有关资料，早期入疆的外来工的 85%以上是来自内地农村的，他们一般都身怀一技之长，并且年富力强。他们来到新疆后，约有三分之二进入了城镇，从事务工经商的经济活动，并且是以自主经营为主。这些外来工的进入，明显地活跃了当地经济，也促进了第二、三产业的发展，但也给较脆弱的市政建设带来负担。后期进疆的外来工，来自农村的占 84.36%，构成基本未变，但主要不是进入城镇，而是进入生产建设兵团、农村和县城，主要从事农业生产和与农业相关的产业。另有 15.64%的是来自内地城镇的打工者，他们主要进入城镇，从事商业和服务业。

从外来人口入疆后的民族成份和地理分布看，还是以汉族人口为主。1983 年，在新疆内还未落常住户口人口有 18 万，其中汉族人口占 67.12%，他们多来自中原和沿海人口稠密省份，同样他们

① 冯建江：《在西北小城镇的盲流》，载《人口研究》1993 年第 2 期。

也流入汉族人口较为集中的北疆地区。据伊犁市的调查，来自四川、浙江、江苏的流动人口约占64.28%，入疆的少数民族主要有回族和东乡族，分别占5.77%和0.74%。回族多由陕、甘、宁流入北疆的昌吉州和伊犁地区，以及南疆地区；东乡族多由甘肃流入伊犁霍城县，投靠已进入的本族人口。①

再从新疆籍的维吾尔民族农民的外出经商务工情况看，这方面的流动态势也有所增强。在北京，有“新疆村”，在广州等大城市也有规模或大或小的维族聚居区。同时，他们也在本自治区内流动，从事经济活动。据调查，到20世纪90年代中期，维族农民离开本社区外出流动人员中，到内地务工经商的占6.6%，到首府乌鲁木齐市务工经商的占9%，到行署务工经商的占15.1%，出国经商的占3.6%，合计为34.3%。新疆维族农民外出务工经商有以下几个特点：第一，从总体上看，流动人口中外出务工经商的比重较低。北京、上海各大城市的流动人口中，务工经商的一般在70%以上，而新疆这一比重正好相反，非务工经商者比重在65%以上。第二，务工者少，经商者多。到内地务工的占3.9%，经商者占2.7%；到乌鲁木齐市务工的占3%，经商者占6%；到行署务工的占3.3%，经商者占11.8%。第三，出国经商者较多，占3.6%。

务工经商的农民大多集中在城镇，这一点不仅在中国东部地区是这样，在人烟稀少的新疆、青海等地更是如此。许多外出务工经商的农民，往往聚住在便利的大中城市及小城镇，即便外出务农的农民也是如此。

(二)青海省的格尔木市：移民之城

在青海市海西蒙古族藏族自治州的格尔木市，聚集了大量外出务工经商的农民。这个城市本来就是一个移民之城。

1952年，这个城市还是一个仅有825人的小集镇，随着青藏公路的建设和柴达木盆地的开发，人口剧增，1960年人口达到45132人。但是1961—1962年因为国家处于困难时期，大部分工

① 任强、原新、马红梅：《新疆流动人口分析》，载《人口研究》1998年第6期。

业和农业建设项目下马，大量人口迁回原籍，这里人口又一下子减少到1.88万人。1963—1978年人口增加较多，1978年为5.8万人。但是，直到1984年，这里没有成为一个建制镇。1996年年底，人口已达8.6万人。仅从青海东部地区自发迁居此市的回民就达3.5万人，其他流动人口3万左右。还有西藏自治区驻格尔木办事处人口，已统计的有1449人，未统计的有5000人。

正是格尔木市及周围工农业经济发展，吸引了大量外来务工经商者。如国家"八五"重点建设项目"青海石油三项工程"(100万吨开采能力的花土沟油田开发、花土沟—格尔木430公里输油管道和炼油能力100万吨的格尔木炼油厂，均已建成)。还有"九五""青海天然气三项工程"，即涩北天然气田开发、涩北—格尔木天然气管道和格尔木天然气化工项目。这些大工程吸收了大量打工者。

另外，格尔木市的农业也需要外来劳动力。这里柴达木地区土地资源丰富。但是由于上一代移民或是到了退休年龄，或是内迁而去，而这里的年轻人不愿继续务农，农场和农村出现了劳动力紧张、土地撂荒的现象，这就吸引了青海东部山区的农民前来务农。并且，青海省也有鼓励东部山区农民向柴达木盆地迁移人口的政策，计划1995—2010年从东部向柴达木盆地移民10万人，其中包括格尔木市。因此，在这个小城市，聚集的大量外来人口已有城中之城的态势。外来的回民最初是在城边的一块空地上摆摊做生意，后来经济实力不断壮大，自己集资修建了街道、市场，发展成了人口达3万之多的贸易城。①

(三)齐齐哈尔市的外来工

在20世纪50年代和60年代，曾有大量内地人口流入黑龙江省；20世纪70年代，有大量知青闯入北大荒创业。但是在改革开放之后，许多移民又从黑龙江迁出，返回原籍。黑龙江本地农民也走出关东，直下江南，甚至到了海南岛。但是另一方面，又有各地的民工进入黑龙江。不过，他们不同于前辈，既不是来逃荒的，也不是来扎根的，而仅仅是来挣钱的。

---

① 贾绍凤：《格尔木市的流动人口》，载《人口学刊》1999年第2期。

《人民日报》曾连续发表文章，讨论在东北、在哈尔滨市等地，一方面大量职工因老企业破产、停业等而闲在家里无事可干，另一方面，来自浙江等地的各省市打工者遍地都有，他们为什么就有活干、有钱挣、有饭吃？一个重要原因是思想观念问题。

到20世纪90年代中期，在黑龙江省的齐齐哈尔市外来民工已经达到可观规模。据不完全统计，到1996年年底，齐齐哈尔市的外来流动人口已达6.3万人。其中，居住一个月以下的占1.9%，他们主要是非经济活动人口。而在齐齐哈尔市投亲靠友或从事建筑、手工业、个体商贩等城市打工者，居住时间在1个月到1年的范围内的占流动人口的35.6%，居住时间在1年以上的占流动人口的62.5%，居住半年以上的流动人口，大多数是居住在出租房屋、居民家中或建筑工地上。

流入齐齐哈尔市的人口中，男性占60.1%，女性占39.9%。流动人口中女性这一比例比上述新疆的女性流动人口比例高多了。在年龄构成上，15~45岁的青年人占80%左右。在流动人口的来源上，主要是农民，其中53%的来自省内农村，32%的来自省外农村。他们的文化程度普遍较低，大多数仅具有初中或小学文化程度。在流动人口中，务工经商占绝对优势。从事务工、经商及手工业等经济活动的外来工占流入人口总量的70%~80%。①

第三节 从国内到国外

对内实行改革、对外实行开放，是中国20世纪80年代以来经济社会发展的主旋律。随着改革开放的时代步伐，打工的农民队伍也逐渐跨出国门，走向世界。

一、对外开放促进了农民流动

1978年以来，我国对外开放的步子不断加大，对外交流的范

① 张海鹰：《齐齐哈尔市流动人口状况及管理对策研究》，载《人口学刊》1997年第5期。

围不断扩大。到 1993 年年底，已有 339 个城市对外开放，面积达 50 万平方公里，人口 3.2 亿，国民生产总值占全国的 60%以上。到 1994 年 6 月，我国共有 1147 个县或县级市对外开放。

新中国成立到 1965 年，中国主要向前苏联派出留学生 1 万余人。1978 年至 1998 年，中国共派出 30 万留学生，其中，国家公派留学生 4.7 万人，单位公派 9 万多人，自费出国 15 万人，遍及 100 多个国家和地区，20 年来，留学回国 10 万人，在外留学人员还有 20 万人。

在大力引进外资和外智的同时，我国与外国的经济技术合作、承包工程项目等也越来越多。这一切都大大推动了农民去国外务工经商、开办企业的进程。

1986 年，中国第一部公民出入境管理法和实施细则颁布后，这项工作已逐步走上依法管理的轨道。此后，公民出入境手续不断得到简化。如，有关法律取消了以前公民出入我国境必须申请出入境或入出境签证的规定，无论是国内公民申请出国，还是居住在国外的华侨返回国内探亲、旅游、经商等，都不再需要办理签证手续，只要持有我国政府签发的有效护照或者其他有效证件，以及前往国家的入境签证，就可以出入境往来。

1994 年，国家工商局和公安部就个体工商户、私营企业人员出国(境)申办护照问题发出通知，进一步放宽个体私营企业出国的规定，并简化手续，个体劳动者协会会员和私营企业协会会员因商务和其他私人事务出国(境)，归口由个体劳动者协会和私营企业协会负责出具意见，然后依法向户口所在地的市、县公安机关出入境管理部门提出申请。

在这种大背景下，我国公民因私出国的申请人数和被批准人数逐年增加。

1986 年，获准出国的有 7.7 万人。

1987 年，获准出国的有 10.7 万人。

1988 年，获准出国的有 21.2 万人。

1989 年，获准出国的有 23.8 万人。

1990 年，申请出国的有 290235 人，获准出国的有 278988 人。

1991年，全国批准因私事申请出国的公民377380人，取得外国签证实际出国的为207146人。

1992年，大陆居民因私事出境人数为60万人次。

1993年，大陆公民申请因私出国72.2万人次，实际出国65万人次。

1997年，批准公民因私出国、出境256万人次，其中批准劳务从业人员出国2.9万人。

1998年，全国出入境边防检查站共检查出入境人员14296.51万人次，比1996年同口径人员增长8.97%，创历史最高纪录。

总之，随着我国经济、文化、科技、教育等方面与世界各国来往关系的加深，尤其是因私事出国、出境公民的逐年增多，必然会带动出国务工经商的农民的增多。据有关抽样调查，1986年，出国打工的农民占全国外出打工农民的0.6%，1994年上升到1.2%。

二、政府组织出国打工

出国务工经商，有多种方式，如有政府组织的正式的、合法的出国打工；也有非政府组织的、甚至是非法偷渡出国打工。

改革开放以来，我国政府有关部门组织的出国打工队伍不断扩大。不过，其中有多种职业、行业、身份的人员，有科技、医疗服务人员，有工人，也有农民，组织农民外出打工还是最近十几年的事。在这些农民当中，有“川军”，也有其他省市的农民，如有山东沂蒙老区的农民，有太行山区的农民。

我国政府部门组织出国打工，一般有两个部门，一是外贸部门，二是劳动部门。1999年6月，我们走访了河北省劳动部门的对外就业业务管理负责同志，了解到河北省劳动部门开展对外劳务输出是从1996年开始的。1996年共输出202人，其中到东南亚当海员的就有158人，服装制造业33人，制造业10人，并且全是在亚洲国家。1997年，共输出630人，分布在10多个行业中，其中仍是当海员的最多，为172人，有100人是从事农业劳动的。目前我国外出打工者遍及亚、非、欧、北美洲。

在河北省一些县市，劳动部门也开始重视对境外的劳务输出，并确实取得了一些成绩。河北省保定市的满城县，是全国的草莓最大生产基地，大量草莓远销许多国家，也雇用外省市民工前来摘草莓，其中有“四川妹子”。但同时也在组织对省外和境外的劳务输出。从 1996 年开始，该县有关部门把境外就业作为一项主要工作来抓，下大力气捕捉境外就业信息，如通过干部职工、海外华侨等多方面的联系，建立了一支覆盖京、津、沪、杭、石等地的 20 多个境外就业信息队伍，形成了一个信息网络。县劳动人事局领导亲自带领职工开展工作，在县内，利用电视、广播、报纸及现场咨询等方式进行宣传，使广大农民对境外就业有一个正确的认识。对报名出国人员，他们进行全面审查，包括德、技、体等多方面。聘请专职人员，对所有准备输出人员进行培训、教育。职介人员还通过书信、电话及家访等形式加强与外出打工者的联系，做好服务工作。1996 年和 1997 年，该县人事局与中国轻工业对外经济技术合作公司协作，分别向日本长野县和茨城县输出 7 人和 12 人。1997 年与国际经济技术公司协作向阿拉伯联合酋长国输出工人。1998 年 3 月，又与中国轻工业对外经济技术合作公司达成第三批赴日研修生境外就业协议，报名人数有 200 多人。到 1998 年 4 月，该县共有 300 多人申请出国就业。① 在满城县的一些农村，出国打工已成为一个小小的“热点”。白龙乡亭庄一个村，到 1999 年初，就有 37 人进行了境外就业登记。

出国打工的收入也是可观的。1998 年春节前的一天，保定市中国银行营业部遇到一件新鲜事：曲阳县 200 多人包租几辆大客车一起到这里来取款，把大厅挤得一时间“人满为患”，200 多人共取走了 200 多万元。原来这是曲阳县在新加坡的劳务人员寄回国的打工工钱。

当然，出国打工也有风险。不过在祖国日益强大的今天，加上政府组织出国打工的权威性，出现问题是可以解决的（如果是私自通过非正规、甚至非法途径出国打工，其保险性就差多了），例如，河北省中建工程公司派出大量职工到伊拉克承建工程项目，

---

① 《保定日报》1998 年 4 月 28 日第 2 版。

1990年海湾战争被迫撤回，造成我方经济损失，河北中建工程公司根据我国外交部及外经贸部的要求，积极做好赴伊拉克的劳务人员战争赔偿金的领取工作。到1999年1月，已为131名劳务人员发放赔偿金32.75万美元。河北省中建工程公司自1982年就开始每年向伊拉克派出数百名劳务人员。1990年海湾战争时共有131名劳务人员因战争爆发中断业务提前回国。这次劳工赔偿，是根据联合国“石油换食品”的第986号决议做出的。根据该决议，联合国赔偿委员会分批对因战争回国的劳务人员进行了赔偿，其中包括中国劳工。

三、重建南联盟，中国个体户打了头阵

1999年6、7月间，正当美、俄、英、法等国的军队以联合国的名义争先恐后开进南斯拉夫联盟共和国的科索沃省时，还有一队人马也在悄悄地快速开进南斯拉夫，不过，他们不是全副武装，也不是以什么名义，而是凭借着自己的商机意识和冒险精神，决心在南斯拉夫战后重建的庞大市场中占有一席之地，他们就是中国的一批个体户。这批人以40英尺的标准货柜，把眼下在南斯拉夫适销对路的凉鞋、灯泡和五金建材运进了南斯拉夫。早在1999年6月7日，炮火还未全停，南斯拉夫驻罗马尼亚首都布加勒斯特的使馆外，就已经有二三十名中国商人大清早就在排队等待签证。负责组织联系这批华商办签证的旅罗华侨华商联合会理事高进表示，他们早已准备好了货物，只要一停火，就迅速进入南斯拉夫。似乎要与军人比赛反应速度。

实际上，20世纪90年代开始的东欧剧变，给中国个体户提供了到这里经商的机会。多年来，一批又一批的中国民间商人走出国门，跨进巴尔干地区。据称，全盛时期，这里有号称10万之众的中国商人。到20世纪90年代末，大浪淘沙，方见英雄本色，目前留在匈牙利、保加利亚、罗马尼亚、南斯拉夫的中国商人仍有四五万人。据巴尔干地区华商反映，南斯拉夫战后紧缺的货物，包括应季服装鞋袜、小五金家电、建筑材料（如玻璃、水泥、门窗配件）等。在巴尔干的华商，主要来自浙江、福建、河南等地。他们每年

从中国运来万余个集装箱的货物，价值以 10 亿美元计，使这一地区的国家与中国的民间贸易额远远大于官方贸易额。①

四、中国人在俄罗斯

中俄两国边疆人口和劳动力的往来，在 20 世纪 80 年代后期急剧增加。以中国的黑河市来说，1987 年出入境人口仅为 863 人次，1989 年上升到 8.3 万次，1993 年上升到 79 万人次。1987 年至 1993 年合计为 186.5 万人次，其中 1992 年和 1993 年就达 134.4 万人次。1987—1993 年的人员往来中，旅游的占 34.89%，贸易活动的占 50.91%，即一半以上。另外，民间贸易的占 13.81%，劳务人员过境的占 0.39% 。② 到 20 世纪 90 年代末，已有大量人员在莫斯科及幅员辽阔的远东地区务工经商。

俄亚非国家研究所的专家们大约在 1998 年完成一份关于在俄华人的调查报告。该项目研究的负责人格尔布拉斯教授说，其主要目的是为了“搞清扎根于莫斯科的最固定的中国人圈子”。下一步将调查俄其他城市，首先是远东。据这项调查报告，目前在莫斯科常住的中国人有 2 万至 2.5 万人。在莫斯科，中国人拥有几种中文报纸、一家广播电台、两家汉语寻呼台，在因特网上有四个网站。在莫斯科，除了没有西藏人，其他各省人都有。还有的一家人达 20 口，即整个家族都迁到了莫斯科。去俄罗斯的人中，受过高等教育的人所占比例非常高，几乎占一半。富有进取精神的年轻人，即相当具有竞争力的劳动力占多数。

许多农民到俄罗斯后，不仅苦干、能干，而且有经营之道。据参考报报道，大约在 1997 年，河南省漯河市农民刘贵福(音)办了一年期的签证，带着外甥张奇科(音)投奔了在俄罗斯鄂木斯克市的阔亲戚。这个亲戚靠做日用品生意发了财，5 年前就在这里取得了合法居留权。亲戚对他说，在俄罗斯，最赚钱的买卖是卖蔬菜，

---

① 《信息时报》1999 年 6 月 18 日。

② 林盛中：《试论中国(黑河)与俄罗斯(阿穆尔州)跨国人口流动现状及发展趋势》，载《人口与经济》1995 年第 2 期。

这一番话成了刘老汉在鄂木斯克创造经济奇迹的动机。1998 年，刘贵福又说服 25 位老乡到俄罗斯来。他说，对于勤劳的中国人来说，俄罗斯的条件不错，只要好好干，“从空气中都能挣到钱”。正当刘老汉与外甥挑选种菜的地点、办理各种手续时，其他人陆续来了。由于刘老汉粗略地懂一点俄语，于是被大家推选为头儿。当地政府的主管人员对他们说：“如果你们愿意，就去种垃圾场边上的那片地吧。”令这位官僚吃惊的是，中国人毫不挑剔，竟然一口答应，还对他表示感谢。仅一年，就获得大丰收，附近村庄的村民纷纷要求到刘老汉那儿干活。中国人很快在这不毛之地上开垦出了 2 公顷的公田，修了简易住房，搭起了 56 个暖棚，精心培育了多种蔬菜，如西红柿、西葫芦、茄子、白菜，其价格超过了水果。他们任劳任怨，从早干到晚，收获了两茬蔬菜，第三茬也丰收在即。他们还清了借款，剩下的钱发展生产，买了水泵、买了汽车、装修了房子。

五、朝鲜族打工到韩国

韩国经济较发达，20 世纪 80 年代中期以来，中韩关系不断发展。所以在中国境内的朝鲜族越来越多地到韩国务工经商，发家致富，并且打工队伍正在向其他国家扩展。

在 20 世纪 80 年代，朝鲜族人去韩国，主要是探亲访友，同时，“搂草打兔子”——也捎带着搞点药品、小商品买卖，后来才逐渐转向出国打工。到 20 世纪 90 年代，劳务输出越来越普遍。如，黑龙江省哈尔滨市太平区民主乡友谊村，有 1300 人口，90% 是朝鲜族，其中一半左右跟韩国人沾亲带故。所以，劳务输出就成了农民致富的一条重要出路。据村委会主任朴元奎介绍，全村近 400 个劳动力，输出的劳动力有 300 多人，在国内打工的主要去哈尔滨、大连、青岛、北京等地；去国外打工的主要是韩国、日本、俄罗斯、美国。所从事的行业主要有承包建筑工程、开饭馆、打工、做小买卖。1998 年全村人均收入 3400 元，真实收入无法弄清。比如去韩国打工，前几年挣 10 万元（人民币）不算啥，1998 年、1999 年受亚洲金融危机影响，挣 5 万元也是完全可能的。村里还把劳务输出作为扶贫的措施之一，帮助他们联系劳务输出，如果办成了，村里给垫付“盘缠”。①

黑龙江省海林市朝鲜族农村劳动力中，已形成了三分之一的劳动力在家种田，三分之一的劳动力到大中城市经商务工，三分之一的劳动力去国外从事各种劳务的局面。在许多朝鲜族农村，劳动力的构成基本上是：有三分之一以上的劳动力离土离乡到国内大中城市经商打工或去国外从事劳务，有的村甚至一半以上的劳动力离土离乡另谋出路，而种地的劳动力不及总劳动力的一半。

到1997年，朝鲜族劳动力中在国外打过工或正在从事经济活动的达20万~30万人，遍及韩、俄、日、美、德、利比亚、塞班岛等30多个国家和地区，当然这主要是指东三省。黑龙江省目前到国外打工经商的朝鲜族有几万人，该省牡丹江市到1996年末朝鲜族以各种途径出国打工的人数达3万人次，仅1996年在韩、俄、日、马来西亚等国打工的朝鲜族就有11600余人。吉林省延边朝鲜族自治州到1997年年初累计向国外派出各类劳务人员达3.1万人次，在国外正在从事各种劳务的6500多人中，朝鲜族占81%。辽宁省沈阳市郊区满融朝鲜族村有800多户3400人口，去过韩国的有100多人次，正在韩国、美、日、德等国从事劳务的人有数百名。

据有关人士调查，朝鲜族人口流动程度，可能居国内各民族之前列。以黑龙江省为例，1996年全省924个民族村总劳动力(少数民族劳动力占71.8%)中，外出务工经商半年以上的占9.7%，而全省491个朝鲜族村总劳动力(少数民族劳动力占96.1%)中，外出务工经商半年以上的占19.4%；相比之下，全省283个满族村(少数民族劳动力占58%)的外出务工经商者，只占其劳动力的4.2%，78个蒙古族村(少数民族劳动力占46.1%)外出务工经商者为2.5%，13个回族村(少数民族劳动力为67.2%)外出务工经商者占6.1%。此外，全省924个民族村的外出务工经商者30001人中，

① 夏珺：《要重视帮助贫困户增收》，载《人民日报》1999年4月13日第2版。

491 个朝鲜族村的外出务工经商者 22630 人，占总数的 75.4% 。①

总之，农民出国务工经商已经成为一种趋势，成为农民的共识。目前农民出国打工，主要发生在两类地区，一类是在国内外出打工较多地区，出国打工的也多，如温州。另一类是历史上有向某国移民的传统，或是与外国接壤的地区，如黑龙江、广东、福建等省份。而在其他没有多少“海外关系”的省市，农民出国打工能否成行、能否发展起来，关键就是看政府有关部门的重视和组织程度了。

通过以上分析，我们可以看出在空间流向与分布上，民工潮有以下几个特征和趋势：

第一，由农村向城市流动。并且首先是大量民工进入直辖市和省会城市等大城市，其次是进入中小城市和经济发达的小城镇。在这些大中小城市基本上呈现出民工供大于求时，民工开始向异地农村地区流动。

第二，从内陆向沿海流动。虽然全国各地农民都流动起来了，但是比较看，还是内陆地区农民流向沿海地区的较多，更能代表农民流动的一种趋势。并且内陆向沿海的流动仍然遵循上述第一个特征，即先向沿海大城市、中小城市流动，然后向沿海小城镇以及发达的农村地区流动。

第三，从国内向国外流动。这一特征出现得比上述两个特征更晚。这一方面是受我国对外开放的程度的影响，另一方面受国内整个民工供需市场状况影响。

这三个特征在时间上是依次突出出来的。

第四，从贫困地区向发达地区流动、从人多地少矛盾突出地区向其他地区流动。这一特征贯穿于上述三个特征之中。但是有的地区既是人多地少矛盾突出，又是经济较发达，所以就出现大出大进的现象，先是本地大量农民外出务工经商，然后再由落后地区的民工前来补充空位。较为典型的例子是浙江。

---

① 郑信哲：《论人口流动与朝鲜族的社会发展》，载《人口学刊》1999 年第 2 期。

展望未来，民工潮流的基本格局会仍然是这四大特征，但是也会有一定的细微变化。第一，流向小城镇的民工会多一些。因为国家有关部门和许多直辖市把加快小城镇建设作为加快城市化进程、安置农村剩余劳动力、促进国内消费的重要战略对策。第二，随着中央关于加快大西北地区开发决策的实施，以及欧亚大陆桥的作用，向西北和西南地区流动的民工会增多。第三，随着对外开放的扩大，特别是边境贸易的发展，流向边疆地区和国外的民工会增多。但是这些新特征的发展变化，最终还取决于国内外许多客观因素的变化。

第四章

何去何从

——现代流民职业选择

外出打工的农民已经渗透到各个行业、各种职业，以及各种经济性质(即所有制性质)单位。古人曰：行行出“状元”，而现在则是行行都有打工者。不过，到底谁是状元，那还要看竞争的最后结局。本章主要分析农民打工队伍的行业分布、产业分布、职业分布、在不同所有制性质单位中的分布，以及性别构成。

第一节　行行都有打工者

农民外出务工经商，大多是见缝插针，哪里有活就在哪里干，什么脏活、累活、重活和苦活都可以干，所以在分布上十分广泛，令人眼花缭乱。不过，我们还是可以按行业、产业、经济单位性质进行分门别类。纵观其就业分布状况，也许可以从中看到一点规律性的东西来。

一、行业分布

农民外出务工经商的行业分布虽然十分广泛，但是却不是均衡分布，而是有重点，有些行业中农民工明显多，另一行业中农民工明显少。并且在不同年份不相同，在城镇和在乡村也不相同。

(一)行业分布及其变化

根据 1986 年“全国百村劳动力情况调查”，1986 年农村外出劳动力中，从事农林牧副渔业的仅占 1.6%. 从事工业的占 39.6%，从事建筑业的占 11.7%，从事运输业的占 2.6%，从事商业的占 11.7%，从事饮食服务业的占 0.3%，从事其他行业的占 32.5%。可以看出，从事工业的比重最高，其次是从事其他行业的，但是从事饮食服务业的太低，仅为 0.3%。我们可以从以后的调查结果看到，饮食服务业中的打工队伍在不断壮大。

上述数据仅是农村外出劳动力的行业分布状况，而从外部进入这些村的外来劳动力行业分布状况看，情况略有不同。

1986 年，这些村的外来劳动力中，从事农林牧副渔业的占 16.5%，从事工业的占 64.5%，从事商业的占 0.8%，从事运输业的和从事饮食服务业的均为零，从事建筑业的为 5%，从事其他行业的为 13.2%。这些来到农村从业的劳动力中，有 82.7%仍然来自农村，有 17.3%来自城镇。①根据河北大学人口研究所与河北省计委于 1992 年合作进行“河北省农业劳动力转移调查“(调查样本 5183 农户)，按农村外出劳动力干活的主要行业划分，从事农业的占 1.2%，从事工业的占 14.8%，从事建筑业的占 26.5%，从事采掘业的占 2.2%，从事交通运输邮电业的占 11.6%，从事商业饮食服务业的占 28.3%，从事文教卫生业的占 3.0%，从事其他行业的占 12.3%。河北省农村外出劳动力的平均年龄为 31.6 岁，但是，在各行业中外出劳动力平均年龄有一定差别，外出劳动力从事农业的平均年龄最高，为 37.3 岁，从事工业的平均年龄最低，为 29.8 岁，从事建筑业的为 31.5 岁，从事采掘行业的为 31 岁，从事交通运输邮电业的为 31.8 岁，从事文教卫生业的为 34.3 岁，从事其他行业的为 31.8 岁。

---

① 庚德昌:《全国百村劳动力情况调查资料集》，中国统计出版社 1989 年版，第 54、56 页。

从河北省农村外出劳动力分行业、分性别的分布看，男性相对于女性而言，从事重、险活的较多，而女性相对于男性而言，从事较轻、较稳活的较多。外出从事农业的，男性占 83.9%，女性占 16.1%；从事工业的，男性占 66.2%，女性占 33.8%；从事建筑业的，男性占 97.3%，女性占 2.7%；从事采掘行业的，男性占 92.9%，女性占 7.1%；从事交通运输邮电业的，男性占 96.6%，女性占 3.4%；从事商业饮食服务业的，男性占 65.6%，女性占 34.4%；从事文教卫生业的，男性占 61%，女性占 39%；从事其他行业的，男性占 69.1%，女性占 30.9%。

据 1994 年的一项全国性抽样调查，在外出打工的农村劳动力中，从事农业的占 4.15%，从事工业的占 21.95%，从事建筑业的占 32.75%，从事运输业的占 10.08%，从事商业饮食服务业的占 31.07%。

从性别与行业的关系看，男、女从事的行业有一定差别：在从事农业的打工者中，男性占 84.2%，女性占 15.8%；从事工业的，男性占 74.5%，女性占 25.5%；从事建筑业的，男性占 97%，女性占 3%；从事运输业的，男性占 96.1%，女性占 3.9%；从事商业饮食服务业的，男性占 65.8%，女性占 34.2%。仍然是在重、险行业中，男性占绝对优势，在轻、稳行业中，女性明显上升。这与上述河北大学人口研究所等合作完成的调查结果是相似的。

从年龄与行业的关系看，在外出打工的男性中，以非劳动年龄的劳动力(16 岁以下和 60 岁以上)和半劳动力(16～17 岁和 51～60 岁)的人数较少，占外出男性劳动力总人数的 5%；其中 89.5%的人是在从事工业、建筑业和商业饮食服务业。18～30 岁这一年龄段的人数最多，占外出打工男性总人数的 53.16%；其中，从事建筑业的占 38.36%，从事工业和商业饮食服务业的占 23.99%和 22.88%，从事运输业的占 11.5%，从事农业的占 3.27%。其次是 31～40 岁这一年龄段人数，占外出男性打工者的 27.73%，其中，从事建筑业的最多，占此年龄段的 40.01%，从事工业和运输业的分别占此年龄段的 15.4%和 14.54%，从事商业饮食服务业的占 25.79%，从事农业的仅占 4.26%。外出打工人数较少的是 41 岁到

50岁这一年龄段，其人数占外出打工男性总人数的14.14%，其中，从事商业饮食服务业的占28.50%，从事工业、运输和农业的分别占此年龄段的14.25%、10.32%和7.62%。

在外出打工的女性中，非劳动年龄劳动力(16岁以下和55岁以上)和半劳动力(16~17岁和46~55岁)以及41~45岁这一年龄段的整劳动力外出打工的人数均较少，仅占外出打工女性总人数的12.13%，她们主要从事的是工业和商业饮食服务业，分别占此年龄段人数的23.08%和42.31%。在31~40岁的这一年龄段中，外出打工女性也较少，占外出打工女性总人数的12.13%。她们主要从事的是商业饮食服务业，占此年龄段人数的76.92%。在外出打工女性中，人数最多的是18~30岁这一年龄段，占外出打工女性总人数的75.74%。她们主要从事商业饮食服务业，占此年龄段的56.47%。其次是从事工业的，占此年龄段人数的35.11%。①

据河南省农调队对该省42个县4200个农户的劳动力基本情况调查，1998年，农村外出劳动力的行业构成是：从事农业的占2.7%、从事工业的占27.7%，从事建筑业的19.3%，从事交通运输业的5.3%．从事邮电通讯业的0.5%，从事商业饮食业的12.1%，从事服务业的15.9%，从事文教卫生事业的5.2%，其他行业占11.3%。可以看出，从事服务业的比重明显高于1986年的调查结果。同1997年相比，河南省农村劳动力转换行业方向有一定变化，其变化最大的是建筑业和服务业。1998年转向建筑业的劳动力比重下降了8.3个百分点，转向服务业的劳动力比重上升了5.9个百分点。这种转移行业方向的变化与投资方向的变化有一定关系。抽样调查资料表明，1998年河南省农村建筑业固定资产投资比上年减少45.2%，农户住宅投资减少29.1%。由于相当一部分转向建筑业的农民的从业地点在农村，因而，农村建筑业固定资产投资特别是住宅投资的萎缩，是导致这些行业吸纳劳动力减少的重要原因。而同时1998年河南省社会服务业的固定资产投资则比

① 韩晓耘：《收入、消费、行业特征——农村劳动力流动专题研究之三》，载《中国农村经济》1995年第5期。

1997年增长15%，其中农村部分比1997年增长3倍多。据有关专家分析，今后河南乡镇企业就业保持高速增长的关键是大力发展农村第三产业，而第三产业的社会服务业又是吸纳劳动力的重要领域。①

（二）来自不同经济发展水平地区的打工者的打工行业有一定差异

据1989年全国23个贫困县调查资料和吴怀民等人于1988年对全国10个省区23个县24个自然村调查资料，贫富程度不同的地区和农户，其外出打工者所从事的行业有明显差异。

第一，农民外出干活的主要行业是建筑业，在贫富不同的农村地区和不同类型农户中都是如此。但在贫困地区，富裕户中的这一比重为18.9%，脱贫户中占24.2%，贫困户中占23.6%，而一般农村地区的混合户中则为26.5%。

第二，从事商业、饮食业者在比较富裕地区占有较大比重，而在贫困地区只有很小的比重。在不同类型户的分布中，贫困地区的贫困户中最低，只占6.1%，脱贫户中占10.2%，富裕户中占14.9%。一般农村的混合户中从事商业饮食业的比重为13.6%。

第三，在较发达的地区，外出从事农林牧渔水利的较少，一般农村地区的混合户中，这一比重为3.5%，而贫困地区，在贫困户中占17.3%，在脱贫户中占10.8%，在富裕户中占9.6%。

第四，在较发达地区，外出打工者从事“其他”行业（工作不固定）的比重较低，为5.6%，而在贫困地区则较多，在贫困户中为24.3%，在脱贫户中为27.9%，在富裕户中为27.5%。

第五，在工业、文教卫生行业中，一般农村地区的打工者从事这两个行业的比重较高，而贫困地区的打工者从事这两行业的比重较低。详见表4-1。

（三）打工者在大城市、小城镇和农村的行业分布有一定差异

来自农村的打工队伍，进入大城市后的行业分布与进入小城镇或进入农村的行业分布有一定差异。在北京市，1988年共有65.4万外来劳动力，从事建筑业的占47.7%. 从事采掘业的占2.6%，

① 杨冠军：《河南省农村劳动力转移呈现五大特点》，载《中国信息报》1999年6月24日第3版。

从事交通运输业的占 7.1%，从事工业的占 11.9%，从事农林牧水利业的占 5.9%，从事商业饮食服务业的占 10.2%，从事文教卫生事业的占 4.7%，从事机关团体工作的占 9.9%。到 20 世纪 90 年代，行业分布有较大变化。1994 年，在来京务工经商人员中，从事商业饮食服务业的占 59%，从事建筑业的下降到 29%，从事工业的只占 6.8%，从事其他行业的占 5.2%。

表 4-1　**1987—1989 年外出干活一个月以上者行业构成情况**

地区	户的类别	行业类别	1987—1989 年外出干活一个月以上者累计人次	1987—1989 年外出干活一个月以上者年均人次	每年外出干活人次的行业构成*
贫困地区	富裕户	0 农林牧渔水利	606	202	9.6
		1 采　　掘	567	189	9.0
		2 制　　造	631	210	10.0
		3 建　　筑	1191	397	18.9
		4 运　　输	429	143	6.8
		5 文教卫生	207	69	3.3
		6 商业饮食服务	939	313	14.9
		7 其　　他	1731	577	27.5
		小　　计	6301	2100	100
	脱贫户	0 农林牧渔水利	810	270	10.8
		1 采　　掘	834	278	11.1
		2 制　　造	654	218	8.7
		3 建　　筑	1815	605	24.2
		4 运　　输	369	123	4.9
		5 文教卫生	165	55	2.2
		6 商业饮食服务	765	255	10.2
		7 其　　他	2094	698	27.9
		小　　计	7506	2502	100

续表

地区	户的类别	行业类别	1987—1989年外出干活一个月以上者累计人次	1987—1989年外出干活一个月以上者年均人次	每年外出干活人次的行业构成*
贫困地区	贫困户	0 农林牧渔水利	1173	391	17.3
		1 采　掘	981	327	14.5
		2 制　造	630	210	9.3
		3 建　筑	1599	533	23.6
		4 运　输	264	88	3.9
		5 文教卫生	75	25	1.1
		6 商业饮食服务	414	138	6.1
		7 其　他	1647	549	24.3
		小　计	6783	2261	100
一般农村地区	混合户	0 农林牧渔水利	159	53	3.5
		1 采　掘	924	308	20.5
		2 制　造	558	186	12.4
		3 建　筑	1194	398	26.5
		4 运　输	249	83	5.5
		5 文教卫生	558	186	12.4
		6 商业饮食服务	613	204	13.6
		7 其　他	252	84	5.6
		小　计	4507	1502	100

* 系指从事各种行业的外出干活人次与年均外出干活总人数之比。

资料来源：转引自张纯元：《农村人口流动与经济收入的增长》，载《中国人口科学》1991年第5期，原文中的“职业”现改为”行业”。

可见，在大城市，外来农村务工经商者进入的最主要的行业是商业饮食服务业和建筑业。而在一些中小城市和小城镇，外来农村务工经商者进入的行业就有所不同，1988 年，在广东的东莞市，从事农林业的外来劳动力占外来劳动力总数的 4.7%，从事工业的占 65%，从事建筑业的占 18.9%，从事运输业、商业服务业的共占 11.4%。①

1987 年，据对北京市郊区 4 个建制镇调查，外来劳动力(部分已经落户)中，从事农林牧渔业的占 1.46%，从事工业的占 49.91%，从事建筑业的占 2.74%，从事商业饮食服务业的占 23.68%，从事交通运输邮电业的占 4.48%，从事科教文卫生的占 9.78%. 从事其他行业的占 7.95%。

1987 年，据对浙江省 4 个建制镇调查，外来劳动力(部分已经落户)中，从事农林牧渔业的占 0.3%，从事工业的占 68.0%，从事商业饮食服务业的占 10.3%，从事其他行业的占 21.4%。②

在农村地区以及沿海渔区，外来劳动力则主要从事农林牧渔业。据邵秦对山东省的荣成与长岛、辽宁省的长海、河北省的黄骅与唐山、天津塘沽六个沿海渔区的外来劳动力调查，1990 年外来劳动力中，从事海水养殖业的占 58.67%，从事捕捞业的占 12.38%，二者合计占 71.05%；从事水产品加工的占 14.63%，从事其他工业占 4.84%，二者合计占 19.47%；从事建筑业的仅占 6.27%，从事其他行业的占 3.21%。

在这 6 个渔区，自 1985 年以来，外来劳动力不断涌进，补充了当地劳动力的不足，以一年以上合同工和流动季节工计量，每年平均有 15 万~20 万人。据公安、劳动、水产部门统计，1990 年这 6 个渔区外来劳动力有 18.5 万人，占该地区总渔业劳动力的 27%。其中，比重最高的是全国首富县长岛县，这一比重达 59.8%。在这 6 个渔区，外来劳动力来自全国 10 多个省。

因为海上作业劳动强度大，具有风险性，所以沿海捕捞业只招

① 廖世同、廖世添：《广东人口流动趋势及其影响》，载《中国人口科学》1989 年第 6 期。

② 中国沿海地区小城镇发展与人口迁移调查研究组：《中国沿海地区小城镇发展与人口迁移》. 中国财政经济出版社 1989 年版，第 30、298 页。

收年轻的男性劳动力。但是自1985年以来，由于沿海渔区养殖业和水产加工业的蓬勃发展，招致女性青年劳动力相继奔赴渔区，渔业“外来妹”变成沿海陆上养殖场、加工厂的娘子军，逐渐使外来雇工的性别比接近100∶100。如山东荣成寻山镇渔业公司，1988年招收外来雇工只有350人，全部是从事捕捞业的男青年。1989年走上“以养兴渔”的道路，养殖规模由2000亩扩大到6000亩，渔业系统加工工业由6个变成13个，产值一年翻一番，招用外来雇工达2000人，其中一半是女性，呈现“渔娘娘下凡“的新景象。其中，备受当地人们称赞的川妹子，多数来自贫困的巴中县，她们吃苦耐劳，又心灵手巧，不少人被评为“三八红旗手”。

20世纪90年代以后，这些渔区的经济有了更大的发展，吸收的外来劳动力更多。如，山东省荣成市的青渔滩村，1993年本村人口1450人，村办企业年产值达2亿元。外来劳动力1985年只有60人，1990年达700人，1993年达2000人，超过全村人口数。这些外来劳动力主要来自河南、安徽，其中女性500人。在所有外来劳动力中，有1300人从事海水养殖、捕捞和水产品加工，其余的分布在其他行业，女性主要从事水产品加工。①

不过，进入这些渔区的外来劳动力的文化水平偏低。如，长岛与长海两个渔区，外来劳动力中，小学文化程度的占主体，在55%以上，其次是初中程度的，占30%左右。②全国其他地区的调查资料显示，外来劳动力中，初中文化程度的占主体。如1989年在成都市从事务工经商的外来劳动力，初中文化程度的占49.96%。1991年，河北省外出劳动力中，初中文化程度的占51.0%。1993年的一项全国性调查显示，农村外出劳动力中，初中文化程度的占50.8%。

---

① 赵树凯著：《纵横城乡——农民流动的观察与研究》，中国农业出版社1998年版，第145、146页。

② 邵秦：《北方两岛一湾沿海渔业外来劳动力问题》，载《社会学研究》1993年第6期。

二、产业分布

产业分布在这里是指从业人员在第一产业、第二产业、第三产业之间的分布。第一产业包括农、林、牧、渔和水利，第二产业包括工业、建筑业和采掘业，第三产业包括其余所有行业。在全国总劳动力中，第一产业劳动力占的比重已经从20世纪80年代的70%左右下降到20世纪90年代末的50%左右，第二产业劳动力占的比重从20%左右上升到30%左右，第三产业劳动力占的比重从10%左右上升到20%多。

农村外出务工经商的劳动力在产业构成上有很大改变。这就是，大多数脱离了第一产业，跨入了第二、三产业。并且即便还有少数人外出后仍然从事第一产业，但其行为方式也发生了变化。在家务农，主要是一种典型的农民行为，是一种农业自然经济行为，而外出务农，则有一种农业工人的味道，是干农活挣钱。

1986年，据对全国一百个农村抽样调查，外出劳动力中，第一产业的占1.9%. 第二产业的占51.3%，第三产业的占46.8%。据河北大学人口研究所与河北省计委于1991年进行的抽样调查，河北省农村外出劳动力从事第一产业的占1.2%，从事第二产业的占43.6%，从事第三产业的占55.2%。

农村外出打工者进入大城市及其郊区，他们从事第三产业比重较高，而进入远离大城市的建制镇和城关镇，则从事第二产业的比重较高。据1987年对天津市郊区4个镇抽样调查，外来劳动力中，有1.3%的进入第一产业，有49.4%的进入第二产业，有49.3%的进入第三产业。同年，对山东省4个建制镇调查，外来劳动力中，有5.9%的从事第一产业，有59.7%的从事第二产业，有38.4%的从事第三产业。同年，对浙江省4个建制镇调查，外来劳动力中，有0.3%的从事第一产业，有68%的从事第二产业，有21.7%的从事第三产业。

三、职业构成

职业在一定程度上可以代表一个人在社会中的地位。农民外出打工，从事不同职业的工作，在这一段时间内也就代表着他的身份地位的变化。从社会学的社会流动理论看，农业劳动力暂时跳出“农门”，外出务工经商，在职业上基本是一种向上的社会流动。

据 1987 年对北京市郊区 4 个建制镇外来劳动力调查，共有外来劳动力 1240 个(部分已经落户)，其中来之前是农业户口的 473 人，占 38.1%，非农业户口占 61.9%。但是这两类人员进入镇后，是农林牧渔职业者仅占 1.06%，在国家规定的 9 大职业中的比重最低，也就是说大多数原来是农业劳动力的不再从事农业。在其余 8 个职业中，专业人员占 14.16%，负责人占 5.8%，办事人员占 15.66%，商业人员占 7.92%，服务人员占 5.19%，生产人员占 46.17%，运输人员占 2.11%. 建筑人员占 1.93%。

1987 年对河北省 4 个建制镇外来劳动力(不含已经落户的)调查，其中 90%以上的来自农村。在职业分布上，农林牧渔职业者仅占 0.3%，专业技术人员占 5.5%，负责人占 3.4%，办事人员占 7.7%，商业人员占 25.6%，服务人员占 18.9%，生产人员占 33.1%. 运输人员占 2.7%，建筑人员占 1.4%，其他占 1.4%。①

另据 1994 年对四川、安徽农村外出劳动力调查，四川省农村外出劳动力中，成为一般管理者的占 1.3%，成为普通工人的占 70.8%，成为技术工人的占 14.2%，干零工或个体的占 13.6%，其他占 0.2%。安徽省与四川省相比有一定差别，成为一般管理者的占 0.7%，成为普通工人的占 57.3%，成为技术工的中 3.6%，干零工或个体经营的占 37.0%，其他占 1.4%。②

四、打工单位的经济性质

农村外出打工者，有的在国有单位打工，有的在集体单位打工，也有的干个体私营，如此等等。打工者在不同性质单位的分布

① 中国沿海地区小城镇发展与人口迁移调查研究组：《中国沿海地区小城镇发展与人口迁移》，中国财政经济出版社 1989 年版，第 26、27、124 页。

② 杜鹰、白南生等著：《走出乡村——中国农村劳动力流动实证研究》，经济科学出版社 1997 年版，第 24 页。

状况，反映出社会不同方面对打工者的需求状况，并且这种分布随着时间的推移也在不断变化。

据浙江省4个建制镇调查，1987年，外来劳动力（含已经落户的）的从业性质，在国有单位打工的占13.2%，在集体单位打工的占68.1%，个体自主经营者占17.5%，其他占1.2%。

据对江苏省4个建制镇调查，1987年，外来劳动力中（含已落户口者），有42.5%的在国有单位打工，有44.2%的在集体单位打工，有8%的是自主就业，有2%的是在个体私营企业打工，有3.3%的是在其他单位打工。如果扣除已落户者，那么，外来劳动力中，有34%的在国有单位打工，有47.5%的在集体单位打工，有12.8%的是自主就业，有2.8%的是在个体私营企业打工，有2.9%的是在其他单位打工。①

以上主要是反映20世纪80年代在小城镇打工的农民的经济单位分布状况。到20世纪90年代，打工单位的分布有所变化，这就是在国有单位打工的人数的比重在下降，在私营企业打工的、自主经营甚至当小老板的人数的比重在上升。

据对河北省调查，1991年，农民外出打工者在国有单位和集体单位打工的均为27%，在合营和外资单位打工的占1.3%，自主干个体的占44.4%，其他的占0.5%。

据农业部的一项全国性调查，1993年，农村外出打工者，在国有单位打工的占11.2%，在集体单位的占11.2%，在私营企业的占12.9%，在乡镇企业的占16.8%，自主（或合伙）从事个体经营的占11.4%，经常变换工作单位的占14.1%，共为77.6%。遗憾的是原数据中没有说明剩下的23.4%的打工者干什么去了。②

据有关人士于1994年对四川和安徽省外来劳动力调查，在国有单位打工的占14.8%，在集体单位的占20.6%，在私营单位的

---

① 中国沿海地区小城镇发展与人口迁移调查研究组：《中国沿海地区小城镇发展与人口迁移》，中国财政经济出版社1989年版，第298、243页。

② 农业部《“民工期”的跟踪调查与研究》课题组：《经济发展中的农村劳动力流动》，载《中国农村经济》1995年第1期。

占 48. 1%，在联营、中外合资和外商独资单位的共占 7. 4%，干个体的占 9. 5%。这两个省的农村外出劳动力主要是到南方，所以更能反映出南方打工的不同性质单位分布状况。1994 年，四川省外出劳动力中。到广东的占 50. 41%，到福建的占 6. 5%，到浙江的占 3. 52%，合计到这三个省的占 60. 43%。同年，安徽省农村外出劳动力中，到江苏的占 30. 95%，到广东的占 15. 87%，到浙江的占 10. 32%，合计到这三个省的占 57. 14%。①

需要说明一点，上述各方面的调查资料关于打工者从业单位的性质，只能作为一个粗略的参考，不一定完全符合实际情况，其主要原因在于，许多所谓的集体单位实际上是私营单位，也就是人们称为“戴红帽子”现象。

一般情况下，在国有单位和真正的集体单位打工，收入还是有保障的，并且基本上能够按时发放，工作条件不会太差，加班加点的时候不会太多，但收入也不会太高。不过，在国有的和集体的建筑行业打工，工资往往被拖欠(在其他性质的建筑单位打工，工资也经常被拖欠)。在乡镇企业、三资企业、个体私营企业，打工者往往是劳动强度大，劳动管理不规范，普遍加班加点，并且报酬较低。从事个体劳动的，则往往受到歧视，并且因为没有正式的组织依托，经常被乱罚款、乱收费。

第二节　异乡客农好忙碌

农民外出打工，很少有全家出走的，即便全家出走，土地也是背不走的，所以总会留下“空位”，以待其他劳动力来填补。即造成劳动力流动新趋向：农民为农民打工。

农民为农民打工主要有两种方式，一是长期客住异乡他村，异地承包农业经济业务。二是短期出击，哪里需要就到哪里打杂，是典型的打短工。

---

① 杜鹰、白南生等著：《走出乡村——中国农村劳动力流动实证研究》，经济科学出版社 1997 年版，第 100 页、第 12~13 页。

20世纪80年代以来人们探讨农业剩余劳动力转移时，主要分析了两种模式，一是“离土不离乡”，即农民进入当地乡镇企业做工，或就地转移，从事其他非农产业经济。二是“离土又离乡”，即农民进城务工经商。前者被形象地称为农民“洗脚进厂”，后者被形象地称为农民“洗脚进城”。而农民为农民打工的则可以称为“离乡不离土”，大概也就不必“洗脚”了。

一、异地农业承包经营

“民工潮”起始于20世纪80年代初，而农民撂荒现象也出现在80年代初，可以说二者之间有着内在的因果关系，前者为因，后者为果。还有一个因素也直接促成了农民异地承包经营，这就是一些农村经济较发达，出现许多专业户、专业人才，有人称之为“草本秀才”，但人多地少，大有英雄无用武之地的感觉。他们当中有一些人开始走出自己的家园，跨进他人的农田。

但是，从一定意义上讲，农民撂荒容易，而要让外地农民来承包土地可就难了。首先，难在政策上。在20世纪80年代，农民承包的土地基本上是不允许转包的。其次，难在感情上，祖祖辈辈留下的土地，今日却要转让给外乡人耕种，似乎有点失落感。但是经济规律是不以人的意志为转移的，其作用是强大的。上述按行业或职业来划分的外出农民劳动力，从事农业的比重不超过5%，但是，实际上，从一些有外出农民的村庄看，外出承包农业项目的还是较多的，从有外来农民的村或城镇看，有些村、镇的土地大量地转包给了外乡农民耕种。

从目前掌握的资料看，农民外出承包农业项目主要有三种形式：技术性承包、规模经营承包、小农户一般性承包。

（一）技术性承包

20世纪80年代以来，许多农民也成为技术人才，至少也是有一技之长。虽然他们是土生土长的，但是却有点不安分守己。他们既想种好自家的地，又想关照他人的田。

早在20世纪80年代中期，湖北省英山县普遍种茶，培养出大量行家里手。该县三门河乡成立了茶叶承包公司，组织全乡“富余”的种茶、制茶能手，分赴两省三县承包低产茶园，既救活了本地能人，也增加了农民收入。出现这一新生事物的首要因素是能手太多了，一般的农业体力劳动力有剩余，有一定专长的农业劳动力也出现剩余。茶叶生产是三门河乡的骨干项目。到 20 世纪 80 年代中期，科技的推广应用使该乡的茶叶经济大发展，全乡种茶、制茶和管理水平都有很大提高，亩产值由过去的 200 元提高到 500 多元。在这个发展过程中，自然地培养出一批茶叶能手。然而，当时仅有的 13 个茶场根本容纳不下全乡所有能人，大约有五六百人处于英雄无用武之地的状态。

而与这个乡形成鲜明对照的是，毗邻地区安徽省岳西、太湖等县一些农村的茶叶生产水平较低，当地承包者缺乏兴趣。太湖县望天乡艾岭村茶场，50 亩茶园每年只采一季春茶，每亩平均产值仅有 50 多元，场员们因收入太低都不愿干。这种地域差异引起了三门河乡茶叶能手的兴趣。1987 年，该乡宋塝村谭从光、刘立方两人带着 40 名茶叶能手开进了太湖县，跨地域承包。他们与 5 个茶场签订了合同，承包面积 175 亩，承包期限订为 5～10 年。承包后，他们通过对茶园进行改造，让茶树“返老还童”，并把握住合理采摘、精心制作、科学管理三大关，使茶叶生产重现生机。同时，他们还吸收本地场员参加生产，并传授技术给他们。一年的时间里，他们承包的 5 个茶场共创产值 4.1 万元，比承包前增长 141%，上交国家税收 1.025 万元，比承包前增长 142%。他们获得承包收入 3.3 万元，人均 800 元，当地场员的收入也由承包前的 200 元增加到 700 元。

为了使更多的能手外出承包茶园，1988 年初，三门河乡成立了茶叶承包公司，统一组织全乡范围内的茶叶承包，为承包者牵线搭桥，联系发包方，协助承包双方签订合同并监督合同的执行。公司的成立，进一步推动了全乡的承包热。到 1988 年 1 月，全乡出省出县承包茶园者已发展到 210 人，除承包安徽岳西、太湖两县 8 个茶场外，他们又与邻县浠水的关口镇 11 个茶场签订了合同，共承包茶园925亩，承包总额达到24万元。①

到20世纪90年代，农民主要靠技术走出去承包农业项目，在北方也有了发展。例如，河北省定州市一些农村靠梨树走上了致富道路。20世纪90年代中期，富裕起来的定州农民走出家门，外出承包果园，在发家致富的道路上，迈上一个新台阶，提高了一个档次，定州市新兴庄村就是如此。定州市新兴庄村，人均耕地不足0.6亩。改革开放以来，全村农户大多搞起果树种植，发展鸭梨1600多亩，年收入280多万元。在改革开放的大潮推动下，这个村干部群众心想奇招，以高超的果园技术走出村子，到外地寻找挣钱的新路子。其中，李秋卫、张中山等农民率先在外承租果园，借助外地资源发展自己，也推动了外地经济的发展。该村农民以合股承租、技术参股或有偿出售技术等形式，先后在河北的蠡县、安国县、曲阳县等地果园搞承包，租期为5年或10年。到1998年，共兴办了20个股份制果园，最大的果园有500多亩，有1500多位农民外出承租果园。据初步测算，年可增加收入总额为14万元以上。②

渔民也可以闯荡天下。“华北明珠”白洋淀，是一个不大不小的内陆湖泊。早在抗日战争时，游击队因在这里打击日本鬼子而闻名于世，小说《雁翎队》、电影《小兵张嘎》等一大批文学艺术作品以此地为背景。这里的水产养殖较为发达，渔民较多，早已到了船多鱼少的地步。20世纪90年代初，我曾多次到白洋淀旅游，看到湖面上大大小小的船只，十分密集，给人一种“船满为患”的感觉。虽然20世纪80年代以来，白洋淀的旅游业一直发展较快，但是大量渔民还是没有出路。但是从20世纪90年代以来，这里的渔民眼界也开阔了，不再死死地盯着那大自然惠赠的弹丸之“淀”，而是到大洋里驶船捕鱼。据统计，到1998年年底，白洋淀周围的渔民

---

① 刘劲松、张绪祥：《英山县二百余茶叶能手外出承包低产茶园》，载《光明日报》1988年3月17日第2版。

② 杨跃平、任涉敏：《新兴庄千余农民外出承包果园》，载《保定日报》1998年7月16日第2版。

已有2万多人，走到了17个省市100多家水产公司贩运、经销水产品，年销售收入10亿多元。另有4000多名渔民，常年活动在珠江、渤海、黄海，50多条大型渔船在捕捞作业，年创收500多万元。①

湖南省安仁县养殖业较发达，其中坪上乡岸下村农民靠养殖技术走上了致富路。他们不仅自己养殖，而且还走出村子搞养殖技术承包、技术服务。全村共有278户、1113人。1998年靠养殖技术外出承包、技术服务的劳动力就有208户。1999年，外出户又增加了50多户。目前，全村的养殖技术人员已分布到全国20多个省份的大中城市。②

(二)异地规模承包

到20世纪90年代，农民异地搞农田规模承包在南方一些省份有了明显的发展。这首先得益于我国农村土地政策，土地产权制度在改革过程中越来越打破自我封闭的枷锁，越来越走向开放性。其次，也得益于发包方的农业劳动力大量转向第二、三产业，甚至大量加入“民工潮”的队伍。这里，不仅没有农业剩余劳动力，而且农业劳动力还明显不足。

在江苏省苏州市一带，农业异地承包较多，人们把这些外来农民称为“客农”。有人对苏州市的张家港、常熟、昆山、太仓四县(市)不完全统计，1993年年底前，规模经营单位总户数为2007户，承包耕地190457亩，户均耕地为94.9亩，其中异地承包户729户，占36.32%，承包耕地7287亩，占38.11%，户均耕地为99.57亩。可见，异地承包者的经营规模更大一些。

现在让我们详细观察一下这些客农。在他们当中，来自本乡外村的有81户，承包7859.4亩，分别占11.11%和10.83%。来自本县外乡的有139户，承包2251.3亩，分别占19.07%和31.01%。

---

① 陈满成：《白洋淀两万渔民闯天下》，载《保定晚报》1998年11月30日第1版。

② 张九绩、陈郁：《安仁农民靠技术致富》，载《人民日报》1999年3月4日第11版。

来自本市外县的54户，承包7881.9亩，分别占7.41%和10.86%。来自本省外市的有73户，承包5577.6亩，分别占10.01%和7.68%。来自外省的有382户，承包28755.8亩，分别占52.4%和39.62%。

在苏州吴县的长桥镇，1993年有规模经营单位35个，承包2106亩，其中异地承包户占68.57%。该县的里口镇登云村，1992年秋有规模经营单位15户、承包420亩，其中异地承包户占33.3%，到1993年秋调整为10户、420亩，异地承包户上升到80%，余下2户本地人也有向外转包的迹象。可见，异地承包户比重还是较高的，尤其是来自外省的客农，在所有客农中的比重，已超过50%。并且据调查，上述异地承包户绝大多数是从1991年才发展起来的，可见发展之快。在苏州其他县，也有类似情况。据对无锡县洛社、玉祁等11个乡镇52个村103个农场调查，1993年年底，客农场长已有49个，占49.5%。

在苏州迅速出现大量客农的重要原因之一是苏州当地农民不断转移到第二、三产业，他们不愿务农。无锡县前湖村1992年就各户是否愿意种责任田和口粮田问题进行“全民公决”，结果是全村870户2700人一致投了“否决票”。在这种情况下，如果有人愿意来种地，那是求之不得的好事了。

据对苏州64户客农承包大户进行的随机抽样调查，他们具有以下几个特征：

第一，老家较穷，但又不是太穷，具有耕种较现代化农田的基本素质。他们当中，半数以上的来自安徽、浙江、苏北，其次是来自本省的，再次是来自江西、四川和湖北等地。这些地方工业化、城镇化进程较慢，就业门路不多，家庭收入较少。这些劳动力流向苏州农村，是完全符合生产要素向经济发达地区流转聚集的客观规律的。

第二，劳动力素质较好。他们绝大多数人具有长期从事农业生产的经验，不少人还当过队长、会计，有一定的农业经营管理经验，适合搞规模经营。年龄在30~50岁的占三分之一以上，文化程度在小学与初中之间。

第三，承包耕地规模比较适度。在苏州，农业服务体系较为完善，机械化水平较高，一亩田两熟只需 10 个劳动日。除农忙必须请外工帮忙，平时田间管理一个人可以管 30 亩地。这批客农绝大部分是夫妇两人，也有捎带兄弟或妻舅一起来承包的，户均 2. 2 个劳动力，承包 77. 12 亩，劳均 35. 05 亩。

第四，有较强的投入意识。这批客农大多有一段进厂打工的过渡经历，积累了一定资本，平均每亩固定资产投入达 282. 53 元，远远高出当地农户的投入水平。种子、农药、化肥等投入量都能达到甚至超过乡里或村里的要求。

第五，土地产出率较高。由于客农承包的大多是偏远的农田和低产田，所以有潜力可挖。据对常熟市的典型分析，那里的上万亩低产田通过规模经营，1993 年三麦亩产 245 公斤，略低于 250 公斤的平均水平，但比原来的 150 公斤水平提高了 63. 33%，水稻亩产比原来提高了 40%。

第六，粮食商品率大大提高。客农与村的承包合同大多有向村里上交每亩若干公斤粮食的内容。除了种子、口粮以及请工所消耗的粮食外，平均每户生产的 10 万公斤左右粮食，将有 95%以上成为商品粮。据了解，1994 年，苏州就已有少数村将两田制改成为一田制，即取消责任田，保留口粮田，个别村把两田都取消了，全村的口粮连同上交国家的任务全部由农业大户提供。

当然，客农在承包耕地过程中也取得收益。据对 64 户客农调查，亩均收益 198. 52 元，劳均 6959. 40 元，户均 15310. 67 元。

另一方面，客农当中也有失败者，有的客农虽然合同在身，但是遇到天灾人祸就一走了之。所以，有些村在发包时，增加了一些附加条件，如必须具备 2 个以上当年劳动力和相对稳定的临时工，要交一定的保证金等。

异地承包者大多是以家庭为单位承包，并且几乎是常年居住他乡。但是在苏州市也出现一个以集体形式的承包例子。常熟市白茆乡的芙蓉村党支部书记高健浩于 1993 年春天以集体名义，承包了昆山市正仪镇五一村的 1200 亩耕地。这块地因行政区划变动而远离五一村，处于抛荒半抛荒的状态。承包者投入 20 万元办起了集体农场，当年收获110多万斤粮食。承包者的高农技农艺水平令当地干部群众信服。1993年年底，又与镇里签订合同，把涉及14个村的6500亩耕地统统包下来。

这批客农的发展和壮大，还产生了两个积极效果。首先，推动了农业劳动力市场的完善，吸收了更多的打工者。客农本来就是“民工潮”中的一个支流，他们也是打工者，但是由于规模经营的客观要求，在农忙，他们也要雇用打工者。这不仅关系到承包方的经济收益，而且也关系到发包方的经济收益。如上所述，有的村在发包时，在签订的合同中要求承包方能够找到临时雇工。在苏州客农招工时，有两种招收打工的途径是可靠的，一是原籍有大量熟识老乡在附近乡镇企业打工，到农忙时节，可以应约前来帮工。二是与老家有约在先，在农忙开始前几天便拍电报或打长途电话回去讲明时间、人数，对方可按时赶到。这两种情况以浙江、安徽籍客农为主，在苏州打工的老乡较多，距离老乡又近。另外一些客农主要靠临时到市场上去雇短工，为了不耽误农时，不管是当地人还是外来人，不管工价多少，能请到就好。所以，有时候临时工紧缺，工价上涨，1993年曾经上涨到30元/日。有的客农因工价过高，或一时没有雇到短工，影响效益。但是在一些自发形成的初级劳动力市场的地方，这一矛盾就明显得到缓解，避免了雇主找不到打短工的，想打短工的又找不到雇主的阴差阳错现象。例如苏州市吴江市(县)盛泽镇，已有承包大户35户，承包1528.86亩耕地，其中异地承包户32户，承包1339.96亩耕地。这里工业发达，农业劳动力大量转移，所以农田劳动力本来就紧张，一到农忙，就连一般农户也愿意花钱请短工。恰好，这里又处于江浙交界，交通便捷，浙江农民抬脚便可赶到。因此一到农忙季节，外地民工便大量涌入，在一些大厂门口自发形成民工集市，想要雇短工者，到那里谈妥工钱，领人就走。

其次，进一步推动了规模经营，从而也推动客农人数的增加以及农村民工劳务市场的发展。张家港市(县)尽管乡镇工业遥遥领先，经济和各项社会事业发展迅速，全国闻名，但由于人均耕地少，负担轻，再加上属于粮棉混种地区，推行土地规模经营难度较大。但是自 1993 年以来，规模经营也取得突破性进展，1992 年秋仅 38 户、1087.05 亩，到 1993 年秋达到 65 户、3380 亩，分别增长了 71.05%和 2.1 倍。这与异地承包户的大量增加有着直接的关系。苏州其余各县(市)情况也大同小异，仅 1993 年秋播种期间，昆山市的规模经营单位就由 377 个增加到 899 个，承包耕地由 29123 亩增加到 95866 亩，分别增长了 1.38 倍和 2.29 倍。吴县则由 263 个增加到 380 个，承包耕地由 14289 亩增加到 22400 亩，分别增长了 44.5%和 56.1%。①

外地人到江浙一带承包土地，江浙农民也外出承包土地，真是有来有往，来而不往非礼(理)了！据不完全统计，到 1997 年，浙江省已有至少 10 万农民跨省承包土地，搞务农开发。在省内异地承包者也大有人在。出省承包土地者投资在农业上的金额已达数亿元。其中，最远的已经是出国务农了，足迹已到美国、俄罗斯和南美国家。实际上，进入 20 世纪 90 年代后，善于经商、富于精打细算的浙江农民就开始以市场经济的眼光，重新看待一度受冷落的农业。他们摸索出一条按办工业企业的办法进行农业生产的新路子，有近 20 万名务工经商的个体经营者重新回到田野，像办工厂一样办起了“农业车间”。据 1996 年的统计，浙江省规模经营 10 亩以上的农业大户，年均收入基本在万元以上，超过了在乡镇企业的务工收入。农业生产以其低风险、市场化的优点吸引了众多浙江人。②

在北方，农业异地承包的浪潮也已出现。黑龙江省绥化地区有关部门，积极引导和组织广大农民大搞异地开发、承包。到 1999 年，全区先后有 56 个单位和 1.4 万个农户在区外承包开发土地，每年输出劳动力 6 万多人。异地开发面积已达 150 万亩，其中水田 130 万亩，年产粮食近 6 亿公斤，相当于在区外又增加了一个市县的土地面积和粮食产量。开发区域已扩展到红兴、建三江、牡丹江

---

① 徐伟荣：《突破地缘束缚，实现要素合理流转——苏州农业异地承包现象探究》，载《中国农村经济》1994 年第 7 期。季辉：《江苏农业土地适度规模经营中客农现象探讨》，载《中国农村经济》1995 年第 6 期。

② 新华社稿，转引自《保定日报》1997 年 6 月 4 日第 4 版。

和宝泉岭等管局的25个农场及12个市县。①

(三)小农户一般性承包

由于资金缺乏、技术水平低、经验不足，或是由于土地资源本身的限制，有一些农民异地承包土地只能是小本经营，根本谈不上规模经营。

据有关人士调查，在广东东莞市的雁田村，从20世纪90年代中期开始，本村人就基本上不种田了，主要从事第二、三产业。他们把土地租给外人耕种，承租土地的多是本省潮汕一带的农民。潮汕一带的土地资源比较紧张，如一户农家4口人，2个劳动力，但只有0.8亩耕地，土质又不好，一家人靠这点土地根本无法维持生活，又远离大城市，万般无奈。于是，他把自己的耕地给其兄耕种，他带着妻子和一个儿子，到外面承包土地。他先到深圳的郊区承包了耕地种菜，后来才经他人介绍到雁田村承包菜地。他所接手的耕地已经是平整好的菜地，有水井，有住宿的简易房，他以8000元的价格从他人手中转包了这2亩菜地，每亩每年要向管理区上缴1150元的管理费，实际上就是土地的使用费。1994年，这2亩菜地总收入是3.6万元，其中生产成本约为0.8万元，除支付生产成本和上缴管理区的管理费以外，他还有2万元以上的收入。他每月可以消费9公斤肉，他的儿子在雁田小学上学，每年也要数千元的学费。他还要按时寄钱给老家中的另一个儿子。尽管如此，他每年大约有8000元的结余，他的生活比在老家改善了许多。②

在北方的一些城市郊区，也有外来农民承包菜地，进行耕种。例如，河北省石家庄市郊区就有许多异地农民承包菜地。早在1982年，河北省邯郸市广平县张桥村农民张振东老汉，带着儿子张运章来石家庄郊区走亲戚，看到这里的农民到城市打工经商去了，土地资源比较富余，无人耕种，就萌发了在这里租地种菜的念头。在亲戚的帮助下，他在西古城租了1亩地。从此，父子二人安

---

① 《人民日报》1999年5月27日第11版。

② 王晓毅等著：《中国村庄的经济增长与社会转型》，山西经济出版社1996年版，第188页。

营扎寨，早起晚睡，精耕细作，边种边卖，当年就净赚3000多元。虽然张老汉的家乡距离石家庄有数百里，挣了钱的消息传到张桥村后，还是引起很大震动。1983年春节过后，就有几位农民找上门来，跟随张老汉一起来到石家庄市郊区。张老汉帮他们租上地、筹上款，还帮助他们提高技术和寻找销路。从此，张桥村农民到石家庄郊区种菜的人数不断增多，每年都有十几户人家加入这个行列。到1998年年底形成了117户1073人、遍布石家庄郊区30多个村庄的种菜大军，租种600多亩菜地。由于在省城郊区租地种菜，既有可靠的销售市场，又免去了长途运输的费用与风险，经济效益十分可观，每个农户年收入在万元以上。

张桥村人的异地承包引起土地承包的连锁反应：一方面，张桥人富起来以后，大力支持家乡事业的发展。几年来，他们累计投资10多万元，为家乡打井、办电，改善农业生产条件，使全村所有土地由旱地变成水浇地。另一方面，他们向乡亲们承诺：谁反包他们留下的耕地，分文不取，还每年每亩倒贴一袋化肥。这样使原本人均耕地不足1亩的张桥人有了充足的土地耕种，规模种植效益提高，人均收入不断向上翻番，从15年前的人均不足300元，发展到1997年人均收入1470元。正是张桥村外出承包菜地人的上述公开承诺，再加上他们对水利设施的投资，又吸引了四邻农户前来张桥村承包耕地。到1998年年底，已有16户农民来张桥村承包了300亩土地，而且还出现了20亩以上的规模种植大户。①

二、农村兴起打短工

由于大量农业劳动力就地转移到第二、三产业中去，或是远走他乡务工经商，所以我国农田里一度劳动力紧张，农业生产在个别地区出现萎缩。这曾引起有关部门和人士的关注。人们曾形容农田里是“六零三八”部队（老人和妇女）在干活，或是“六零三八六一”部队（再加上儿童）在干活。在广东，也有人说农田里是“三鬼”乱

---

① 宋金全、赵凤山：《省会郊区租地种菜，家乡土地转租他人》，载《河北日报》1999年1月1日第2版。

舞，即老鬼、小鬼和懒鬼。

但是，到 20 世纪 90 年代中期，尤其是到 90 年代末，农民为农民打短工的现象越来越多，这一趋势到底会向哪个方向发展，会发展到什么程度，目前下结论还为时过早，但是它有利于缓解农田在农忙时劳动力严重不足的局面。

(一) 满城县田野里的“打工妹”

在河北省满城县，从 20 世纪 90 年代以来，一方面因为大量农村劳动力向乡镇企业转移，到京、津、石等大城市务工经商，甚至出国打工；另一方面因为满城县草莓和豆角等慢工细活的经济作物连年丰收，而使农田劳动力明显不足。尤其在草莓和豆角采摘期，人手更显得紧缺。这就给外地“打工妹”提供了打工机遇。来自河南、四川及附近涞源县和易县山区的农村姑娘，进入满城县农田里。据粗略统计，1994 年就有 5000 多人。她们为该县农业生产的发展增加了新的力量、新的生机。在顺民乡守陵村，就有上百名打工妹。尽管这些打工妹打的是“农工”，但是也照样领工资。村民刘保义种了 3 亩多草莓和豆角，还合股开了造纸厂，劳力紧缺，他雇用了 3 个 20 多岁的四川姑娘，管吃管住，每天工资 6 元。还有来自涞源县和易县的姑娘，她们都感到农田打工活不重，既增加了收入，又在实践中学到了许多新的技术，十分满足。这批打工妹确实帮了雇主们的大忙。一位村民，雇了 2 名打工妹管理草莓生产，自己则腾出主要精力抓销售，他奔波于北京和天津等大城市，除推销自家草莓外，还代销别人的产品，收入自然可观。①

(二)“错时”打工队没有错

“错时”打工队就是农民自发地组织起来，利用自己的农闲时间，到农忙的村庄帮助干活，打短工。他们既不耽误自己的农活，又能利用空闲时间挣钱，很快有越来越多的农民加入到这行列中。为了给“错时”打工农民提供及时农活信息，又出现另一批农民，他们专门为打工队输送信息，成为“错时”打工队与需要帮忙做农

① 刘广郁、张福利：《“打工妹”活跃在满城田野农家》，载《保定市报》1994 年 4 月 21 日第 1 版。

活的农民之间的“经纪人”。这批“经纪人”眼观六路，耳听八方，善于交际。

“错时”打工队解决了市场经济条件下以联产承包为主要形式的农户临时急需劳动力的问题，解决了农业产业化、规模化对农活临时急需劳动力的困难，也更有利于在“民工潮”中大量农业劳动力远走他乡而又难以回家干农忙季节的农活的困难。据来自多方面的调查，民工外出务工经商，大多数在农忙季节是要回家务农的，这对农民来说，是一个两难的选择：不回家，一年的农业收成就有可能因此而遭受严重损失；回家，打工这一头就有可能失去现有的活儿，甚至也要承受工时工钱损失和路费损失。据 1991 年对河北省农村外出务工经商劳动力调查，有 68%的人在农忙时要回家。正是在这种情况下，“错时”打工队应运而生。在河北省隆尧县，近年出现了一群一群的“错时”打工队。他们利用麦收前这一空闲时间，到处打工。如，到正在麦收前大量栽培辣椒的村子里帮助栽辣椒苗。对于辣椒专业户来说，在麦收前这段时间里却是一个农忙季节。该县到 1999 年 6 月，初步统计已有 6000 多人的“错时”打工队伍。一位农民说，以前自己种 4 亩地的辣椒，需 5 到 6 天，现在有打工队帮忙，只需要 2 天。①

(三)“候鸟”农工飞新疆

近年来，随着新疆农业经济的快速发展，内地农业剩余劳动力不断流入新疆，从事农业生产活动。

新疆是一个地理环境较为特殊的区域，这就是冬季时间长，农忙季节短，时间紧。在农业规模经营的条件下，农忙季节人手不够的问题尤为突出。

20 世纪 90 年代以来，随着国家农业开发重心逐渐向西移动，新疆掀起了大规模农业开发热潮。在短短的数年里，通过水土开发，全自治区新增耕地 800 多万亩，增长了 140%，棉花产量从 1991 年的 63. 9 万吨增加到 1997 年的 115 万吨，增长了 80%，并且

① 尹迎怀等：《隆尧出现“错时”打工队》，载《河北日报》1999 年 6 月 8 日第 3 版。

一跃成为全国最大的商品棉生产基地，1997 年棉花产量占全国的四分之一。棉花采摘在短时期内需大量劳动力。所以，在新疆棉花生产区，几乎每个县市和农垦团场都雇用了大量内地民工。其中，尉犁、阿瓦提等地的植棉大户甚至常年雇用数十名、上百名内地民工。每到银花绽放季节，来自内地的农民就更是遍及天山南北。

除了棉区之外，新疆水稻、小麦、玉米产区的农民也雇用了大量内地劳动力。新疆农作物播种总面积从 1991 年的 1711. 1 千顷，增加到 1997 年的 3191. 5 千顷，增长了 85%。作为拥有 7 亿多亩可利用草场的我国第二大牧区，新疆牧区正逐步实行草场承包到户，每户牧民承包的面积少则百十亩，多则四五百亩。为了充分开发利用草场，不少牧民家庭也雇用内地农民帮助种植玉米、小麦、油菜、苜蓿等粮油饲料作物。

据不完全统计，近年来新疆生产建设兵团和其他方面每年使用内地农民直接从事农牧业生产的劳动力至少也有 60 万。这相当于目前新疆农村劳动力总数的七分之一左右。他们主要来自四川、河南、陕西、甘肃、安徽等省区。①

来到新疆的“候鸟”农工，很受欢迎。例如，1998 年 10 月 24 日，新疆生产建设兵团农八师 135 团场举行了一个特别的欢送会，欢送一位从湖北来的拾花女刘正芬，她手持赠送给她的飞机票乘飞机返回老家了。团长张成隆感慨地说：“我们团年年棉花丰收，叫人欢喜叫人愁。愁的是拾棉花劳动力不够。多亏了‘外来妹’。她们远离故土，辛勤劳动，是团场建设中一支功不可没的力量。”其中原因是，1998 年，135 团场的棉花大丰收，亩产皮棉 130 多公斤，种棉人无力拾回丰产的棉花。于是，四川、甘肃、河南、湖北等地 2500 多名拾花季节女工来到了 135 团。其中，湖北当阳市的农家女刘正芬，心灵手巧，吃苦耐劳，从 8 月 26 日到 10 月 23 日，创造了个人拾花最高记录。于是，135 团为刘正芬一行拾花女举行

---

① 参见丁建刚、郭立：《新疆出现‘候鸟”农业工人》，载《中国劳动保障报》1998 年 11 月 19 日第 3 版；国家统计局《中国统计年鉴》(1991—1997)，中国统计出版社。

了隆重的欢送仪式，并授予刘正芬“拾花状元”称号，奖励她一张价值1600元由新疆返回湖北的飞机票。①

（四）农机“麦客”南征北战

在中国，不管什么事情，只要农民动作起来，就不得了。就连机械化麦收这件事也是如此。

由于种种原因，直到1994年以前，我国农村麦收仍是以人工收割占绝对优势。当时全国联合收割机严重滞销，生产能力只能实现30%～40%。但从1995年开始，由“山重水复疑无路”一下子转为“柳暗花明又一村”。当年生产大中型联合收割机9902台，是1994年的2.7倍，而且基本上是以销定产。因为从20世纪50年代初到1994年保有量仅为6万多台，收获机械化水平刚超过10%。从1995年开始，联合收割机的销量一年比一年多，是大幅度增加的趋势，以至于有关部门和有关人士提出要适当限制，防止过热，造成浪费。因为农民购买联合收割机排队等待的现象十分严重。1996年春节过后几天，中央电视台采访了一些农民。他们春节根本没有回家，而是在厂家住了几个月！为的是一定要买一台联合收割机开回去，否则，过春节也没啥意思！

现在有两个问题需要弄清楚。

第一个问题是购机到底是否过热？1995年，《中国农机化报》记者梅成建和人民日报记者潘承凡合写了一篇文章，对这个问题持否定回答，即没有过热。因为根据国外经验，已经实现收获机械化的国家，在基本实现收获机械化前，都有一个约20年的联合收割机高速增长期。如美国从1940年到1960年，联合收割机由20万台发展到100万台，年均增长4万台。欧洲在1955年到1975年间，联合收割机由10万台增长到80万台，年均增长3.5万台。苏联也是在1955年到1975年，从40万台增到70万台，年均增长1.5万台。1995年，据河北省农机部门预测，要使全省适合联合收割的面积全部用上联合收割机，保有量至少应有6万台，当时仅有

① 《人民日报》1998年11月1日第4版。

1.2 万台。① 此后几年的实践证明，这两位记者的判断是对的，直到 1999 年麦收时，还在全国各地发生农民半路“抢劫”别人购买的收割机现象，以及农民“抢劫”跑在路上的、运转在地里的收割机现象。

第二个问题是农民为什么这么热衷于购买联合收割机？按目前农户土地亩数看，根本用不着买收割机。问题最关键之处就在于：这些购机的农民不是为收自家的麦子，而是去异地收割他人的麦子！这是从 1995 年兴起的另一股“民工潮”，不过这完全是农田里的“民工潮”，对城市里的人没有什么搅动，所以，也往往被他们忽视。这些南征北战的农民被称为农机“麦客”。

农民之所以热衷购买联合收割机，是因为靠为他人收割能挣到钱。据 1996 年的分析报道，一台背负式中型联合收割机一般两年就可收回成本，小型机当年收回成本。更具体一点说，机器连续转半个月就可收回成本。当然这其中还有一个原因是购机成本和开机成本的降低。一是各地政府对农民购机实行补贴。如，江苏省丹阳市规定，购买一台联合收割机，市财政补贴 4000 元，乡财政补贴 4000 元。浙江省各级政府对种粮大户购买农机进行高额补贴，农户买一台农机只需出资 1/3 左右。二是各地政府对联合收割机南征北战，出县、出省作业一律免各种交通费，并派由公安部门为主的“护航队”，确保“麦客”大军畅通无阻。1997 年麦收前，农业部等 6 部委还联合下发通知，要求各省市一定要确保这支大军的安全通行。

种麦子的农民为什么这么盼望用收割机收麦子呢？这其中的原因就多了。首先，与总体上的“民工潮”有关系。大量农村劳动力外出务工经商，回家收割麦子有困难，费用高，如果雇用收割机，费用就低多了。1999 年，联合收割机收割和脱粒一亩地的麦子，费用是 40 元钱。其次，人工收割麦粒损失 10%，联合收割机基本上没有什么损失。再次，抢农时，省工费。收割机比雇农民手工割麦子还省工钱。在前几年，往往是一批批“错时”客农来帮助收割

---

① 《人民日报》1995 年 9 月 4 日第 10 版。

麦子，现在收割机更快更省钱。

现在，还是让我们来看一下河北省一些农机麦客参加全市统一组织的异地收割队后的情况吧。

例 1：河北省定州市明月店镇西店村农民王占军，1997 年一年挣了两万元。王占军以前开着小四轮拖拉机跑运输。1996 年他看到别人用联合收割机到处收割麦子挣的工钱很多，于是这年秋天，他从信用社贷款 7100 元购进了一台“上海 50 联合收割机”。这种机车可收麦，也可挂旋耕犁耕地。因此，当年他先用它替人耕地，一下子挣了 5000 元。1997 年，经定州市农机局牵头，他和村里一些购买收割机的人前往河南收麦，从驻马店开始收割，一直往北推进，一个月多一点的时间，就挣了 2 万元。①

例 2：“我挣钱了”！1999 年 6 月 5 日，河北省到河南的农机“麦客”回征本省收麦子。定州市的一位青年机手从车上跳下来，把一盒精装红旗渠牌香烟分发给接待站人员。他欢天喜地地说：“我挣钱了，我挣钱了。如果在家，掘地三尺也弄不出这两万元。”

例 3：外出挣钱回家割麦两不误。1999 年 6 月 5 日，第一批乘火车专列归来的“麦客”在内丘县火车站卸车，内丘、高邑、临城、柏乡等县的机手们一个个满怀喜悦，一副远征胜利凯旋的样子。其中，一位叫石京伦的中年机手告诉记者，他今年在河南西平县作业，割了 300 多亩麦子，挣了 1 万多元，要不是家里的麦子熟了，他真想多在河南干几天。据内丘县有关负责同志介绍，该县跨区作业的机子都回来了。只要“麦客”能按时返回，三夏进度就攥在手里了。②

1999 年，河北省有 1 万多名农机“麦客”到河南收割麦子。到 1999 年 6 月 5 日开始返回收割。其中，保定市赴河南的收割队于 6 月 11 日全部返回，共 3500 台机子。他们大都是 5 月 11 日开始出发的，到 6 月 11 日正好 1 个月，共在河南收割 135 万亩，作业收

---

① 《保定日报》1999 年 7 月 1 日第 5 版。

② 郝斌生：《“铁甲”滚滚奏凯旋》，载《河北日报》1999 年 6 月 7 日第 1 版。

入 4320 万元，每台机子在 1 万元左右。若早期到达河南省并在南北部两次作业，每台机子收入可达 2.5 万元。

第三节 农民经商有高招

改革开放以来，越来越多的农民不满足于那一亩三分地的小天地，他们走出村庄或山寨，跨上了经商之道。

他们有自己的优势：他们没有城市人尤其是公有制单位传统的计划经济体制的思想束缚，从而更富有创造力；他们没有“三铁”(铁交椅、铁饭碗、铁工资)的沉重包袱，从而可以轻装上阵，锐意进取；他们没有依赖国家、事事都是“等、靠、要”的门路和习惯。

他们各有自己的招数：有的承包国有单位，有的自主自立成为私营个体小老板，有的走南闯北成为商品经销中的经纪人，等等。

一、农民承包国有单位

1978 年，安徽省凤阳县小岗村在党的十一届三中全会前夕解散了生产队，成为中国农村第一个走向包产到户的例子，这已是无可争议的历史。从 20 世纪 80 年代以来，农村家庭联产承包责任制的改革遍及大江南北，几乎所有的村庄都搞了承包制。

在农村，几乎已经没有什么可承包的了，可是农民承包兴趣正浓。怎么办？农村包围城市，农村承包城市。在初期，承包制的方法被引进城镇的厂矿企业、事业单位。不久，农民自己从后台走向前台，直接承包国有单位或城镇集体单位。这批打工者实际上是“打板”——当老板。如，1987 年，唐山市开平镇的农民承包了市开平区三个濒临破产的国有企业：汽车运输队、电瓷厂和市劳教所三分厂。一年之后，三个厂子都实现扭亏为盈。

农民大老粗有何绝招？首先改革分配制度。农民愿意使用“泥饭碗”，很看不惯那个“铁饭碗”。就拿运输队来说吧，共有职工 50 人，载重汽车 16 辆，可就是不挣还赔钱！原来管理混乱，工人干好干坏照样拿钱，业务盈亏与工资多少毫无关系。仅 1987 年 1 到

10 月就亏损 9 万多元。农民运输公司经理王立荣于 1987 年 11 月 1 日承包了这个车队。他实行定额管理，单车核算，利润与工资挂钩，完成定额发补助，超定额按比例分成，完不成定额扣工资，同时按车的收入、里程定量用油，节约奖励，超耗罚款。他还成立一个修理班，把修车开支与个人收入挂钩。这些改革措施调动了职工积极性，过去跑长途到南京往返一趟要 20 天，承包后只需要五六天。承包当月就扭亏为盈，1988 年头三个月完成产值 27 万元，获纯利 3.7 万元。其次，大胆抓管理，提高产品质量。电瓷厂有职工 350 人，自 1976 年以来先后走马灯似的换了 15 任厂长，但亏损却在增加，到 1988 年 3 月共亏损 23 万元。1988 年 3 月，几位农民进来承包，大刀阔斧地进行改革，很快扭亏为盈。再次，打破条条框框的束缚，聘请能人治厂管理。通过采取这些措施，这些国有企业又焕发了生机，并取得较好的经济效益。①

到 20 世纪 90 年代，农民进城承包国有、集体单位的成功例子就更多了，尤其是在以县城为主的中小企业中，农民承包者更是大有人在。在江西省崇义县，到 1998 年年底，有 1100 多名农民进城租赁或承包国有企业，其中有 100 多位农民成了国有企业的新业主。可想而知，全国会有多少？

二、自产自销走远方

许多农民在自产自销农副产品、轻工业品和手工业品的过程中，为了打开销路，扩大规模，不知不觉地就加入到“民工潮”的行列中去了。

在江苏省建湖县庆丰镇，支柱产业是塑料工业，有大大小小 60 多家塑料制造企业。他们生产的工业用塑料制品、包装箱、板材等，远销外地，也带动了人口和劳动力的流动。近年来他们又专门开发了农村民用塑料制品，如油箱、搓衣板、塑料盆、篮子等 20 多个品种。他们首先在就近农村推销，到 1998 年年底，一下冒出 2500 多个农民推销商，他们用小船、自行车等简易运输工具，

① 《人民日报》1988 年 5 月 18 日第 2 版。

到处吆喝，扩大推销，并逐渐推销到周边四五个县，该镇此类产品年销售量已达 1.2 亿元。①

安徽省太和县原墙镇刘协村 478 户农民，80%的依靠打卖烧饼，逐渐加入了民工潮的队伍。这个村的农民打卖烧饼始于 1984 年。当时任原墙镇党委书记的高松江，看到集市上有一位叫张国兴的厨师，会打一手好烧饼，他打的烧饼外酥内软，老少爱吃。他找到张国兴，请张办一个打烧饼技术培训班，教刘协村农民打烧饼。农民很快就学会了，然后这些农民就带上行装和打烧饼的工具外出了。第一批农民出走后，生意不错，就往家乡捎信，带出第二批，就这样，一批一批打烧饼的农民开始了无休止的流动，越流越远，到了北京、上海、西安、武汉和长沙等许多大城市。到 1999 年，该村外出打烧饼的已有 200 多人。在这个过程中，他们的烧饼业也在上档次、求规模，不仅设在大街小巷，而且有的还打入了宾馆、饭店和大专院校的食堂。村民刘懂礼一家就在长沙市设了 10 多盘烧饼炉，一个烧饼炉一年可赚 1 万多元，多的可赚 2 万到 3 万元。可想而知，刘懂礼一家子一年能赚多少钱！刘协村农民靠打卖烧饼致了富，村里的经济、社会事业也发展起来了。他们用外出赚来的钱，添置了全套的农业机械，耕种收打全部实现了机械化。他们还大力投资农业水利基础设施和村公益事业。如打了机井，安装了变压器，修了引水渠和电灌站，实现了农田旱涝保收。捐资修建了村与村之间的砂浆路，并联合桃园、任庄行政村将原来破烂不堪的学校改建成新学校。经市县两级评定，这个村被评为阜阳市小康村和精神文明先进村。②

靠山吃山，靠水吃水。还是江苏省建湖县的一批农民，他们不是靠推销塑料制品，而是靠秋后草编驶入“民工潮”。建湖县是产大米的县，每年秋收之后的稻草有 15 亿公斤。以往农户往往是把稻草放火烧掉，结果既污染空气，又易出火险；也有的把稻草推到

---

① 周公祝等：《寻找农村市场新亮点》，载《人民日报》1998 年 12 月 29 日第 9 版。

② 阎宏宇：《打烧饼奔小康》，载《人民日报》1999 年 7 月 8 日第 11 版。

河沟里去，结果又污染水质，总之无法合理利用这一资源。1998年，在县委县政府的引导和帮助下，大力发展草编业，并出现一批草编经销人。在冈西乡，有2500多名农妇和闲散劳动力从事草编，当年加工稻草80多吨，每人每天纯收入近30元。当地政府对农民自发组织的草绳合作社、草帘合作社、草包合作社等致富联合体，积极扶持和引导，很快形成了组织供销、贸易部门和农户签订草制品产销合同的一体化经营模式。当年，全县就涌现出300多名草制品经纪人，用车船串乡收购草制品，再外出推销。① 这是一场新的"草船借箭"之战，一批农民靠草编之"船"驶入"民工潮"的大海。

三、长途贩运发大财

从经济学的原理看，同一种产品，只要存在着区域差价，就必然会产生长途贩运者。区域差价反映出同一种产品在不同区域的供求关系和不平衡状况。供大于求，价格就上不去；供不应求，价格就要飞涨。而长途贩运者，就是要及时地解决这个问题，把供大于求的产品运到供不应求的市场上去，贩运者也得到报酬，皆大欢喜，何乐而不为之？改革开放以来，随着政策放宽，越来越多的农民加入了长途贩运的行列（当然也有一些农民是搞长途客运或短途客运的，这里没有讨论）。

河北省张家口市尚义县大苏计乡陈佃元村，地处冀蒙交界处，向来是交通运输繁忙之地，所以也就有了搞长途贩运的机遇。他们把内地农副产品运到内蒙古卖，再从内蒙古收购皮毛等富有民族特色的产品运到内地销售。在20世纪80年代，首先是十几个农民骑着自行车贩卖，一辆自行车，后车架两边一边一个大筐，可贩鸡兔，可贩农副产品，每人一天可赚10多元钱。几年后，他们有了资本，同时又不满足起来，因为自行车行程短，载重量小，于是他们很快就换了"座骑"，换上了红色的轻骑，村里人当时称为"红公鸡"，轻骑队伍很快发展到40多辆。他们跨上轻骑，进入到内蒙

---

① 彭大贵、袁文清：《建湖县农民秋后草编忙》，载《中国信息报》1998年12月30日A2。

古10多个旗县，做皮毛生意，一天就可赚30多元。到20世纪90年代，随着长途贩运事业的发展，他们感到“红公鸡”老了，载重小，无法做大笔生意。所以他们又换成了三轮机动车，然后又是四轮机动车，贩运的商品由“轻型”转向“重型”，包括牛猪羊、粮油菜等大宗商品，一个人一天可赚100多元。到1998年年底，全村97户人家拥有三轮和四轮机动车94辆，贩运的范围远及包头、呼和浩特市和河北藁城等20多个市、县，成为名副其实的贩运专业村。全村80%的农户都加入了贩运行列，人均年增收3000多元，占总收入的70%以上。①

河北省临漳县靠近京广铁路线，又有方便的公路网络，本来大量农副产品可以顺利销售出去。但是近年来，随着农副产品总量的增加以及市场竞争的加剧，农副产品出现滞销现象。这时，一些农民主动从农业生产第一线分离出来，成为购销农副产品的专业户。全县很快出现2600多名农民经纪人，还有新成立的200个服务组织，在国内各地建立营销网点60多个，每年为全县农民提供有价值种植和养殖信息1600多条，年销农副产品8.05万吨，经营额达2.6亿元，全县农副产品总量的20%以上是由这些经纪人推销出去的。仅万亩现代农业示范城就有80多名流通能人。他们一头连着农田，看品种、看数量、看质量，另一头连着市场，跑行情、找门路。这些经纪人对市场的变化反应十分敏感，能够捕捉到各方面有益信息。村民王某，为当地群众联系外销的瓜果达1500多吨，价值120多万元。这些农民商人不仅使得靠种地为生的农民不再为销售犯愁，而且还使200多名下岗职工在农田里找到了饭碗。近年来，农副产品还是靠这些经纪人打入国外市场。例如，牛蒡是草本植物，有抗癌防病等多种功能，在日本和新加坡深受消费者青睐，市场前景看好。经纪人了解到这个信息后，积极与国家外贸、外商等部门取得联系，将该品种引进临漳，1998年试种500亩，亩均效益3000元以上。1999年他们扩种到3000亩，已是丰收在望。面对这支新兴的经纪人队伍，县委和县政府及时出台优惠政策给予

---

①　《河北日报》1998年11月19日第3版。

扶持和鼓励，如为他们提供价格、需求、技术等方面的服务，还在场地、办证、资金等方面给予优先照顾。①

对于这种转移出来的农民，我们不妨称之为“离土不离农”。这类经纪人不仅在临漳出现，在河北其他一些农业较发达的县市也有。

例如，河北省深州市地处京广铁路与石德铁路的交叉处，虽然距离这个交叉点还有一段路程，但是毕竟处于两条线之间。同时，深州市区还是武强、饶阳、安平等邻县转运物资的枢纽。深州市是一个农业市，农副产品达300多种，总产量几十亿公斤。所以，发展长途贩运事业还是有天时地利条件的。1998年，深州市鲜鸡蛋的95%、水果的87%、生猪的76%、蔬菜的80%、花生的71%，都是靠农民贩运队伍完成销售的。全市从事农副产品贩运的农民近万人，这些农民中有三分之二已经组织起来，在运输市场中竞争。主要有三种组织形式：第一，产、运、销联合体。深州市有1000多个贩运专业户与3000多个体工商户分别与农民组成购销联合体，共同闯市场。十几个乡镇办起700多个代购代销点，几十个农民研究会也附设了购销门市部。1998年销售农副产品收入580多万元，比1997年增长13.7%。第二，乡村社区服务流通组织。深州市东安庄乡清辉头村的村干部带头办起规模化养鸡场，在湖北、湖南、福建和广东等多处设有销售点，派专人负责，主要从事鲜鸡蛋批发业务，形成了以村为单位的饲料供应、防疫灭病、销售等系列化服务体系，形成了产销良性循环。1998年蛋鸡存栏50多万只，比开展社区服务前增长近5倍。第三，农民流通协会。农民成立的各种研究会，是20世纪80年代农村的新生事物，其应用性很强，最先是在南方农村兴起的。深州市穆村乡的穆村、庄火头和石相村率先在全市成立民间流通组织协会，处理有关事项，指导运输业的发展。通过协会，近千名农民活跃在流通领域。据了解，这些从事农

① 艾秀廷等：《临漳农村涌现二千六百多经纪人》，载《河北日报》1999年8月2日第3版。

产品贩运的农民人均年增收2800多元。①

在山东省安丘市农村，有近2万农民做起了“无本生意”。他们赚钱凭的是头脑灵活、一张嘴，搞中介服务，有的是凭技术搞技术服务。这些农民实际上搞无本生意，不需什么投资，但能挣钱。安丘市也是一个农业市，农村人口占90%以上。但随着农村市场经济的发展，市场中的营销越来越活跃，需要一些中介商人从中牵线搭桥，提供业务上服务。所以，一些农民头脑转得快，开始做起这项业务。他们或是做中介服务，或是卖技术，或是跑代购代销的生意。

许多农民经历了几次跳跃升级。他们最初当然也是靠传统方式和工艺搞种植业，日出而作，日落而归，一年四季顺序而为。第一次跳跃是靠科学技术发展种植业，日夜操劳，反季节耕作种植，发了财，技术也更加熟练。第二次跳跃是把技术本身当作产业，外出传授技术，卖技术，从邻居到邻村，从邻村到外县外省，直至到外国。如，安丘市大盛镇大官庄村，是以种植西瓜而闻名的，较早开始了买技术热。该村党支部书记张汝荣，精通市场之道，被外地农民聘为技术顾问后，每年光收技术服务费就在万元以上。在他的带领下，又有42名“技术能手”被外地聘去，他们主要为外地农户选定经营项目，传递市场信息，指点销售迷津，传授西瓜的嫁接及种植技术，也为农户讲解市场经营之道，分析市场行情。在他们的指导下，临近的昌乐、临朐县和本市乡镇的200个村庄的24000多农户开始种植西瓜。1998年，安丘市已有2万多农民把技术卖到天津、上海、黑龙江等16个省市的100多个县市区。有的还到俄罗斯、韩国等地传技授艺，每人每年可得纯收入1万多元。

安丘市自古就有种植农副产品的习惯，每年种植都在200万亩以上，种植户占全市农户总数的60%以上。1998年，全市农副产品出口55万吨多，出口交货值20多亿元，占青岛口岸农产品出口量的三分之一，占潍坊市农产品出口量的70%以上。这些以蔬菜为主的优质农副产品大部分漂洋过海出口到日本和韩国。目前全市

---

① 《河北日报》1999年1月11日第3版。

农产品出口品种已达到50多个，从事农副产品加工的三资企业27家。各类农产品经过龙头企业深加工后，再销往日本、韩国、美国、加拿大及港台等地。在这个发展、运作过程中，那些农民商人发挥了很大的作用。他们凭借一张嘴、两条腿走南闯北，为两地的供求牵线搭桥，代购代销，把当地的产品销往外地，又把外地的产品运回当地。在代购代销期间，他们是先找好客商后，再进行交易，从中撮合，收取服务费或挣中间的差价。如冷家山村农民李夕保把当地的苹果运到济南、河北等地出售，又把那里的玉米、大豆等农作物拉回本地销售，不到一个月的时间就为当地销售苹果40万公斤，收入近万元。这样既解决了当地蔬菜和水果富余的困难，又解除了当地农民因种蔬菜和水果多而种粮少的矛盾。①

这种农民经纪人的队伍在少数民族地区也壮大起来了。少数民族地区的农副产品近些年来也有很大增长，但是交通不便，信息不灵，产品销售有困难，价格也不尽合理。从20世纪90年代初开始，在甘肃省甘南牧业区，一些有文化、见过外面世界的年轻人，主动干起了农牧业经纪人的业务，他们与外地多方联系，帮助本地牧民出售牧畜、牛羊肉等畜产品，从中提取一定的劳务费。在第一批农村经纪人的启发下，很快就有一千精明强干的牧民从事这种经纪业务。他们不仅帮助牧民联系买主，而且在交易过程中为买卖双方充当中介人，按质论价，有的还是双重身份，在推销本地产品的同时，也当外地客商的代理人。在他们的努力下，牧区畜产品的流通渠道越来越畅通了，同时他们也从中受益匪浅。一位牧民个体户经纪人，一年多时间里促成了10多桩万元以上的畜产品交易，自己得到劳务费1万多元。②

---

① 刘瑞华、孙洪义：《安丘农民做活了“无本生意”》，载《中国信息报》1998年11月2日B2；李坤道、安同：《安丘成为日本、韩国的“菜篮子”》，同上，1999年7月25日A1。

② 陈宗立：《甘南草原出现千余牧民经纪人》，载《人民日报》1993年7月19日第4版。

四、城市摆摊上千万

大量农民进城经商，除了那些能够自己开个店铺和为别人打工外，再就是搞个体经营，摆摊设点。这些个体经营者的情况十分复杂，有的有执照，有的无执照；有的有固定摊位(租用的)，有的没有固定摊位，四处游击。在这些固定摊位中，最突出的是蔬菜零售市场上卖蔬菜的。在各大城市中，几乎所有贩卖蔬菜再去零卖的，都是农民。

1993 年至 1995 年，因工作关系，我去北京时有几次住在北京大钟寺农副产品批发市场附近的国家计生委一个招待所里。这个批发市场在北京乃至在全国都是有名的。某些电视台在介绍每天农副产品批发价格时，大钟寺的批发价格是必不可缺的。每天一大清早，整个大钟寺批发市场就沸腾起来了。交通被严重堵塞，汽车喇叭声长鸣不息，吵得你早早就醒了。整个一天都是如此，只有到下午五六点钟，才告平静。许多农民骑三轮车，或是推着板车，满载而去。当时我还不知道他们是何方人，后来从一些调查报告中才知道，其中相当一部分人来自安徽省。

其实，在全国其他大城市，在菜市场卖菜的也有安徽农民。据有人对一位在上海菜场卖菜的安徽农民访谈，可以从中了解一点内幕：

我们出来打工主要是因为家里太穷，吃饭问题解决不了。家里土地太少，农业税收太多，全家 7 人，承包土地不到 7 亩，今年农业收入才 1000 多元。1994 年家庭上交税款和乡村提留就 900 多元，要不是我们父女出来打工挣点钱，全家老少 7 个人单靠上交后剩下的几百元，日子没法过，饭也没得吃，更别提奔小康了。

我是 3 年前带着女儿和小儿子来上海的。起先我们在上海市郊区的一个皮蛋厂里打工。干了一阵子后，因为工资太低没法呆下去，只好再去找其他事做。找来找去，找不到合适的，只好去长风菜市场卖蔬菜。后来又因长风菜市场摊位费用太贵，不得已又跑到上海华东师大一村菜场来，这里的摊位比较便宜。

我们一般不与外人打交道，所以认识的人除了在这个菜市场卖菜的同行外，其余的就是老乡了。我们那儿太穷，出来打工挣钱的人特别多，大家出来生活不容易，相互关照关照。平时进菜、卖菜挺忙，从早到晚很辛苦，有时间时除与老乡聊天、拉家常外，就是睡觉。租了几次房子，都是因为房价要上涨搬走了。我现在和我女儿、女婿合租一间半房子，每月租金不包括水电费250元，听说又要涨价了，我们还要搬走。

当然，在菜市场卖蔬菜的也有其他省农民。例如，一位山东省苍山县农民在上海市长宁区一农贸市场卖菜。他的感受，与那位安徽人基本一致，他对来访者说：

我是1985年从家里出来的，老婆、孩子还在家里，我刚来时是通过同乡找到农贸市场的批发市场，让他们批发些菜给我卖。到夏天我就跑到浙江那边去搞点西瓜过来卖，这样一年下来也有个3000来块钱的收入吧。我们每天一大早就去批发市场，弄辆板车将菜运到这里来卖，直到下午五六点钟收摊。刚来时收入低，每月也不过100多块钱，现在总算有个300来元吧。但每个月租房要扣去百把块钱，还有吃饭的钱，净收入不多。从现在的情况看，我愿较长期地干下去，但我知道，上海不是我的家，我怎么也无法在这里安身一辈子。①

上述这两个例子都是有固定摊位的个体农民商贩。还有许多农民商贩，没有固定摊位，他们基本都是无照经营，也不遵守城市有关管理制度，任意摆摊，天天打游击。即便在北京市这样管理有序的城市，游击式的商贩也到处可见。在东西长安街下面的许多地下通道里，常常可以看到“此处不得摆摊！”等警示牌。但实际上，每次去北京经过此通道，都有成群结伙的小商贩在卖小商品，如各种农副产品，各种小手工艺品。他们的“货架”很简单，一片方布铺在地上，或是把一个纸箱、竹筐之类的东西当作“柜台”。检查人员一出现，就有人打手势，或者干脆叫起来：“来了！来了！”然后他们动作敏捷、老练，四散而去。有时也有跑得慢的被抓获。但是

① 赵树凯著：《纵横城乡——农民流动的观察与研究》，中国农业出版社1998年版，第281、282、277、279页。

检查人员离去后，一切照旧。北京立交桥很多，这里也是非法商贩的乐园。有一次，本人与一位烤红薯卖的小伙子攀谈起来，他自称是河北人，在郊区租了一间房子住，每天烤红薯卖，虽然每月房租200多元，但每月能“烤”出2000元钱，他对此很满意，表示要干下去。我问他，被抓过没有，他说抓过，罚点钱就放出来了。他也不是固定在某一个地方卖，而是不断转移地点，他讲了这么一个理：固定摊位，你与周围的人越熟悉越好，包括检查人员；而这种非法商贩，你与周围的人越生疏越好，更不能成为检查人员眼中的熟悉面孔。

五、妇女也是“半边潮”

在谈到农民经商的话题时，我们不可忘记妇女那半边天。在市场经济大潮中，在“民工潮”的洪流中，“驾船使舵”的女性越来越多。一般情况，由于种种原因，女性经商要取得成功，往往需要克服更多的困难，冲破更多的阻力。

根据“中国妇女白皮书”透露，在城市，女职工收入是男职工的77.4%；在农村，女性年收入是男性的81.4%，明显高于城市的这一比例。在农村，男性年均收入在1万元以上的人数占男性总数的1.2%，而女性的这一比例也是1.2%。在一定意义上说，这是市场经济的机会均等的结果，尽管女性是在责任与义务更重的条件下与男性展开竞争的。在农村商业服务业个体从业人员中，女性约占三分之一。在商品经济比较发达的地区，从商农民中女性约占二分之一。并且这一成就是在农业总产值中农村妇女创造的产值占50%至60%的前提下取得的。不妨，我们举几个例子。

例1：安徽省凤阳县小岗村，这响当当的名字，在中国改革史上具有无可争议的特殊地位。在1978年18位农民在“包产到户”的契约上按下自己的手印之后，这里的妇女也不甘示弱，她们不仅在责任田中耕耘，而且也外出经商。即便外村嫁来的姑娘也深受感召。有一位姓郭的姑娘，1989年嫁到小岗村，1992年就外出做小生意，赚了钱。1994年又返到本村种田，田种得也好，也积累了资本，但她没有止步，1996年她又买了一台打草包机，1998年办了个小型加工厂。看来她的经营之道是既管家又跑外。

例 2：在陕北吴旗县仓堡乡黄砭村，一位姓徐的贫穷农家妇女，在经商的道路上奋斗了几年，一下子成为当地的一颗“致富明星”，拥有固定资产 30 多万元。这是当地人谁也没料想到的，更让人料想不到的是她还把全村的妇女组织起来，成为一支“商海娘子军”，个个都致富。

这位姓徐的女性于 1981 年结婚。双方的家庭都很穷，这个新家当然也就穷了。婚后的全部家当是，两孔破土窑，一个水缸，一只盛米柜加上一口锅。起初，她早出晚归，一年到头在农田里奋斗、拼搏，到年底虽然打的粮食不比别人家里的少，但是日子过得仍然起色不大。后来她听说农副公司收购杏皮，价格还可以接受，有不少厂家都提前预付款订货。她想，周围村庄的杏皮很多，何不收购一些拿到县里卖，也许可赚几个辛苦钱。从此，开始了她经商创业之路。她修好了家里那辆破自行车，走乡串户，翻山越岭到处收购，十分辛苦，但一个月下来她净赚了 700 多元。这可不是个小数！首次成功使她经商的信心坚定了，从此走上了贩卖土特产品的路子，并越走越宽阔，越走越远。1987 年，她在县农副公司销售杏皮时，偶然遇到一个合水县商贩，经过商谈，双方决定联合经销杏皮。这一合作经商，使她不但净赚了 5000 元钱，而且学到了经营方法。此后，她与延安土产公司签订了购销杏核的合同，经过两年的努力，她顺利完成了合同规定的收购任务。在这个过程中，她热情待客，价格合理，树立信誉，深得客户的信赖，购销点不断延伸，经营范围也在不断扩大。短短几年中，她先后与宁夏、山西、四川、浙江、天津、上海等 10 多个省区建立了联营业务，使本地农副产品大量外销。运输工具也由自行车、四轮拖拉机、大货车发展到火车，年购销总量达 1400 多吨。徐富起来，思想境界也高了。她看到周围姐妹们依然过着贫穷而艰难的日子，开始想法帮她们一把，组织起来，共同富裕。徐把黄砭村的妇女组织起来，搞农副产品经销，并为她们贷款，自己承担贷款利息。妇女们收购的杏皮、杏核等农副产品，徐负责销售，妇女们从中提成。全村几十名妇女通过自己的艰辛努力，人均年收入已达到 5000 元。①

例 3：河北省定州市砖路镇有 7 个村子，大量男劳动力外出务工经商，村里的妇女接过来以往由男性独揽的活儿——屠宰。并且很快她们也走上了产业化的道路，向外推销，虽然没有加入“民工潮”，但也是促使男性入“潮”的有力保障者。在改革开放以前，这些村子就有一些农户偷偷地干起屠宰行当。那时他们用自行车从外地购进几头羊，晚上宰掉并包装好，第二天一早就搭上火车到北京销售。改革开放以后，这些人胆子大了，经验也多了，也尝到了甜头，越干劲头越大了。当男人们由于忙于联系货源和销售而无时间屠宰时，这些娘子军就杀上屠宰场，于是家庭分工也逐渐明确：男人在外购销，妇女在家屠宰。在 7 个屠宰专业村中，有 7500 多人从事屠宰行业，其中妇女就有 2940 多人。这些妇女除了宰自家购进的牲畜外，还自由结合成小组，给外人宰牲畜，赚取屠宰费，在货源充足的情况下，一人一天能赚 50 多元钱。所以，加入这一行业的妇女还在逐渐增加。有妇女这半边天在家“撑腰”，男子们在外更活跃了。他们从河北的张北以及内蒙古、山西、东北等十几个省市购来牲畜，又将肉类送到北京、唐山等十几个大中城市销售。仅在北京，他们就占领了大钟寺、太阳宫、红桥等 30 多个肉类批发市场。至 1999 年，砖路镇已建成牲畜交易市场 3 个，拥有 300 吨以上的大型冷库 8 个，专营运输汽车达 70 多部，年营业额最高时曾达 1.2 亿元。②

第四节 进厂打工的行业分布

进入工厂打工的农民，一方面对自己是有一定益处的，另一方面他们又时时感到低人一等，并且也很想改变打工的身份。

---

① 朱谦等：《徐彩莲和她的“娘子军”》，载《中国妇女报》1999 年 7 月 28 日第 3 版。

② 李卫强等：《男人在外购销忙，妇女在家管屠宰》，载《保定日报》1999 年 6 月 7 日第 5 版。

一、进厂打工为哪般

农民进厂打工，涉及全国各大、中、小城市，但以南方城市为多，尤以到深圳、广东等南方省市的专业打工为典型，并且有相当一部分是到三资企业、乡镇企业打工。农民进厂打工，主要是为了获取经济收入或是为了学到一些技术，但他们的工作是很艰辛的。

在珠江三角洲，有几百万外来工，他们分布在数万大大小小不同所有制的工厂中，这些工厂大都是“三来一补”加工厂。如东莞市，1987 年年底统计，东莞已有“三来一补”企业 2500 家，占广东全省的 13.9%，即全省有 1.8 万家。1994 年，东莞市“三来一补”等各类企业已达 1 万家。

另据 1995 年前后的一项抽样调查，在珠江三角洲的外来民工中，84.6%是生产线工人，8.1%的是技术工人，2.2%的是班组长，1.3%的是保卫人员，1.1%的是领班，2.6%的是文职人员。分性别看，男性的职业层次更高一些。男性中 70.2%是生产工人，女性中 89.5%是生产工人。从事技术工种的，男性有 16.5%，女性有 5.1%；男性文职人员占 5.4%，女性占 1.7%。按所有制性质划分，外来工在县办、市办企业占 2.8%，在镇乡办企业占 11.4%，村办企业占 3.6%，私人企业占 27.9%，中外合资合作企业占 34.1%，外方独资企业占 20.9%，其他性质的占 1.2%。总之，民工在外商投资(合资、独资)企业打工的占 55%，男性这一比例为 47.2%，女性为 62.1%。在工资方面，有一半的外来工每月工资在 300~500 元之间，有三分之一的人低于 300 元。另据一项调查，1994 年，珠江三角洲民工平均月工资为 350~450 元，少数民工晋升为管理人员，其工资每月可达 1000 元。

据 1995 年对东莞市雁田村村办企业中的 139 名外来工调查，月收入平均为 739 元，其中基本工资 617 元，奖金 76 元。分工种看，一般工人 490 元，班长 719 元，技工 803 元，管理人员 854 元，车间主任 1401 元。但是，这份工资来得十分不易，其中包含着工作风险、加班加点辛苦费，等等。如对珠江三角洲外来打工者所在的工厂调查，67.4%的工厂每天工作 8 小时，其余超过 8 小时，平均 8.5 小时。加班时，平均每天工作 12.05 小时。在打工者中，从不加班的占 2.7%，每天工作 8.5~9 小时的占 2.1%，9.5~10 小时的占 2.7%，10.5~11 小时的占 7.8%，11.5 ~12 小时的占 39.5%，12.5~13 小时的占 15.1%，13.5~14 小时的占 8.8%，14.5~15 小时的占 3.8%，16 小时的占 2.3%，17 小时的占 0.4%，最高工作时间为一天 18 小时的占 0.5%。从加班天数看，一年内完全没有加过班的占 9.4%，加班在半年以下的占 40%，加班在半年以上的占 50%，全年 12 个月都有加班的占 2.8%，平均加班月数为 6.9 个月。外资企业加班月数最多，为 7.6 个月，乡镇企业为 5.4 个月，村办企业为 5.1 个月。规模越大的企业，加班月数越多。①

另据对东莞市雁田村办企业的外来工调查，1995 年(3—4 月份)，平均工作时间 9.04 小时。外来工的基本工作时间和加班之和往往达到 10 个小时，最多的每天工作 14 个小时。在合资企业中，加班是比较经常的。从每周工作天数看，平均为 6.21 天，超过三分之二的人每天工作是 6 天，超过 20%的人每周工作 7 天。

在工厂打工，要混出个人样来，也是不容易的。只有那些肯吃苦、忍耐、留心学技术学管理，又能处理好上下级与左右等方面的人际关系的人，才有可能得到职位晋升。如张某，在南方一个县企业里打工，刚去时只能给师傅打下手。这些师傅都是老技术工人。由于他们有技术，所以干轻活、拿钱多。张某看在眼里，记在心上，暗中下定决心，也要学会一两门技术，否则难以摆脱这苦役之劳。他不断细心从旁边观察技术人员是如何操作，并适时送点小礼物，处理好关系，有不懂的地方，再虚心请教。久而久之，师傅们也就看他顺眼了，肯教他技术了。过了一段时间，他就学会了刀割、焊接等技术活了。不过他没有满足于这点雕虫小计，而是买一些有关机械、制图和焊接等方面的书籍，真正钻起来了。很快，他就掌握了该厂的主要技术，还能看懂图纸，以至于某些技术难度大

① 李银河、潭深：《祝你平安》、《今日又加班》，均载《中国妇女报》1996 年 6 月 26 日第 3 版。

的活，那些师傅们都没有他做得好，真有点“青出于蓝而胜于蓝”的味道。这样，厂里就让他做技术活了，也增加了工资。他在改变自己打工身份和处境方面，向上坚实地迈了一个台阶。①

这样的例子还有很多。当然，还有的打工者是另外一种方式向上晋升。这就是在别人的厂子里，忍辱受气，坚持干几年，一直等到学会了技术和管理经验，然后辞职，自己在外地另起炉灶，开一个小工厂、小店，干起个体经营，然后，逐渐干大了，雇起打工者了，自己成为一个或大或小的老板或经理之类的人物。只有那些只想简单地挣小钱的打工者，或是没有耐心、吃不得苦的人，往往尽是怨天尤人，难以抓住那些不易被人发现的机遇。当然，也有一些打工者，的确命运不好，机遇不好，打了几年工，两手空空、脑袋空空地回家，甚至回家的路费都是借的。有的一进厂就被累倒了，当然无法干下去了，或是发生工伤事故也无法干下去了。

二、纺织厂里打工妹

在纺织厂打工妹较多。纺织劳动十分适合女青年。但是这一行业又是较为艰辛的，如噪音大、尘丝多、工作单调等等。所以，许多城市女职工都相继逃离纺织行业。有一些女职工，虽然仍在纺织厂，但也是千方百计逃离第一线，到二、三线干轻活。这样，纺织第一线的任务只好由农村人来承担了。大部分纺织厂，农民临时工至少也要占 10%，多者占 50%以上。

进入纺织企业打工的女孩，开始时她们各自心情十分不同。有的来自穷山村，一下子就被那庞大的机器、厂房吸引住了；有的被那红红绿绿的城市风光迷住了，立刻感觉到城市的美妙；有的始终咬紧牙关，抱着一个目的：打工挣钱；有的则是要出来见见世面，学点人生的哲理，等等。但是干一段时间之后，甚至干几天之后，许多美梦就破灭了，舒畅的心理状态开始不平衡了，各自开始打起自己的小算盘。如，有的嫌太累，不干了，不辞而别；有的嫌工资

---

① 王晓毅、张军、姚梅：《中国村庄的经济增长与社会转型》，山西经济出版社 1996 年版，第 209~210 页。

低、受歧视，结伙罢工；有的忍辱负重，一心学技术，准备一旦条件成熟就自己办厂。

例 1. 在宁夏，一位穷山村姑娘朱某，有一个偶然机会，进入兰州一个大纺织厂打工。一进工厂，就被那高大的厂房、庞大而复杂的机器和漂亮的办公大楼吸引住了。虽然是个打工的，但是当她穿上那件印有该公司名称的工作服时，心情更是激动不已。她当时的想法就是一个：这可要好好干！在劳动中，很快就月月超额完成生产任务，保质保量。由于是计件工资制，她的收入也是月月见长，刚进厂时，每月只有 200 元，很快增加到 800 元。实际上，她的工资已经超过全国平均水平。她在这个厂子一干就是六七年，并且还想继续干下去。在这几年中，她获得过多次精神奖励："劳动模范"、"技术比武能手"、"双文明职工"等等。她的老家，也用她挣来的钱盖起了新房子，购置了家具等。

例 2. 一位在棉纺厂打工的农村姑娘，她十分明确地对别人说：我打工不只是为了挣钱，那么到底是为了什么呢？对这一点，她似乎又有点说不清了，因为她的打工目的在变。她外出打工的最初动因是因为怕高考考不上，丢人现眼，所以初中没读完就逃学了，要外出打工。她是一个勤奋好学的女孩，边打工边读书，打工挣来的钱相当一部分用来买书了。她还参加学习班的培训，取得会计上岗证、初级计算机合格资格证书，等等。她打工干纺织工作也有六七年了，但是在她的生活世界里，似乎打工是第二位的，8 小时之外的学习方面等的事情才是第一位的。现在，她还想继续打工，尽管父母一直要求她回家。同时，从长远看，她又不想打工，尤其不想干这种以体力劳动为主的活儿，她想干文职方面的事情。

其实，像她这样逃避高考而出来打工的男女青年还很多。只不过，有许多人是在参加高考之后，名落孙山，来自家庭和社会的压力太大，而被迫离家出走。不是像她这样，根本没有参加高考，甚至还没有初中毕业(初中毕业可以考中专)，就离校而去。

例 3. 农家打工妹也罢工。江苏某纺织厂使用了大量陕西来的农村打工妹。1995 年的某一天，厂里的保卫人员怀疑某打工妹偷了厂子里的东西，要扣她的工资。这位女工感到受了不公正待遇，一气之下，传话给同乡打工妹，甩手不干了，工资也不要了，当时打起背包，直奔火车站而去，买到了火车票，就等上车了。这时全厂主要生产线都停止了正常运转。厂子的主要领导率领一批职工，提着面包和点心之类的方便食品赶来了，给这些打工妹赔理道歉，说厂里领导工作没有做好，保卫人员无端怀疑了好人，现在请你们回去继续工作，再也不会发生这种事情了。如果你们坚持要走，这样匆匆忙忙，上车后可能会挨饿的，就把这点吃的带上吧。就这样，几十名打工妹又感动得流下了眼泪，再次回到了车间继续工作。后来，那件盗窃案也查清楚了，与陕西农村打工妹无关。

三、建筑队里民工多

(一)民工是建筑行业的重要生力军

与其他行业相比较而言，建筑行业中的民工最多，而尤以男性居多。据国家统计局有关资料，1978 年，全国建筑业从业人员 854 万人，其中国有和城镇集体企业职工 624 万人，占 73%，农村建筑从业人员占 27%。1997 年，全国建筑业从业人员 3449 万人，其中国有和城镇集体企业职工 1000 万人，占 29%，农村建筑从业人员占 71%。真是“三十年河东，三十年河西”，在仅仅 19 年的时间，两个比例关系几乎倒过来了。

建筑队里民工多，具体表现在以下几个方面：第一，在国有建筑队中，来自农村的民工占有相当大的比例，民工占一个建筑队里的总人数超过一半的十分普遍。第二，农民自己组建的建筑队数目远远超过国有和城镇集体建筑队的数目。建筑业民工多也不是普遍多，不是每个县中都有许多农民建筑队，而是发展极不平衡。某些县历史上建筑业较发达，自然在建筑市场的竞争中就会捷足先登，并可能不断发展壮大。例如，福建省惠安县，素有“建筑之乡”的称号，并且是一个百万人口的大县。历史上就有许多农民从事石工、木工和泥水工等建筑行业的劳动。改革开放不久，该县建筑工匠的人数猛增。据统计，1984 年全县从事建筑业的工匠就有 12.7 万人。这些工匠绝大多数加入“民工潮”的行列，组织外出承包建筑队，但也有相当数量是零星分散外出的，他们遍及全国各地。其中主要是广东，有4万多人，其次是江西。

河南省林县以在改革开放前修建红旗渠而闻名于世，并造成了一批庞大的建筑队伍。改革开放不久，1986年就拉出去一支10万之众的建筑大军，转战大江南北。

江苏省赣榆县的建筑业并不太出名。但是1998年，该县共有8万人外出从事建筑业，完成总产值18.7亿元，赚回5.5亿元，创历史最高纪录。这5.5亿元是多大的数字呢？它相当于该县一年粮食收入的总和，可以为全县每个劳动力带来600多元的收入，使人均收入增加近200元。赣榆县经过多年的磨炼，造成了一支技术精、装备好、经验丰富、能打硬仗的建筑队伍。1998年，该县抓住国家加大基础设施和住宅建设这一机遇，实施扩张战略，即由北向南、由东向中西部开拓。1998年新开辟了兰州、厦门、西宁等8个地区的建筑市场，使建筑大军打入北到黑河、南到海南、西到新疆、东到上海共20多个省市自治区的建筑市场。

上述几个例子是从建筑业民工流出地看，某些地区流出的建筑民工特别多。再从他们的流入地看，也是不平衡，他们主要流入沿海开放大城市、开发区、特区，以及全国各地大中小城市和国家重点、大型建筑地点。早在1988年，外地进入大连市的农民建筑队就占全市建筑队伍的71.2%。1993年12月，上海市建筑业的一线生产工人几乎100%是外来农民工，总数达76万人。

农民建筑队伍的发展也有一个过程。从空间上看，农民外出搞建筑，起初主要是在城市的郊区和周围县的农民以分散的形式到城市里从事建筑劳动，以后农民队伍就越来越大，流动的距离也越来越远。从业务上看，最初农民建筑队伍主要是为国有和城镇集体建筑队伍提供劳务服务。如搬运器材、材料，清理现场，挖土方，简易木工加工，混凝土搅拌，等等。第二步是配合施工、辅助施工。如立手脚架、砌墙、粉刷等。第三步是分包施工，即独立地在总施工工程承担一个相对分离的项目。第四步是独立承包工程施工项目，与国有建筑单位分道扬镳。第五步是分庭抗礼，大力开展竞争。

农民建筑队伍之所以能够迅猛发展，有其内在原因。首先，建筑行业的流动性十分适合农村外出打工者的流动性。外出打工，本来就很少有带家庭其他成员的，这些外出劳动力是轻装上阵，没有拖累。并且建筑劳动具有明显的间断性，一般是春季和秋后开工项目多，夏季和冬季开工项目少，适合农村劳动力农闲外出、农忙回家的特点。而国有和城镇集体施工队伍，就不具备农村外出劳动力上述特点，他们往往不愿远走他乡，队伍拉不出去。他们往往恋家、恋城、恋轻松。其次，建筑劳动是高劳动密集和低劳动技术的劳动。建筑队本身主要是人力投资，物质投资较少。所以适合农村外出劳动力前往就业，不需要严格的技术培训。据测算，建筑业每吸纳一个劳动力所需要的固定资产比其他部门低得多，一般仅为重工业的六分之一。例如，1997 年，全部建筑企业劳均固定资产净值为 1 万元多一点，而工业企业这一数值为 6.4 万元。再次，建筑行业的劳动强度大，较脏，高空作业危险性大，适合农村外出青年劳动力操作。另外，建筑业劳动收入较高。

正是由于这些原因，城市国有建筑企业发展缺乏动力和竞争力，一线生产工人严重不足。1991 年，中建公司的一个下属单位原计划在石家庄招收 100 多名工人，广告贴出一个月，只有 4 人报名。上海某建筑公司，从郊区县招了 50 名工人，2 周后就有 48 人不辞而别。另外国有建筑职工队伍年龄严重老化。据 16 家省级国有建筑总公司 1991 年统计，89 万职工平均年龄超过 40 岁。天津市 35.5 万建筑职工中，30 岁以下的仅占 1.8%。而农村外出劳动力平均年龄在 31 岁左右。据中国社科院农村发展研究所与中国农业银行信息部合作进行的一项全国性抽样调查，外出打工的农村劳动力年龄为 31.1 岁(1993—1994)。据河北大学人口研究所与河北省计委合作进行的一项全省性抽样调查，农村外出打工劳动力年龄为 31.6 岁(1991)，其中在建筑业打工的劳动力平均年龄为 31.5 岁。但是从 90 年代中期以来，情况已有所转变。这就是国有建筑企业大量招收农民工，并且进行了一些改革，竞争有所加强。甚至有的建筑企业把大量职工放长假，发给 200 元生活费，任他们去从事第二职业去，然后招进农民工顶岗。虽然企业要开付双份工资，但工资总额仍会节省。

正是在这种竞争中，许多农民建筑队伍发展起来，壮大起来，不断“升级换代”。我们不妨看一下江苏省姜堰市(原泰县)“江苏方圆建筑工程有限公司”的发展过程，它典型地走过了上述五个步骤。

为什么要举这个例子呢？在20世纪90年代，笔者去北京时，经常看到坐落在东长安街南侧的宏伟的中国海关大楼，大楼上有“中国海关”四个大字。这是由两座楼连接在一起的建筑物，形成一个“门”的形状，似乎是一个巨大的“关”。我经常暗暗赞叹，真是“实”(楼)符其“名”(海关)！偶然一次在《人民日报》1999年1月5日第一版上看到陈陆军和杨涌两位记者的一篇《从灶台围墙到摩天大楼》，这才知道，原来这是一个农民建筑企业的杰作。这座楼大概是1989年建成的，10年过去了，但笔者十分赞同两位记者的观点：“即使今天看来，海关大楼仍不失为一件建筑杰作。”

这个农民建筑企业最初名子叫“洪林建筑站”，是20世纪70年代末农村包产到户后该市洪林乡成立的一个建筑施工队，当时只有100多人，活动范围限于乡周围，主要业务是建民房、砌灶台、围围墙。20世纪80年代初，又改制为建筑公司。1984年，公司经理王大泽从一位老乡寄来的报纸中，得知内蒙古兴安盟地区急需建筑队伍，他就设法把“洪林建筑站”牌子改成“泰县第六建筑工程公司”，并于1984年年底，把队伍拉到了兴安盟，从此开始了十年的流动生涯。他们很快以高质量完成了兴安盟军分区办公楼。从此楼开始，“泰县六建”的名声扬遍美丽的草原。1987年，泰县六建开进了北京城。接手的第一个工程竟然是亚运指挥中心工程，高15层。把这样一个工程交给一个乡镇建筑公司，有关部门也不放心，结果亚运会22个重点工程基础建设检查，六建的质量第一，地基做完，指挥中心干脆把整个楼交给了六建。到20世纪90年代，六建的队伍越来越大。同时开工的工地由一两个增加到六七个，再增加到十几个。1997年，六建改名为“江苏方圆建筑工程有限公司”，拥有4000多员工，年产值2亿多元，定为国家二级建工企业。“方圆”是内圆外方的意思，内圆就是对内讲团结、讲大局、重管理，外方就是讲规矩、重信誉、重质量。方圆公司多年来一直甘当配角，主动与中建一局、二局、北京建工集团、住总集团、城建集团等国内大型建筑企业联合，填补他们施工力量的不足，甘当他们的配角。但是方圆的建筑质量却是一流的。10多年来，方圆累计承建工程项目超过百项，工程合格率达100%，优良率在85%以上。

(二)是是非非“包工头”

在各行各业的民工队伍中，都有一种无形的自组织的力量、默认的权威，这一点在建筑行业中最为明显，并且包工头又是建筑行业中这种权威的突出代表。

在20世纪80年代中期，理论界曾探讨、争论过包工头现象，如它的剥削性质、它的作用，等等。但是，随着改革形势的发展，这种探讨也就没有多少理论意义了。现在我们主要关心的是包工头的基本状况，包工头是如何形成的，其实际作用如何，等等。

(1)包工头的基本状况。一般情况下，包工头也是打工族的一员，产生于打工队伍，但是却是打工者当中为数不多的那些能钻营、有一定上进心的打工者。这些包工头在自己控制的那一班人马当中，俨然是领导、是撑腰者。回到家乡，也受人推崇，因为他不仅有了钱，而且他还是其他想出来打工的人求助的恩人。有人对195名打工者随意调查，其中有12位包工头，即包工头占所有民工的6.15%，他们是民工中的一个特殊阶层。

据我们对19名包工头情况的统计分析，主要有以下特点：①全是男性，没有一个女性。他们平均年龄31.6岁，初中文化水平略低一点(近8年)，但明显高于所有外出打工者6.67年的平均受教育年限。②外出时间较早，首次外出年龄是19.2岁，平均外出12.4年，外出最早年份为1982年。③外出经历较丰富。平均更换2.9种职业，但也有的包工头干了十几年从没有更换过职业。④从外出打工者到包工头的位置，需要4~6年的时间，最快者仅用2年的时间。

包工头与民工、与上司的关系，大体可以描述如下：

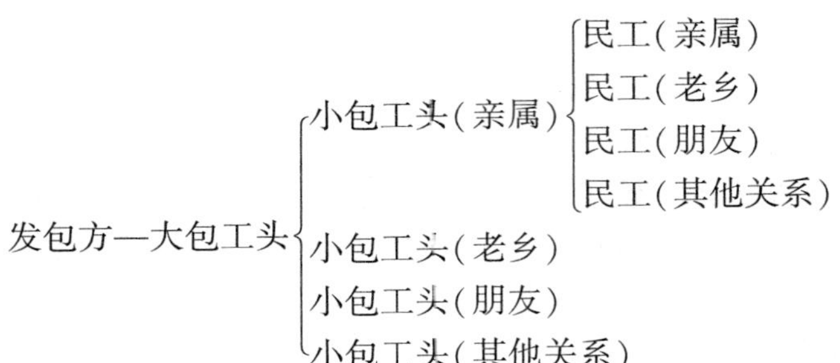

当然，也有个别的包工头不是产生于民工之中，他可能一天打工活儿都没有干过。我就认识老家这样一个人，他是与工程总承包人有密切关系。总承包人只是“切”一块小项目交给他，他再去找人来干活儿，承包金额，由他先扣下一部分装入自己的腰包，其余的分给民工。特别是承包挖土方的活儿，这位小包头工比较有经验。

(2)包工头是如何形成的。包工头的出现，主要是有这方面的客观需要。一个工程项目不可能由一个人完成，也不可能由几个人完成，而必须由一群人完成。而一群人共同完成一个项目是需要指挥者和组织者的，这个指挥、组织者很可能成为包工头。实际上，有许多小包工头就是工程中的小组长、班长、带班等的小头目。只不过这小头目与其下属的关系不同于学校当中一个班级里班长与其他同学的关系那样简单。

包工头也可分层次，有大包工头，小包工头。大包工头是把一个较大的工程项目包下来，自己又成为发包人，再分成几个项目分别包给几个小包工头。但是也有的包工头仅是在层层转包，自己从中吃回扣，这样对工程质量等都是很大的威胁，容易出事。因为这样一来，最终施工者得不到多少利润，很可能施工完后，没有挣钱反而赔本，或者一分钱的工钱没有得到，工钱早已被中间许多环节的转包者携带着逃跑了。

(3)包工头的作用。一方面，包工头对于工程建设是不可缺少的。但是另一方面，包工头的出现，又使民工队伍的内部关系与外部的关系复杂化，甚至发生严重扭曲。包工头可以带出大量农村劳动力外出打工，可以明显减少民工盲目流动，增加打工者收入，等等。但是包工头与他的雇工的关系又发生某种质的变化，虽然包工头与大多数下属的民工有地缘、亲缘、业缘关系，但是毕竟还有一层金钱关系。包工头带人外出，不像普通人那样纯粹出于义务、出于一种相互帮忙的目的，也不是简单地介绍职业，他还要考虑自己要通过这些带来的人来挣钱，用马克思主义的剥削理论来说，他要通过控制一批干活儿的人来从他们身上剥削到金钱。包工头的出现，也影响到其下属的普通民工与上层企业领导及外界的关系。这些民工与外界往往失去一定的联系，也缺乏别人的关照。因为在外人眼里，人们往往会认为，这些人是某某包工头的，我们别管他们的事。只有当一个包工头控制的队伍非常大时，原有地缘关系和血缘关系才会淡化，包工头就可能不再那么重视这些传统关系，一些民工也不一定到本乡的包工头那里干活。

许多包工头一开始时，是从老家那里招兵买马，以后带的队伍越来越大，就顾不上那么多了，有人愿意来干活就行。有一些民工跟着一个包工头干几年，自己又介绍一批老乡、亲属之类的人员来，自己也就成为一个小包工头。但是也有的包工头始终只用自己熟悉的人，如亲属、老乡、朋友等。这样的包工头往往也发展不起来。有人成为包工头不费吹灰之力，没有进行多少投资，而大多数包工头的上升过程是十分艰难的，凝结了个人的奋斗史。

第五节 家庭保姆知多少

有许多农村女性外出劳动力是从事服务业的，其中保姆这一职业更具有代表性。

一、“保姆”的变迁

随着时代的变迁，“保姆”的实际含义和名称也在不断变化。1998 年新出版的《现代汉语词典》中对“保姆”一词是这样解释的：“1. 受雇为人照管儿童或为人从事家务劳动的妇女。也作保母。2. 保育员的旧称。”这一解释是不全面的。

在中国封建社会，保姆业是相当发达的，并且分工也较细。

如，管家、总管、奴才、丫头、使女、书童，等等。并且随着社会习俗变化，同一种保姆业务也可能有不同的名称，以至于类似于保姆的职业可以列出60左右个名称。

旧社会保姆业发达的重要原因是当时的上层阶级和阶层的生活极端奢侈，不思劳作，他们是衣来伸手，饭来张口，当然也就需要许许多多不同"专业"的保姆了。从20世纪50年代到70年代，大陆境内保姆基本消失，也不被提倡。改革开放后不久，保姆业重新出现令人瞩目的发展。但是由于社会制度不同，家庭类型不同，新形势下出现的保姆业已经不同于旧时代了。新的保姆业的出现，不仅是部分家庭生活水平提高的表现，而且也是家务劳动现代化和社会化的表现。但是还应该指出，"保姆"的称呼已经十分陈旧了，许多从事这一职业的人十分反对别人称他们为"保姆"，他们甚至从不对自己的孩子说自己外出干保姆工作。

那称呼什么呢？

家政服务！或家庭服务。应该承认"家政服务"这称呼还是十分贴切的，也十分文明。

"家政"这两字很有讲究。"家政"是"指家庭事务的管理，如有关家庭生活中烹调、缝纫、编织及养育婴幼儿等"。① 其实，还应加上照料老人这一重要项目。

"家政"一词渊源深远。在公元前387年至371年，古希腊著名学者色诺芬根据自己管理领地经济经验写了一部专著，意思是"家庭管理"，有人把这部书称为《家政学》，也有人称为《经济论》。不管怎样，英文Economy（经济）一词是从希腊文中的"家庭管理"一词演变而来的。

古希腊是奴隶制社会，生产是以家庭为单位的，由奴隶去进行。因此，奴隶主阶级把组织和管理奴隶制经济各种问题都列入家庭管理范围内，所以"家政"就是"经济"。此后不久，另一位古希腊著名学者亚里士多德进一步研究了"家政"问题。他把"家庭管

---

① 中国社会科学院语言研究所词典编辑室编：《现代汉语词典》，商务印书馆1996年版，第606页。

理”包括在政治学之内，作为政治学的组成部分，并且认为，“家庭管理”包括两个内容，一是家庭成员之间的关系，即主奴、夫妇、父子之间的关系，其中奴隶和奴隶主的关系被视为首要的关系；二是致富的技术。

如果说色诺芬的《经济论》是微观领域的“家庭经济学”，那么，正是亚里士多德试图把它改造成宏观领域的“政治经济学”，也就是我们今天经常提到的政治经济学。这种改造，在一定意义上可以说是由法国学者安徒安·德·孟克列钦(1575—1622)完成的。1615年他发表了《献给国王和王后的政治经济学》一书，他第一次提出了“政治经济”这个名称，并把他的书名定为《政治经济学》。他的本意就是要把他所研究的问题与古希腊的“家庭管理”区别开来，他所论述的问题已经不是家庭管理问题了，而是涉及整个国家的经济问题。

可见，“家政”(学)与管理(学)、与经济(学)的关系是源远流长的。在今天，“家政”的内容已不像古希腊学者所规定的那样广泛，但是，家政服务还是十分重要的。

1995年11月1日，劳动部(95) 396号文件正式将“家庭服务员”列为新兴技术工种，并纳入国家职业技能鉴定序列。这意味着，这一工种将以新型的、有一定质量的、规范化的服务，来代替旧的、传统的保姆和佣人式的服务。国家劳动部颁布的家庭服务员定级标准分初级和中级两个等级。对初级家庭服务员有两方面的要求，即基本知识要求和技能要求。基本知识要求共9项，如要了解日常礼仪知识、了解环境和家庭卫生常识，等等。基本技能要求也是9项，如，能正确使用家用电器、能购买日常生活用品、食品，等等。对中级家庭服务员也是这两方面的要求，但要求的内容略多一些和深一些。

家庭服务业在国际上也是很普遍的，以至于西方国家在进行人口普查和人口统计时都要区别开来“家庭”(Family)和“住户”(Household)。简单的说，前者是指其成员中没有家庭服务员，后者是指其成员中有家庭服务员住在一起。这是因为，聘请家庭服务员并住在聘者家中的现象较为普遍。因此在统计家庭人口数量时，必须作出上述区别，分别按两个口径进行统计。

在某些亚洲国家，大量向西方和中东及亚洲其他国家输出家庭服务员，作为劳务输出的一项。虽然这些家庭服务员在输入国经常发生一些不愉快事件，甚至引起两国之间的外交纠纷，但是还要不断输出，原因之一就是可以增加这些人员的收入并为国家创外汇。前任菲律宾总统阿基诺夫人在1995年访问香港时，曾高度评价在香港工作的近20万菲律宾家庭服务员为国家增加外汇的贡献，赞扬她们是“巾帼英雄”。

鉴于家政服务这个词还没有普遍使用，以下内容还是使用“保姆”一词，但决不含贬意。

二、家庭保姆知多少

从20世纪80年代开始，大量农村女性劳动力进入城市从事保姆行业。至90年代中期，基本达到高潮，之后几年又有所减少。例如，据北京、上海两市的调查，80年代中期，保姆人数在这两个市各有1万人左右，80年代后期增至1.6万和1.7万，1993—1994年增加到2.8万和2.9万人。

北京保姆市场的形成，最早发端于北京市崇文门区的自发形成的劳动力市场。保姆人员成一定规模的走出，发端于安徽的无为县。

无为县的人们本来就具有悠久的外出谋生传统。因生活困难，早在中华人民共和国成立前，无为县就有许多人顺江而下，到上海等大城市帮工、做奶妈，或到江浙一带做生意。在旧中国，上海有“荐头行”即职业介绍机构，外来人员找工作可以先免费在那里吃住，“荐头行”帮助找到工作，头几个月的工资就归“荐头行”了。无为县有一些人就是通过这种方式去上海帮工做奶妈。去那里的人多了，后来的人就逐渐通过熟人介绍工作了。

在战争年代，无为县是全国19个抗日根据地之一，新四军7师师部就在无为县，无为县人民为革命军队做出了巨大的奉献和牺牲。中华人民共和国成立后，很多无为籍以及在无为战斗过的老将军、老干部都从无为招雇保姆。因为他们了解无为妇女勤劳、会操持家务、诚实可靠、讲卫生、会做饭菜的特点。至 20 世纪 80 年代中期，在北京工作的无为籍老干部还有 400 多人，这些干部中华人民共和国成立初进城时，多数从家乡带去一些亲戚和邻居到家里服务。这些关系是 80 年代初无为保姆猛增的主要渠道和原因之一。据北京市统计，80 年代中期，在北京居民家中的保姆，半数以上来自安徽。

所以，20 世纪 80 年代初期，就有大批无为县女青年走出家门，来到大城市当保姆。在整个 80 年代，无为以至安徽保姆誉满全国，影响颇大。但是 20 世纪 80 年代后期，特别是 20 世纪 90 年代，无为女青年外出当保姆的越来越少，而从事服装、饮食等服务行业的人数不断增多。1993 年，无为县妇联对全县 22 个乡镇外出女性状况进行了一次普查。普查结果表明，在外做“保姆”的人已经很少，而年轻的小保姆也以文化程度不高（很多是文盲）或初次外出为多。不少年轻的小保姆把做保姆作为进城的第一站，等情况熟悉后，很快就会改换职业。①

虽然无为县农村外出劳动力当保姆的少了，但是，整个安徽省农村外出劳动力当保姆的却未必减少。例如，据 1997 年北京市进行的一次外来流动人口普查，江苏进京从业人口从事建筑业的比例最高，为 66.7%；福建省进京从业人口中从事商业工作的比例最高，为 63.4%；河南省进京从业人口中从事废旧物资回收的比例最高，占 50%；浙江省进京从业人口中从事私营个体经营的比例最高；而安徽省进京从业人员中从事保姆工作的比例在各省中仍是最高的。

另一方面，在安徽外出保姆不再大量增加的同时，来自四川的保姆却是异军突起，虽然她们占四川所有外出劳动力的比例不像安徽那样高，但是由于四川人口多，外出劳动力多，所以，其外出保姆数量仍是相当可观的。在北京的保姆劳动力市场上，“川军”保姆是安徽保姆有力的竞争对手。

从保姆业近几年的发展状况看，主要呈现出如下几个特点：

---

① 杜鹰等：《走出乡村》，经济科学出版社 1997 年版，第 194～195 页。

第一，女性一统天下的局面被打破，男性保姆打进了这块“男士莫入”的禁地。男性保姆也有自己的优势，如可以干一些体力劳动，文化水平略高于女性，这种现象首先在南方某些城市出现。

第二，需求方对保姆的要求在提高。如保姆要照料孩子，而且还应教育孩子。最好是保姆受过这方面的培训，青年夫妇往往更喜欢这样的保姆。

第三，不只是北京、上海这样的大城市家庭需要保姆，全国各地中小城市家庭也需要保姆，以至于供需双方可以在一定区域内形成一种特定供求关系和市场范围。目前吃保姆这碗饭的不只是来自农村的女青年，也有来自其他方面的，如待业者、学生等。据有人于 1997 年对拉萨市调查，拉萨市常住人口 13.6 万，家庭户数 2.8 万，其中藏族人口占 72.3%，藏族干部、职工、居民家庭雇用保姆的也不少。由于民族风俗、语言生活习惯等因素的制约，藏族姑娘在拉萨市保姆市场自然成为绝对主角。保姆全是藏族人，其中 97.3%是未婚女青年。但是目前拉萨市还没有正规的保姆市场或劳务中介机构，保姆工作主要通过三条渠道实现：一是家庭亲戚直接从家乡“物色”；二是通过亲友介绍；三是保姆之间互相介绍。在拉萨市所有流入人口中(含非农民)，从事保姆业的占 3.04%，其中女性为 7.90%，男性为 0.09%。分职业看，流入的农民从事保姆的占 4.41%，流入的商业人员从事保姆的占 0.39%，学生这一比例为 7.23%，待业人员这一比例为 0.46%。①

三、保姆业形成的原因

20 世纪 80 年代以来保姆业迅速发展，有其内在客观原因。

(一)从需求方面看，城市居民生活节奏的加快和收入水平的提高是保姆业发展的物质基础。随着城市人生活节奏的加快，人们对家务劳动越来越感到是一个沉重负担，需要有人来帮助减负，同时收入水平的提高使许多家庭也有这个支付能力。另外，家庭结构

---

① 王树新等：《西藏拉萨市流动人口与社会经济发展》，载《人口与经济》1998 年第 6 期。

的变化也促成了保姆市场的发展。家庭结构的变化是老年人夫妇或单人家庭增多，子女无时间来照料老年人，所以请保姆是一个良策。

(二)从供给方面看，农村有大量剩余劳动力，当大量男性劳动力外出务工经商时，许多女性劳动力也在寻找挣钱的机会，其中从事保姆就是一条投资少、见效快的职业。

(三)城市文明吸引大量农村女青年。她们要到城市里“考察、学习”一番，深入城市家庭内部，了解一下现代城市家庭到底是一种什么样的风貌。当然，许多农村女青年到城市当保姆只是暂时的，她们很快就会离开。有的人攒了点钱，回家结婚去了；有的跳槽干别的职业去了。

四、保姆的喜怒哀乐

保姆这一职业具有明显的特殊性：第一，农村女青年多，而这一人口群体是极不稳定的，她们不仅大多数未婚，而且社会经历少，心理素质差，文化水平低，极易受外界因素的感染，极易模仿、学习一些社会行为。第二，从事职业极为分散，已是不能再分散了，难以形成一个有组织性的团体。第三，保姆行为具有极大的隐蔽性，在她们个人身上发生的事情，外人很少知道。第四，与雇主的家庭关系极为密切，相互间极易发生纠纷。有许多保姆的命运与雇主的良好的或恶劣的行为联结在一起，也有许多平静的家庭与保姆的良好的或恶劣的行为也是联结在一起。

许多保姆的职业经历足以写一部短篇小说，甚至是中长篇小说。限于篇幅，这里仅举几个简单的例子，或许对一些人寻找人生道路有所启示。所举例子的事情是真实的，但人名、地名等可能都是假的。

例 1. 反客为主。某大城市一位知名度很高的老医生、老教授，多年失去夫人，儿子单独居住。老头已 80 多岁了，一人住着祖上留下来的一座小洋楼。儿子和儿媳妇为他请来几个保姆，他都嫌太差，打发走了。有一天，又请来一个刚 20 岁的农村小姑娘。这位小姑娘被老头子家里的文明气势吸引住了，她决心干出个好样来

(她来时已知老头子不好侍候)，再说收入也挺高，一个月收入顶她在家干一年的。过几天，老教授满意了，他发现，她的图书资料摆放得整齐，取时也方便，甚至他什么时候可能用什么图书资料，她都能准备好。老教授洗澡时，她帮他搓洗，开始时，两人都有点不好意思，甚至犹豫不决，以后就习惯了。不久，儿子、儿媳发现二人关系过于密切，儿媳登门大骂“小妖精”，要把小保姆立刻赶走，但是老教授坚决不同意。老教授想，这也不是长久之计，干脆结婚算了。他就向小保姆提出来，小保姆又惊又喜，她还没有想到这一步，但是小保姆的父母等人不同意。不同意也无济于事，因为小保姆根本就不必回老家了。

儿子和儿媳吵得更凶了。他们二人吵什么？吵房子！吵财产！本来老教授百年之后，这一切都归他们二人了，想不到半路杀出个“程咬金”！确切地说，这个“程咬金”是他们自己请来的。老教授毕竟是有修养的人，他也体谅儿子的心事。他决定：第一，婚一定要结；第二，把洋楼卖掉，所得款项，一半给儿子和儿媳，另一半由他与未婚妻共有。……费了很大力气，这两件事都办成了。在老教授的指点下，这位真正的小夫人也开始学医了(在结婚之前，老教授就给她治好一种常见的妇科病)。又过了几年，老教授去世了。这位小夫人决心继承丈夫的事业，立志也成为一位名医！

这是一种顺理成章、名正言顺的反客为主，还有许多是通过“喧宾夺主”的方式成为主人的，这些就不说了。

例 2. 无端受猜疑。某雇主请来一位女保姆，开始几个月还可以，双方相安无事。不久，女主人枕头下面的 2000 元钱不翼而飞。她毫无根据地一口咬定是保姆偷了，双方立刻翻脸，大闹一场。过几天，邻居告诉女主人，她那小儿子拿去打游戏机(赌博性质的)。女主人又向保姆赔礼道歉，但保姆坚决不干了，付清工钱，走人！

这种事情太多了，真是弄不明白，为什么丢了钱物就毫无根据地怀疑是保姆干的呢？甚至有的家庭成员，偷家人东西，然后再栽赃，硬说是保姆干的。真是不应该！

例 3. 私招保姆受害深。1998 年 10 月，日籍华人刘某来到北京崇文门三角地区非法劳务市场，私自把重庆南川市大观镇的陈某招至家中做保姆。几天后，陈某以送信为由外出，一去不回来。随后，刘某发现家中失窃，便四处寻找其保姆，未找到。刘某只好再次到崇文门三角地区请保姆，但意外发现陈某也在此！立刻请执法人员把她逮住。当时就从她身上搜出刘某家中失窃的钱包及人民币，共计 7040 元。保姆偷盗，也是常见的，但她们往往是雇主私自招收的。

例 4. 老保姆勇斗歹徒。一位农村老保姆，已 50 岁，在广州市王雇主家做工。一天傍晚，她听到屋里有异常的响声，一看，果然有一个男子在行窃，她操菜刀，并大声喝叫，向那男子赶去，那个男子夺过菜刀又向她砍去，把她砍昏在地，连砍了 51 刀，仅头部就中了 17 刀。那男子搜刮完财物准备逃跑时，她又苏醒过来了，已是一个“血人”了，又重新扑向歹徒，到底还是做贼心虚，那个男子见此状，吓得丢下财物逃去。当把她送到医院后，经过数名医生奋力抢救 8 个小时，才把她从死神那里夺了回来。雇主表示，花多少钱也要治好她的病，还要为她整容。可见，不贪不偷，一身正气的保姆也是大有人在。

例 5. 暂辞却永别。北京某夫妇刚出国归来，请了一个小保姆，照料小孩子。快过春节了，小保姆提出要回安徽老家一趟，过完春节尽快回来。这对夫妇也同意了，并为她买了礼物，最后还把出国用的高级旅行箱借给她用，说好了回来后还给这对夫妇。男主人还把她送上火车，但是春节过了两个月，这个小保姆竟然不再登门，弄得这对夫妇实在是别扭。想再请一个保姆吧，又怕她回来了，不请吧，这样下去又受不了。最后还是又请了一位。但是这对夫妇可再不敢借出高级旅行箱之类的东西给小保姆用了。因为根据这对夫妇分析，那位小保姆肯定是在路上或回家后，看上了这个箱子，所以顿时生了歹意，暂辞成了永别。看来人际关系过分看淡不好，过分热忱又易生邪。

第六节　无业游民走四方

无业游民是那些无合法有效证件、无正当职业、无固定住所的“三无”人员。他们绝大部分来自农村。这部分人约占目前农村外出人员的 5%。但是他们的犯罪案件却占所有外出农民犯罪案件的 60%以上，有的市可高达 90%以上。他们是真正的“流民”、“盲流”。

一、无业游民与“民工潮”

民工潮是指众多外出务工经商的农民所形成的浪潮，他们的本意并不是要外出盲流、当流民。但是，民工潮又的确与无业游民有一定的联系。因为有许多农民外出务工经商就是无合法有效证件、无正当职业、无固定住处。只有当他找到工作时，后“二无”才能得到暂时解决，前“一无”仍然得不到解决。大多数农民都是带着合法有效证件外出的，但是也确实有一些农民根本就没有带证件也外出了。有一些农民曾经找到工作了，干了一阵子，活干完了，当然也就无正当职业、无固定住处了。至少在他重新找到工作之前，只能如此。所以，当一些市清理“三无”人员时，往往也把他们一起清理出去。

在民工潮还没有形成“大潮”之前，人们往往称外出农民和劳动力为“自流人口”或“自发流入人口”。这已比称“流民”、“盲流”要进步多了。

例如，据由中国著名经济学家和人口学家集体编写的专著中写道：“根据黑龙江民政局对 1973 年到 1982 年的自发流入人口的统计，十年中共收容 428350 人，其中一般农民占 48.9%，受灾农民占 17.5%，城镇闲散人口占 4.7%。从迁出地区来看，来自关内的占 61%，多数是来自山东、河北、苏北、安徽、河南等比较贫困的农业地区，而且绝大多数是单身(约占 90%，随带家属的只占 10%)。再从迁转人口的自然构成来看，性别构成中男性占 90%，女性占 10%；年龄构成中青壮年占 83%，少年儿童占 11%，老年人只占 5%。”

“根据 1978 年黑龙江哈尔滨、齐齐哈尔、佳木斯、双城、七台河、集贤、龙江、桦南和铁力等地农业公社、工矿林区以及齐齐哈尔铁路分局收容的 29449 名自发流入人口情况分析：(1) 自发流入人口的迁移原因是由于原籍收入很低，生活困难或因受灾而流入当地。希望继续在农村从事农业的占 74%。(2) 自流人口流入后的谋生手段，依靠农业生产劳动的占 62%。(3) 自流人口流入后的生活状况属于自食其力，收入稳定而且生活稳定的占 70% 左右。"①

二、无业游民的类别特征

无业游民主要以四种状态存在：四处乞讨，以此为业、为生，偶尔也干点偷鸡摸狗的轻微犯罪活动；被清理、收容、遣返回家；以不正当职业谋生；以从事犯罪活动为业，或是流窜作案，走到哪偷到哪，偷到哪走到哪，或是结成团伙，形成帮派，划分地盘，成为黑社会势力或类似黑社会势力的派别。这里主要探讨前三种状态。

1. 乞讨

乞讨是一个典型的社会问题。历史上早就存在这一现象。目前，贫困国家里有乞丐，发达国家里也有乞丐。贫困是产生乞讨的原因，但是，懒惰也是产生乞讨的原因。

然而，改革开放不久，随着民工潮的发展，在中国大地上，从城市到农村、从内陆到沿海，突然冒出大量乞丐。有人估计，1986 年全国就有 100 万乞丐，并认为其中真正因为生活无着落而乞讨的只占 10%~20%，以骗钱为目的的假乞丐占 80%~90%。而民政部有关人士坚决否定这一数字，认为只有 10 万来人，并且认为这一估计数已经很高了。有人还认为乞丐只占 20%~30%。有人估计，在 90 年代初，在北京的常住乞丐就有 3 万多人，这些人人均月乞讨收入不少于 200 元！

在旧社会，乞讨者大多数是因为生活所迫，而今天，无论如何决不能认为也是这样。今日的乞丐一是因为懒，二是要挣钱。许多乞丐是有组织、有地盘的。有的假乞丐操纵一批真乞丐及假乞丐，

---

① 许涤新主编：《当代中国的人口》，中国社会科学出版社 1988 年版，第 253、255 页。

讨到钱，操纵者要提成。有一些少年儿童乞丐就是被人操纵，一般是被成年乞丐操纵。

乞丐有野蛮的与文明的两种类型。野蛮型的就是装出一副可怜样子，乞求别人给点钱财，也是传统型的。文明型的则是以正人君子的样子，专门盯着那些面貌和蔼的人，走向前去，说：我的钱包被人偷了，或是以治病钱不够了等理由，请求给钱。1988 年，笔者从北京火车站(北京站)回保定，排队买火车票时，一位女同志焦急地走到我面前，问我：你到哪去啊？我说到保定。她马上说，呀！我也到保定，咱们是同路！但我买车票钱不够了，只差 5 角钱，你能不能借给我 5 角钱，回保定后我一定还给你。我想一想，这一定是一个小小的骗局。因为她是先问我到哪去，然后又说她也到保定。我对她说：这样吧，你不就是缺 5 角钱吗？你把那三块伍毛钱给我(当时从北京到保定直快票 4 元)，到我买票时我多买一张票给你，不就可以了吗？她坚决不同意，不高兴地走了。

目前的乞丐，主要集中在沿海开放城市和地区，二是大中城市。沿海城市乞丐现象以广东(含深圳)和福建为典型。例如，随着广东、福建等省沿海城市及侨乡经济建设的发展，以及港澳同胞回内地观光旅游人数的增多，前来这些地区的乞丐日益增多。1980 年以前，广东省每年收容流浪乞讨人员几千人，但以后逐年猛增，到 80 年代中期每年已达几万人。

面对如此庞大的乞丐队伍，有关部门感到迷惑不解，便进行了一番调查，结果发现，现在的乞丐并不是过去那种“朱门酒肉臭，路有冻死骨”的社会状况的写照。这些乞丐专门聚集于城市的交通要道、公共场所和港澳同胞及外宾来往较多的地方，一不乞食，二不乞衣，专门乞钱，他们是在借此道发家致富。在讨不到的情况下，可能去捡破烂，也可能去偷、去骗，等等。1985 年，广东省有关部门在被收容的流浪乞讨人员中，共审查出抢劫、杀人等犯罪分子 700 多人，而真正无依无靠、无生活来源的流浪乞讨者仅占总数的 12%左右。湖北省一对夫妇带着 4 个孩子到广州市乞讨，被收容时发现身上有 1100 多元钱的存折和 300 多斤粮票。河南省的一个残疾人在广州乞讨 8 个月，共汇回家 445 元钱，身上还有 300 元的存折及少量现金。他平均每月除食用外的纯收入达 100 多元。在流入广东省的乞讨人员中，最多的来自湖南、河南、安徽等省，其中湖南省占 42%。有些人屡遣屡返，个别人曾被有关部门收容遣返达 14 次。

在福建省的一些侨乡和沿海开放城市，乞丐也是成群结伙。他们是针对回国侨胞来的。1985 年 4 月，一华侨观光团一行十人，专程回到福建省晋江县深沪乡，参加侨办学校奠基典礼，一百多名乞丐闻讯而来，大肆乞讨，造成极其恶劣的影响。

自 20 世纪 80 年代末以来，在深圳的乞丐，收入更高。1999 年 3 月 5 日，在深圳某街道上，一辆出租车上下来三女二男共 5 人，衣服整洁，看上去都有 60 岁了，他们下车后隐没在一个墙角里，几分钟之后，就变得破衣烂鞋，手里还提着一个破布袋子，然后各自分头行动，开始乞讨。在深圳的一些公共场所和繁华路段，乞讨者之多让人望而却步，心惊胆战。有许多乞讨者不仅破衣烂衫，而且满脸污垢，头发乱作一团，使人无法认清他的真面孔和表情，一副万分可怜样子。也有的乞丐以自己的身残为内容或是以家乡受灾为内容，书写一个牌子，放在身边，供人阅看，以便给钱。有一位老年人近 70 岁了，1996 年到深圳乞讨，一年赚了大钱，至少有 1 万元。1997 年，他又把儿子、儿媳、老伴都拉来了，守住几个生意好的地角，大肆行乞，不到一年，家里的新楼拔地而起。儿子回家则乘飞机，至于乘坐的士，更是很随便的事。

在内陆大中城市，乞丐也是经常可见，尤其是在火车站、汽车站、繁华街道，更是天天可见。就以保定市区来说，在繁华路段——裕华路、火车站，都能见到不少的乞讨者，老年人、残疾人行乞以“坐商”的形式出现，在某一行人要道，长跪不起。儿童行乞是以“行商”的形式出现，在一行人多的路段来回走动。1997 年 7 月，在裕华中路上，就有自称是来自安徽阜阳的两个小男孩和一个小女孩在同时乞讨。大的男孩身着破烂衣服，头发乱作一团，面色苍白，在马路边手持一张牌子，另一手持着一个袋子。牌上写着自己的“不幸经历”：男，14 岁，5 年级，但因后母相逼，无钱上学，只好以乞讨为生。这种行乞方式已经十分普遍了，行人没有给予足够的同情，没给多少钱。另一个自称 9 岁的男孩，采取一种较新的行乞方式：剃光脑袋，衣着一般，在马路边上用粉笔书写自己所谓的"苦难历史"，一声不吭，十分卖力。写完之后，又写了长 20 句的打油诗，句子十分押韵，字体也较秀丽，其中有几句是：

"小孩苦彷徨，亲妈上天堂，后母紧相逼，上学无指望。……"

一个 9 岁的孩子，又被迫中断学习，竟能写出这样的打油诗，堪称"文学神童"。背后必有操纵者。但是这毕竟引起许多路人的同情，人们开始向盆里扔钱，不到 1 个小时，盆里已有 20 多元钱。在这个过程中，小男孩连眼皮抬也不抬，一直望着地面。这里，一位中年妇女指着那位大一点的小男孩说："看！你字写不好，要饭也没人给。"

在另外一处，有一个 10 多岁的小女孩也在乞讨。小女孩的牌子上写着：母亲身患重病，既要给母亲治病，自己又要上学……小女孩摆着其母生病时的照片，并有安徽阜阳医院的证明，也使得路人往盆子里扔钱。

但是，到晚上 6 点 50 分左右，这三个小孩不约而同地向西走去，在保定宾馆那儿的路口聚齐。这时，一位妇女骑着三轮车接他们走了。这位妇女外貌与照片上的女人差不多。

第二天，记者看见他们在紧挨着火车站建华路上以同样的办法行乞，钱挣得也不少。不过，有人已发现了他们的诡计："昨天在裕华路给过钱，今天又在建华路来坑人，真该治一治他们了。"①

另外，有些乞讨者更直截了当，更具有欺诈性。有的人打扮成尼姑、和尚，身穿这种职业化的衣服，手提一个袋子，或是背在身后，挨家挨户讨要。你一开门，她就把早已背得滚瓜烂熟的"台词"背诵一遍：给点钱吧，积德积福、全家平安、岁岁平安、步步高升，……你不给她钱，她也就转身而去。还有一些乞讨者，打着种种募捐的旗号，到处行骗。1998 年，长江中下游许多地区遭洪

① 郑音：《行乞方式花样多》，载《保定广播电视报》1999 年 7 月 27 日第 23 版。

水之灾，全国人人皆知，所以，从 1998 年下半年到 1999 年上半年，许多省市出现个人“救灾募捐”行动。如，1999 年 6 月份，在南方浙江等地，人们发现一些人手持安徽某县政府和当地教育局的信函，以“1998 年水灾冲毁，孩子无法上学”等名义，上门向居民募集“赞助教育”资金。不少居民信以为真，纷纷解囊助钱。后经当地有关部门与安徽某县调查核实，发现根本没有这回事。

2. 收容遣返

对社会上的流浪汉进行收容，并对其中大部分进行教育、强制劳动和遣返，是各国通行的办法。我国的收容工作从 20 世纪 50 年代就开始了。20 世纪 50 年代收容人数较多，但主要来自城市的无业游民。在 20 世纪 60 年代和 70 年代，收容人数很少，这项工作基本停止。1953 年年底，全国城市共收容 34. 4 万人，1958 年收容 7. 5 万人，1964 年收容 14 万人，1978 年仅收容 5. 7 万人。

改革开放后，无业游民大量增加，但不是来自城市，而主要是来自农村。1985 年，全国设立收容遣送站 636 个，其中省级 5 个，市(地)级 240 个，县级 390 个。当年收容入站 62. 8 万人，处理 62. 6 万人，其中遣送回籍 46. 2 万人，送农场和社会福利事业单位 3500 人，转其他部门处理的 16 万人。此外，属于不设站收容遣送的 12. 9 万人。1989 年，全国收容遣送站收容 773679 人次，广东省最多，达 236909 人次(广州 18730 人次，深圳 59150 人次)。不设站收容遣送 166350 人次，二者合计 94 万人次。在这 94 万人次当中，遣送回籍的 51 万多，送农场的 1. 4 万，送社会福利单位的 1. 5 万，转其他部门处理的 6. 2 万，其他 23. 4 万。收容遣送费，1988 年为 7323. 3 万元，1989 年为 8747. 3 万元。

1996 年，许多省市开展了清理无业游民的行动。广东省 1996 年清理出“三无”人员并遣送回籍近 6 万人，还动员 4 万多人自动回乡，合计在 10 万左右。1997 年 9 月，云南省在全省范围开展了清查遣送“三无”盲流人员集中统一行动，共收容 9423 人，已遣送 2514 人。

深圳一直是无业游民的“乐园”。仅 1979 年至 1992 年年底，被有关部门收容清理遣送出特区的累计有 76 万多人次，1993 年第一季度又遣送出去23338人次。1994年春季又有10多万人被遣送出去。据深圳市公安局估计，深圳特区内有近50万的“三无”人员，这些人员大多在山边、路边、沟边的空地上搭窝建棚，逐渐形成一个一个的棚户区，被人戏称为“吉普赛部落”。虽然深圳建特区后建立了一道100多公里长的“二线”铁丝网，将内地和特区分隔开来，但这些“三无”人员通过各种“暗道”混进特区，一些企业和酒楼的私招滥雇，也使“三无”人员在特区可以找到藏身之地。“三无”人员的增多成了深圳各种犯罪活动增多的主要根源。据统计，20世纪90年代前期，深圳市97%的案件系外来人员所为。这些“三无”人员以收购废品、做买卖、打工等为掩护，白天“踩点”，晚上作案。1993年上半年深圳市查获犯罪团伙367个，抓获案犯1967人，其中95%以上案犯都是“三无”人员。深圳市场上假冒伪劣产品充斥，地下加工厂横行，据查大都是“三无”人员所为。①

在其他地区也是一样，大量“三无”人员白天乞讨、捡破烂，晚上进行扒窃，甚至白天也是一边捡破烂，一边扒窃。例如，在武昌火车站南站附近，有大量“三无”人员，仅洪山区青菱乡的7个村就有3000多人，其中相当一部分人专靠“吃铁路”为生。1995年6月，这个站因货物被盗就付了46万元的赔偿费。在武汉铁路沿线租房或搭棚子居住的外来人口有数万人，他们出没于铁路沿线和车站，在被铁路公安部门抓获的940多名案犯中，外来人员就占750多名；在破获的24个盗窃团伙中，117人是外来人员。

武汉钢铁集团公司是拥有12万职工、年产钢铁双500万吨的大型钢铁企业，1994年为国家上缴利税19.6亿元。但是自80年代以来，逐渐在武钢周围聚集了1.5万多来自湖北及其他省的流动人口，其中不少成为以偷盗钢材为生的“钢耗子”，造成武钢周边哄抢、盗窃钢材的案件屡禁不绝。这些人白天在武钢周围捡破烂，晚上就猖狂扒窃。他们已经形成了盗窃、运输、销售一条龙作业。他们不仅在武钢外围行窃，而且还深入到厂区内部行窃。武钢配料

① 易运文：《深圳清理“三无”人员》，载《光明日报》1994年3月25日第4版。

站共有两道高高的屏障，前方200米远是3米高的混凝土围墙，近处是两米高的砖围墙，盗窃分子仍可以利用梯子、绳索越墙而入。长期偷盗使他们练就了一套飞檐走壁的本领。仅1995年上半年，发生在武钢周边的哄抢案件中，5人以上的团伙持械、带有暴力性质的哄抢就有93起，损失钢材折合人民币249万元。有的外来人员就说："住在武钢边，伸手就是钱，一天百把块，何必去种田。"此外，在武钢周边，有营业执照的收购站和无营业执照的非法收购站有100多个，其中90%以上因收赃受过公安、工商部门处罚。但它们生意依然红火。①

正因为目前的"三无"人员及整个被收容人员的情况十分复杂，给收容工作带来了许多困难：第一，工作量太大，难以充分完成。在20世纪80年代以前，收容量不大，还能承受，目前，清查收容要投入大量人力物力，如交通费用、组织管理费用等，收容工作已经无法正常、严格、有序地进行，许多大城市往往是重大节日或重要活动期间，突击大规模清查一遍，以便暂时缓减城市混乱。第二，被收容人员成份复杂，增加管理难度。有许多人在被收容过程中就溜掉了，有的人被收容了十几次。也有的人偏偏就是要进收容所，这些人往往是重大案犯。例如，辽宁省盘锦市收容遣送站，自成立到1999年上半年，抢救了120名垂危病人，为800多名走失的精神病人找到了家，让150多名离家出走的少年儿童与家人团聚。但也有不法分子把这里当成"避风港"。盲流曹东成以捡破烂为幌子，白天踩点探路，晚上结伙作案，多次盗窃油田物资，总价值达10多万元。1996年"严打"期间，他见风声不妙，装成乞丐混进收容站，但刚进来两天就被识破。公安人员以此人为线索，连锁破案70多起。在几年的时间里，该收容站配合公安部门破获22个盗窃团伙，抓捕犯罪嫌疑人120多人。② 第三，由于收容、遣送人员多，难以完成遣送任务。在过去，遣送是要押送回原籍的。现

① 沈剑华、包军昊：《"钢耗子"作乱武钢周边》，载《人民日报》1995年12月12日第2版。

② 杨芳久：《公仆情怀》，载《人民日报》1999年5月7日第3版。

在，许多收容遣送行动，仅是送出本市、本地区，就把他们放在那里不管了。如上述引用的关于深圳遣送“三无”人员，只是说“遣送出特区”，而不是送回原籍，这样，许多遣送努力都是半途而废。从另一方面看，深圳几十万“三无”人员，根本不可能一一送回原籍，即便要送回各自的省市区也是很难的，甚至是根本不可能的，几十万人相当于迁移一个中等城市。

3. 不正当职业

在无业游民中，有的也找到了职业，不过，这是一些说出来令人啼笑皆非的职业。近年来，一些民工，或许因为一时找不到正当的工作，或许因为想挣一些省力气的钱，所以就创造出一些 360 行之外的职业，打工送葬就是其中之一。有些民工，到外地打起送葬之“工”，有的人家里死了人，他可以去哭，然后得到一份工钱。1998 年 1 月 25 日，在天津市北辰区某村，一队为刚去世的单身老人送葬的人群前边，出现了几个大呼亲爹的“孝子”。村红白理事会主任杨某感到纳闷：死者家庭的祖孙几代人的事儿我都知道，怎么会突然冒出来了这么多的儿子？这些旁观者告诉他：“这些人是外地打工的。”

据当地知情人介绍，这些吊孝者原是在公路边或村口待雇用的外地装卸民工。他们找不到活干时，看到送葬队伍就随队捧场吊孝，有一些丧主给点劳务费。于是他们便四处打听信息，哪村有老人去世(似乎只能是去世的老人)，他们就主动上门“服务”。干一段时间之后，他们已经有点职业化了：不仅积存了孝衣、孝帽、麻绳等“行头”，而且还有分工：扮儿、扮女、扮女婿，等等，还练就了一套“大哭”、“小哭”、“男哭”、“女哭”不同的哭腔，绝大多数能泪流满面。丧主一给劳务费，他们就马上便破涕为笑，满面春风。据介绍，这一职业在日本早就有了，没想到，在中国也有了。此外，还有一些民工，在一时找不到活儿干时，便打扮一番，混进召开各种会议的大小饭店骗吃骗喝，有时还会得到会议发给的各种纪念品。

综上所述，农民外出务工经商，分布于各种行业、产业、职业和各种所有制性质单位，但是分布状态很不均匀，这主要受这些行业、产业、职业和单位对民工的需求。打工者主要是受雇于别人，如到工矿企业打工。经商者主要是自谋职业、自谋生路，如长途贩运、摆摊设点。农民外出打工者一般是从事体力劳动，经商者一般是从事小本经营，都是挣辛苦钱。当然也有少数佼佼者成为企业承包者、经营管理者。从区域角度看，来自不同地区的农民工在职业选择上，或多或少地带有历史传统的色彩。如，江浙一带外出的农民从事个体经商者的较多；安徽和河南外出的民工从事废旧物资回收业的较多，同时安徽外出农村女性从事保姆业的较多；四川、湖南和湖北外出民工从事体力劳动的较多；等等。建筑业较发达的地区外出民工，从事建筑业的较多。不过，随着时代的变迁，上述分布也在不断变化，现代流民也在紧跟时代的脚步。

第五章

观“潮”咏叹

——现代流民功过评说

“民工潮”已经涌动了近20年，这是一场席卷全国的农民迁徙运动，如何评说它的功过是非？国内外许多学者发表了自己的高见，甚至民工本人也时常自我评价。本章主要探讨民工潮对民工个人及家庭、对民工输出地和输入地、对农村和城市、对宏观经济和社会发展的积极作用和负面影响，并对产生这些作用和影响的主、客观原因进行剖析，对有关争议问题进行分析。

第一节　对经济社会发展的积极作用

首先应该指出，仅从经济的角度看，今日的“民工潮”就明显不同于旧中国的“盲流”。第一，民工潮的人力资本含量增大。他们中的大多数是强壮劳动力，拥有一定的技能。流动中的民工的文化水平虽然大多低于流入地，但是大多明显高于留在本地农村劳动力的文化水平。如据对河北省调查，1991年，外出打工者中，初中以上文化水平的占65.4%，而未外出打工的劳动力中，这一比例为46.9%。第二，民工潮的物质资本含量增大。外出务工经商也需要投资，至少需要携带一定量的现金。据调查，从广西的马山县到深圳打工，每人需要携带 1800 元，要到南宁或北海打工要有 1300 元；即便到县城打工也得 700 元。通过政府组织的劳务输出，从桂西向广东省输出一名青壮年劳动力的全部费用是 2000 元。① 据我们于 1999 年 6 月对河北省政府部门组织劳务输出调查，从河北向京津两市输出劳动力，每输出一名农村劳动力，仅政府支付的成本就达 40 元。假定离开本乡镇的民工每人携带 700 元，则 1995 年中 6500 万～7500 万离开本乡镇的民工共需携带 420 亿～525 亿元现金。第三，民工潮的科技含量增大。民工潮导致科学技术、管理经验和传统工艺等迅速传播，一方面，许多民工外出时已有一技之长，这必然会引起技术向外传播；另一方面，他们又学会许多新技术带回家乡，有些民工在打工时已经成为中层或基层的技术人员或管理人员，许多打工仔返乡后成为“创业主”。据对阜阳地区返乡后在乡镇企业工作的民工调查，他们基本上掌握了一门或数门技术，其中 60%在回归前是用工单位的技术骨干，20%同时又是中层管理人员。第四，民工潮的市场含量增大。民工流动的目的很明确，即为了获得更大的收益，这本身就是市场发展的基本动力，民工潮还促进了第三产业与货币经济的发展。2000 年左右，北京、广州市的居民出租房租给外地人的租金每年都在 10 亿元以上，以至于当市政府有关部门要清理整顿各种非法市场和非法房屋出租时，担心主要阻力不是来自民工，而是来自居民。

一、对民工及家庭的积极作用与影响

农民外出务工经商，可以增加个人收入、学到技术与管理经验，同时也利于农民更新观念、改变行为方式。

农民外出打工一年的收入是多少呢？

据 20 世纪 90 年代以来的各方面调查数据，农民外出一年的收入(含生活费用)在 2000～4000 元左右，20 世纪 90 年代初在 2000 元左右，90 年代末在 4000 多元。与未外出农村劳动力相比，外出

---

① 《光明日报》1996 年 4 月 29 日第 3 版。

劳动力一年收入大约是未外出劳动力纯收入(扣除生产成本，但也含生活费用)的1~3倍。外出劳动力较多的地区，由于外出劳动力收入的增加，可使全部农村人口人均纯收入增长15%左右。

但是，具体到各个行业，以及东、中、西部不同地区，外出劳动力的收入差距还是很大的。另外有一点应注意，当把全国农村外出务工经商劳动力人均年收入与全国农村所有劳动力人均年纯收入进行比较时，会缩小打工者收入增加的幅度，因为打工者往往来自贫困农村，尤其来自人多地少、乡镇企业又不够发达的农村地区。他们打工的收入水平会大大地高于本村、本乡的农民平均收入水平，但与全国农民平均水平相比，差距会有一定的缩小。而在我们掌握的这方面的资料当中(也是以下我们将要引用的)，往往只是把打工收入与全国、全省、全市农民平均收入水平进行比较，而没有与其本县、本乡镇、本村农民收入进行比较，这一点往往注意不够。另外，有许多抽样调查资料分析，是把打工收入与农村所有农民人均纯收入进行比较，这样会夸大打工者收入水平，而应该是把打工者收入与本村、本乡镇、本县在业劳动力的人均年纯收入比较，才能较好地反映外出打工者的实际收益和经济价值。

据对安徽、四川、湖南、湖北、河南和江西六省抽样调查资料推算，1992年外出农民创收280亿元，平均每个外出劳动力1200元。安徽民工创收75亿元，比当年全省55亿元的财政收入多出20亿元。江西省民工外出创收38亿元，全省农民因此人均增加收入120元，近两年农民增加收入中的近一半来自劳务收入。河南省林县“十万大军出太行”，1993年全县建筑业队伍发展到15万人，收入4.5亿元，占农民全年收入的60%。另据1993年的一项全国性抽样调查，1993年农村外出打工人员年均人收入为3053元，大约是全体农村劳动力收入的2.1倍，是没有外出打工农村劳动力收入的2.2倍。但是分行业、分性别看，还是有很大差异：工业为2561元，其中男性为2673元，女性为2337元；建筑业为2975元，其中男性为3010元，女性为1849元；运输业为3840元，其中男性为3831元，女性为4056元；商业饮食服务业为3293元，其中男性为3346元，女性为3155元；农业为2560元，其中男性为

2547 元，女性为 2626 元。

从各行业的人均年收入水平看，从事运输业的收入最高，比外出打工人员总人均收入高 25. 8%。这与运输业本身的特殊性有关，如从事运输业的首先要有人力资本投资，即要先学会驾驶技术及必要的维修技术，并且风险也较大。另外如果是自有运输工具，这也需要一定的投资。从事商业饮食服务业的收入也较高，比外出打工人员总人均年收入高 7. 86%。从事建筑业的收入要比外出打工人员总人均年收入要低，但高于从事工业和农业的。而从事工业和从事农业的收入最低，并且二者之间几乎没有差别。

从各行业的男女收入水平看，也有一定差别。从事工业、建筑业和商业饮食服务业的女性人均年收入比男性人均年收入要低，尤其是在建筑业，男性收入要比女性收入高出 62. 8%。这主要是因为男性从事危险性大、较苦较重的工作，而女性由于自身条件的限制，主要从事危险性小、较轻松的工作，也就是通常所说的，男性在第一线，女性在第二线。另外，从事运输业和农业的女性人均年收入要比男性人均年收入高，分别高出 5. 87%和 3. 1%。但是从事这两个行业的女性占比例较低，在建筑业、运输业和农业中的女性共占外出打工女性总人数的 11. 2%。

从打工者在不同地区的同种行业的人均收入水平看，也有差异，并且是在西部打工收入较高。以海南、黑龙江和西藏三省区内打工者收入水平看，从事工业的，在西藏人均收入 6000 元，在黑龙江人均收入 3980 元，在海南人均收入 3654 元。从事建筑业的，三地人均收入分别为 6183 元、2759 元和 4117 元。从事运输业的，三地人均收入分别为 7015 元、3000 元和 4200 元。从事商业饮食服务业的，三地人均收入分别为 14057 元、5219 元和 6081 元。总之，在这四个主要行业，人均收入均为在西藏打工的最高。但是在海南打工人员在建筑业、运输业和商业饮食服务业的人均收入均比黑龙江高，分别高出 49%、40%和 17%。

据对国家统计局 1992—1996 年各省农村住户调查资料的分析，在影响农民收入的各项主要因素中，劳务收入与其毛收入、人均纯收入之间的相关系数最大，分别达到 0. 83 和 0. 93；而农民种植业收入与其毛收入的相关系数为0.47，虽然达到了统计学上的显著水平，但大大低于劳务收入与毛收入的相关系数，与农民人均纯收入则表现为不相关；农民种粮收入与其毛收入、人均收入的相关系数更小，均在显著水平以下，特别是与农民人均纯收入的相关系数在0.15以下，几乎不相关。

全国的民工到底挣了多少钱？

1997年，至少有3400万民工在全国县城以上的城市打工半年以上，他们一年共挣了将近2000亿元，平均每人5647元。这是国家统计局有关方面对全国6万多农户约15万个劳动力的抽样调查和最新农业普查资料进行推算的结果。城市农民工在流向和收入水平上具有明显的差异。1997年，57%的农民工去了东部城市，他们挣的钱是全部城市农民工的67%，平均每人6633元。25%的农民工去了中部城市，获得了总收入的19.4%，人均4454元。18%的农民工去了西部城市，获得了总收入的13.6%，人均4158元。这3400万民工仅相当全部民工(含在县城以下单位打工的、出省和在本省内打工不足半年的)的50%左右。如果这另外50%民工收入按前50%民工总收入2000亿元的一半推算，也有1000亿元，即全部民工总收入在3000亿元左右。

另据国家统计局对1998年全国6万多农户的抽样调查资料推算，1998年我国农村劳动力跨省区就业时间超过半年(下同)的人数达2200多万人，占全国农村劳动力的4%，1998年跨省区就业劳动力人均获得总收入约5591元。虽然这个数字比1997年5642元减少，但是1998年商品零售物价总指数下降了2.6%。所以，实际上1998年民工人均总收入不是下降了，反是上升了，达到5740元[5591÷(1-0.026)]，比1997年增加了98.2元。而1998年全国民工总规模与1997年持平，所以，1998年全国民工总收入要大于1997年的总收入，很可能会超过3000亿元。

不过，各地区、各行业民工收入水平仍有明显差异，并且这种差异有所扩大。东部地区的外出劳动力人均获得总收入约为10451元，中部地区为5027元，西部地区为5086元，东部地区为中部地区的2.08倍，为西部地区的2.05倍。分行业看，从事交通运输、商业饮食和邮电通讯业所取得的总收入高于其他各业。交通运输业人均收入 9203 元，为各业平均水平的 1.65 倍；商业饮食业为 9074 元，邮电通讯业为 8436 元，分别超过各业平均水平 62.3% 和 50.9%。其他各业之间无明显差别，如服务业为 5807 元，文教卫生为 5630 元，建筑业为 5532 元，农业为 5218 元。

打工者主要从沿海发达地区、大城市、特区等挣得大量现金收入。据保守估计，深圳外来打工者在到 1994 年上半年的 10 年间仅寄往内地的汇款至少超出 200 亿元，如果再加他们每年回家时携带现金和购买物品的费用，这个数字可能达 400 多亿元。据深圳市邮电局透露，深圳邮政汇兑业务量逐年猛增。1990 年，深圳发出的汇票数为 417 万张，金额为 16 亿元；1992 年猛增为 785 万张，金额为 45 亿元；1993 年增至 1017 万张和 75 亿元。在深圳每年寄往外地的数十亿汇款中，80% 以上是打工者寄回家乡的打工收入。1993 年年底，深圳在内地招募的劳务工达 183 万人，1994 年大约为 200 万人。这些打工者大部分来自经济相对落后的省市农村，许多人把到深圳打工当作自己的一条致富路。湖北咸宁的一个比较贫困的山乡，到深圳打工者 1600 多人，10 多年间这些人给家乡寄回打工款 320 万元。安徽省在深圳打工者，平均每人每年可给家乡寄回 5000 元。① 在 1995～1996 年，外地民工每年就从深圳寄回 100 多亿元，从上海寄回 60 多亿元。从北京寄回和带回 80 多亿元，当然，有些省份的农民外出打工收入比家乡农民收入并不是高出很多。但是也有一些省份，农民外出打工收入比不外出打工农民的收入要高出许多，差距较大，如四川、安徽、河南、贵州、湖北、陕西等。

四川是人口大省，近几年外出打工者和打工收入不断增加。1993 年外出打工 1000 多万人次，其中跨省 500 万人次，出国 1100 多人，全年打工收入 100 多亿元，其中通过邮政汇回 50 多亿元。1995 年，全省有 600 多万出省民工，寄回和带回现金 170 亿元。

---

① 易运文：《深圳百万打工者十年寄回二百亿》，载《光明日报》1994 年 10 月 7 日第 4 版。

1997年，外出农民工达720万人，其中出省365万人，从省外汇回的现金就达150亿元。1998年，400多万出川民工从邮局汇回款额达160多亿元。

据对四川4000个农户的调查，1998年农村外出打工者人均年收入4119元，比1997年增加270元，增长7%。收入较多的行业是交通运输业，为5585元，比全省平均水平多1466元，高出36.6%；其次是建筑业，为4439元，比全省平均水平多320元，增长7.6%；工业为4086元；服务业为3823元；商业饮食业为3534元；农业为2197元。农业收入水平最低，比全省平均水平低1922元，低46.6%，工业、服务业、商业饮食业人均收入水平也低于全省平均水平。但是与四川省农民1998年劳动力平均纯收入水平相比，仍是高的，1998年四川农民劳动力平均纯收入为2820元(不含打工收入)。在消费方面，四川外出务工经商者人均年生活消费1690元，比1997年多消费90元，增长5.2%。1998年全省农民人均生活消费1440.77元，1997年为1440.48元。可见，四川外出务工经商者1998年收入水平和消费水平均超过本省农民总体收入和消费水平。分行业看，1998年四川外出务工经商者在不同行业，消费水平不同。交通运输业为1960元，建筑业为1789元，服务业为1787元，工业为1621元，文教卫生业为1513元，商业饮食业为1476元，农业为882元。

在四川许多县市，打工收入已经成为致富的重要途径。如在开县，人们把劳务输出看成一个支柱产业。人们形容它“空手出门，抱钱回家；出去1人，脱贫1户，带富一片”。开县是一个大县，人口142万，劳动力70万，富余28万。20世纪90年代以来，每年外出打工的有25万多。从东南沿海到北部边陲，到处都有开县打工人。据县邮电部门统计，全县外出劳工人员每年通过邮局汇回开县的钱达2.7亿元。从万县市乘车进入开县境内，公路两旁到处是新盖的小楼房，让人怀疑是到了珠江三角洲。据该县临江镇统计，全镇外出务工人员每年要从邮局汇回5000多万元，占全镇农、副、工业收入的60%以上。全镇48%的农户盖了新房，镇上还靠农民集资新修了55公里乡村公路，安装了电灯和自来水。

安徽省外出农村劳动力较多，自20世纪80年代以来，安徽保姆就闻名全国。自20世纪90年代初以来，安徽外出劳动力在500万以上。1993年，安徽农村外出打工者约500万人，占农村劳动力的25.6%，其中向省外输出400万人，向境外输出500多人。据调查，季节性输出的占60%，常年输出的占40%。抽样调查显示：安徽外出劳动力人年均收入2200元，其中年收入5000元左右的占10%，2000元的占60%，1000元左右的占20%。1993年，由邮电部门兑付农村汇款比1992年增加10亿元。

河南是一个农业大省，经济发展较为落后，农村外出劳动力较多。1993年，河南省农调队调查结果表明，当年外出劳动力人均在外从业224天，年人均收入3108.9元，比同年全省农村劳动力人均收入2210元多近900元。其中，从事交通运输的年均5197元，商业为4010元，建筑业为3674元，种植业为3454元，从事工业、饮食和服务业的分别为2598元、2016元和1971元。分性别看，男性年均3364元，女性2110元。分文化程度看，高中及以上的年均3443元，初中为3387元，小学为2336元，文盲半文盲为2068元。从技术上看，有技术的年均3536元，无技术的2659元。在本省流动的，年均2995元，出省的3288元。流向西部的年均3958元，流向东部的年均3040元。在省会城市以上大城市的年均3405元，在省会城市以下及县级城市的年均3102元，在县级以下地区的年均2074元。① 另据河南省农调队1995年对42个县91个乡273个村民小组的调查推算，当年该省农村外出打工人员517万人，年人均收入4184元，比同年该省农村所有劳动力年人均收入1897元高出2287元，前者为后者的2.2倍。1995年外出劳动力全年共为家乡寄回、带回资金(包括现金和实物折款)148.87亿元。这笔资金比同年该省的地方财政收入123.1亿元还多25.77亿元。1998年，河南省农村外出劳动力当年人均年收入为3982元，比同年农村全部劳动力人均纯收入2975元高出33.8%。分行业看，从事交通运输业的收入仍然最高，年人均为5762元，其次是商业饮

① 《中国信息报》1994年9月9日第3版。

食业4291元，其他依次为服务业3952元、工业3946元、邮电通讯业3903元、建筑业3861元、异地农业3229元、文教卫生事业3134元。①

贵州省较为落后，贫困县较多，少数民族人口较多。所以贵州省农村劳动力加入民工潮的时间较晚，大约从20世纪80年代后期才呈现出一定规模。但是，由于本地区农村经济落后，所以只要能挣回来一些钱，其作用却是很大的。据有关统计材料估算，在1987—1996年的10年间，贵州省累计有近千万人次农村劳动力外出到其他省份，平均每人每年汇回的货币收入为1000多元。所以，“一人打工，全家脱贫”的情况也就屡见不鲜。如道真仡族苗族自治县，1991—1996年通过外出打工脱贫的农户有4675户，占该县贫困户总数的35%。②

湖北省和湖南省人口密度大，农村人口多，乡镇企业发展远不如东南沿海地区，所以农村外出劳动力也较多。早在1987年，鄂东大别山腹地就有22万农民到外省务工经商，足迹所至多达21个省、市、自治区。从1985年到1987年的3年间，在家乡传统目光和城市现代目光的交叉逼视下，他们每年喜气洋洋地给家乡父老汇回的现金3亿多元，3年共可达10亿元。湖南省外出民工也较多，农民来自打工的收入十分可观。据湖南省醴陵市调查，全市45万农村劳动力中，常年外出打工的约4万多人。1997年外出打工人员寄回现金1.6亿元，按全市89万农村人口计算，人均177元，占当年农民人均收入2529元的15.8%。从事交通运输业的仍然收入较多。湖南株洲县渌口镇两位从事长途运输的专业户，近几年每年每人至少能挣4万至5万元。不过1998年收入明显减少。

陕西省到1997年年底，全省跨地区和跨省流动就业人数达110万人，比1990年增加6倍，年经济收入已达20.4亿元。特别是在最贫困的商洛地区，在20世纪90年代中期，每年劳务收入相

① 《中国劳动保障报》1999年6月24日第3版。

② 史昭乐：《农民流动与西南少数民族地区社会结构变迁》，载胡耀苏等主编：《中国经济开放与社会结构变迁》，社会科学文献出版社1998年版。

当于地方财政收入的6倍。1995年，全地区外出农村劳动力30.8万人，占全区农村劳动力的32.3%，从业人员遍及全国30个省、市。全年收入5.5亿元，占农村经济收入的15.6%，人均250元。

二、对民工输出地经济社会发展的积极作用

民工外出务工经商，不仅对他的本人和家庭有多方面积极作用，而且对输出地整个经济社会的发展都有着积极作用。

(一)促进地方经济发展

农民外出打工，带回了资金，带回了技术和信息，对本地的经济发展起到了积极作用。如四川省开县，20多万人在全国各地务工，使该县与外界形成了一个广泛的信息网络。开县的竹席、药材、柑桔等土特产，主要通过外出务工人员提供的信息销往各地。民工们还把外地的新知识、新观念、新技术等，通过各种途径带回家，推动了本地经济的发展。据1993年调查统计，四川省农村劳务收入中有30亿元投入农业生产，相当于同年国家对四川农林牧渔业基本建设投资的4倍。在整个20世纪90年代，四川外出农村劳动力人数稳中有升，每年打工总收入明显增长，1993年为100多亿元(含邮汇款和携带回家现金)，1997年仅从省外邮汇的劳务收入就上升到150亿元，1998年又上升到160亿元多。即便这些资金中投入到农林牧渔业的规模不多，也保持在30亿元的水平上，近10年来，这是一笔多大的投资!

(二)推动了农村社会化服务体系的发展

随着农民外出数量的不断增多，农村社会化服务体系得到较快发展。1993年，江苏省泗阳县庄圩乡有8000名男子外出打工，乡里的女性、老人自愿组成1800个新型“互助组”。河北省定州市清风店镇有外出经商的传统，镇政府组织27个村街成立专门社会服务队，对外出经商者的土地提供全过程的服务。结果到1996年年底，一下子使农业机械化覆盖面达到95%，外出人口增加到占总人口的1/6，全镇总收入增加3000多万元。河北省高碑店市肖官营乡的兴隆庄村，许多男劳动力外出打工，村中的女性在1998年的相互帮忙干农活的发展过程中，很快形成了“互助组”。这些新

型的农业服务化组织对促进本地农业发展起到了积极作用。

（三）推动了农村社会事业的发展

首先，干群关系得到缓解。有许多村干部发现，随着外出务工经商的多了，虽然暂时也产生了一些麻烦事，如土地撂荒，集体提留交不上来。但是当过一两年后，大批打工者回乡后或是把钱寄回家后，集体提留等比过去省事得多，过去因上交各种税款而造成的干群关系紧张的状况得到缓解。其次，社会事业容易办。在一些穷山村，社会事业，如学校、养老院、修路、修桥等，几乎是无从谈起。当打工者挣钱多了，他们除自己盖房子外，也开始关心社会事业了。某贫困县一位打工者，打工后深深感到，没有文化、没有技术是不行的，所以决心让自己的孩子及村里整个后代学习文化。他用所有务工积攒的钱回家办了一所中学，并且每年从在外打工收入中拿出绝大部分解决学校的日常开支。当地群众称赞他：“一人在外务工，一方乡亲得福”。

三、对输入地经济社会发展的促进作用

改革开放之后20年的民工潮对输入地经济社会的快速发展产生了很大的推动作用。

（一）有利于输入地市场经济尤其是非国有经济的发展

在非国有经济较发达的地区，到处都凝结着外来民工的辛劳和汗水。据农业部信息，20世纪90年代初，全国500家最大乡镇企业，几乎都位于沿海地区，并且这些企业的职工中60%是外来民工。从上海到深圳、从广州市到东莞、从南方乡镇企业到村办和个体企业，外来民工成为一支不可缺少的生力军，许多县级市和乡镇、村级企业中，外来劳动力占一半以上。

（二）推动了某些特殊行业的发展

由于多种原因，我国城市人口生活多年来存在许多“难”，如做衣难、修理难、吃饭难等等。大量农民外出务工经商，促进了建筑、环卫、纺织和饮食服务业的发展。这些“难”的扣结，基本上是民工用那勤劳之手给解开的。北京市农贸市场中60%以上的农副产品是由外来人经销，修理业和保姆业基本上被外来民工

垄断。

（三）繁荣了市场

外来民工收入的大约三分之一是在工作地点消费的，包括日常生活费用和购物。北京地铁因流动人口大量增加而一年增收1个亿。北京市社会商品零售额中，流动人口购买了30%，其他大城市基本上也是这一比重。

四、对宏观经济的影响

民工潮对整个宏观经济产生深远的影响，主要表现为以下几个方面：

（一）对“梯度推进”发展模式产生冲击

“梯度推进”模式认为，发达地区对落后地区的影响是一级一级地逐渐推进的。而大量民工不断在发达地区和落后地区之间流动，把技术和资金等不断从发达地区直接运送到落后地区，会对落后程度不同的地区同时产生影响。如大量资金流向落后地区，人才得到培养，等等。这种推动作用是巨大的。如，中央政府下拨的扶贫资金，1994年还不足98亿元。1996年开始加大扶贫力度，中央政府下拨扶贫资金每年达150亿元左右（其中大量被挪用、挤占、无效果地投放，这一切暂不论述），而在深圳的打工者从20世纪90年代中期开始每年寄回老家的现金就达100多亿元。

（二）促进了劳动力市场的发育

民工潮打破了劳动力市场的城乡界限、地域界限、部门界限，冲击了传统劳动力所有制制度，全面推动了劳动力市场的发育。同时也冲击了人们的传统观念，我们从廉价的农村劳动力中看到了城镇传统的劳动力体制下的种种弊端，如铁饭碗，人员能进不能出；刚性工资，工资能增不能减，干多干少一个样，平均主义的福利待遇，干不干活人人有份。随着城乡一体化劳动力市场的形成，上述问题会得到较好的解决。

（三）对资源配置产生影响

首先，对资源配置方式产生影响。资源配置方式有两种，即计划配置与市场配置。“民工潮”是典型的劳动力资源的市场配置。其次，提高劳动力资源利用效率。在传统计划体制下，我国曾多次在全国范围内迁移、调配劳动力，结果成效不大，而现在的“民工潮”却充分做到了劳动力的全面、快速、低成本的配置。据调查，20世纪50年代全国范围内的农业集体移民安置费5000万元，20世纪60年代到70年代上山下乡知识青年安置费7亿元(均按当时价格计算)。但其定居率极低，前者不足50%，后者仅为5%。

(四)对货币经济产生影响

我国农村经济具有明显的自然经济特征，货币经济还不够发达，这一点无需多述。但是“民工潮”对农村自然经济产生冲击，并推农村经济向货币经济的方向发展。民工把大量货币汇回家乡，大大提高了贫困山区的购买力和发展商品经济的能力，同时把本地产品远销到外地，更是直接发展了商品经济和货币经济。但是另一方面，也可能在局部地区造成通货膨胀。如上所述，1995年全国离开乡镇的民工可能携带420~525亿元现金，这是一个相当大的数字，因为1994年国家净增货币投放量仅为1423.9亿元。“民工货币”加剧通货膨胀主要有两个方面：一是造成货币流通速度放慢，使处于流通中的现金增多；二是造成局部供求失衡，尤其在输出民工较多的贫困山区造成供求失衡。不过，民工潮对货币经济的这种作用，尤其对通货膨胀的作用，到底会有多大，能否被人们感觉到，还要看整个宏观金融形势的变化状况。

(五)加速了产业结构的调整

产业结构的调整有两种方式，一是“内生变量”式调整，即对原有的行业、部门、企业等改造、分离、转产等。这种调整虽然也是必要的，甚至是不可避免的，但是这种调整往往是费时长、耗资大、引起的社会变动也大，从而各种阻力也较大。二是“外生变量”式调整，即通过外部力量的加入，有选择、有重点地加入，来相对地增加某些部门、行业的规模，改善一些比例关系，相对地缩小某些部门、行业的规模等。民工力量的运作，就属于这一种方式。

到20世纪90年代末，我国农村人口占全国总人口的70%，农业劳动力仍占全国劳动力的50%左右。要使我国实现工业化、现代化、城市化，就必须大力减少农村人口和农业劳动力。但是这些劳动力向哪里转移，就是一个关键的问题。实践已经证明，在市场这只“看不见的手”的推动下，大量民工走遍大江南北、天涯海角，他们到处寻找“瓶颈”产业，以便就业。因为只有这些产业才有他们的容身之地、发展之地。

民工劳动力对产业结构调整的作用表现为：第一，推动了第三产业的发展，改善了三次产业的结构。从三次产业结构看，我国第三产业发展滞后，但是城市职工却又不愿从事第三产业，如果单靠城市内部产业结构调整，要加快第三产业发展是很难的。而外出民工大部分是从事第三产业的，这就十分有助于三次产业结构的调整。第二，满足了许多区域、行业对劳动力在短期内大量需求和大量缩减的需要。第三，满足了某些流动性大的行业的需要。如建筑业、交通运输业、保姆业等。第四，促进了某些行业的产生和发展。如房屋出租业、职业中介业。第五，暴露出经济发展中的某些滞后。如交通运输滞后于经济增长，公用事业滞后于经济社会发展、城市化滞后于工业化。第六，推动了区域经济沟通与合作。民工潮推动了东中西部之间、南中北部之间各种层次的经济沟通与合作，这是一种在市场经济机制驱动下的全新的横向经济。

五、对管理体制改革的推动

在民工潮的冲击下，我国管理体制上的许多弊病暴露出来了，这有利于推动有关的改革。

(一)暴露出城乡分离、以户籍为根本前提的传统管理体制的弊病

像我国这样，城乡严重隔离，并且城市和乡村都是以户籍的存在为根本前提的管理体制，在世界上几乎是绝无仅有的。由于城乡分割，农民到城镇就业只能算作二等公民，有关城市人口的一切福利待遇对农民都是无缘的。并且农民在城市里开店办厂、购买住房等都是十分麻烦的事。农民在城市里成了“边缘人”，成了“体制外”生存的人。这种由于管理体制上造成农民到城里几乎没有立足之地的种种弊端，早已引起许多人的呼吁。

但是，还有另外一种现象没有引起足够的重视，这就是农民异地开发农业或是异地到其他村乡镇从业也严重受到户口制度的制约，也是“体制外”生存。同样是农民，异地从农，就几乎与该地农民隔绝任何联系，更谈不上享受异地农村的社会福利了，至于去异地乡镇企业，就更是二等农民了。如有关调查透露出广东东莞市雁田村就有很详细的规定，限定什么样的人可以成为雁田村人，可以享受什么样的村福利待遇。外地来的在工厂打工、在农田承包土地经营的打工者，不管在这里干多少年也不会成为本村人。

总之，我国这种“画地为牢”的户籍管理体制严重束缚了劳动力流动和劳动力资源的合理配置。对此，有必要进行改革。

（二）促进地方政府（输入地和输出地政府）由控制管理向服务管理转变

我国政府管理模式是控制式管理。这种管理模式适合于传统的计划经济体制，也适合于人口不流动状态下的社会管理。但是在建立市场经济体制和人口大量流动条件下，就必须使政府管理模式由控制型转向服务型，否则就无法适应流动人口的各种需要。所以，民工潮正是推动这种转变的有力因素。这种转变与地方经济发展和社会稳定是有一定关系的，从而与地方政府的政绩也是有一定关系的。如湖南、江西等省，数年来一直坚持由本省有关部门接送出省打工者。为什么要接送？接送对民工有益，对农村脱贫致富、对地方经济发展都有益，对于参与接送工作的部门也有益，何不乐而为之。

江西省广丰县年输出打工者20多万人次，实现收入4亿多元。1995年初，县工商银行推出“打工储蓄”新储种。他们在春节向各打工点发出《致全县劳务输出人员一封信》、《广丰县工行汇款业务知识简介》4万余份，随后组织储蓄小分队到沪、苏、浙、闽等省市的打工点，聘请协储员，设立代办点，直接揽储。他们还改进存取、汇兑、结算方法，为打工人员提供专项服务。1995年年底，县工商行已开立“打工储蓄”活期户头近千个。到1995年12月10

日，吸储1100多万元，占1995年新增储蓄存款总额的1/3。①

还有许多地方政府的有关部门，如劳动社会保障、法院等，派专人到打工联系点，帮助在外地打工人员处理有关纠纷和案件，既保护本地打工者的合理利益，也对本地打工者的不良行为进行约束。如，一个外地打工者在南京市打工，受到不公正待遇，打工者的政府部门代表，把这个企业诉讼到南京有关法院，此事在南京引起震动，使许多雇用外地打工者的企业和单位，对打工者的切身利益重视起来了。

六、改善和调整了人口与资源、经济的区域结构关系

我国幅员辽阔，人多地少的矛盾在各地的表现有所不同，有的地方是人多地少，有的地方是自然环境恶劣难以容纳现存人口，有的地方是农民无力开发当地资源，等等，这一切通过民工外出及返回投资等可以得到不同程度的解决。并且，还使某些地区人口结构与经济结构的矛盾得到调整。在我国，越是经济发展水平低的区域，人口增长越快，人口年龄结构越是年轻化；越是经济发展水平高的区域，人口增长越慢，人口年龄结构越是老龄化。某些城市已是人口负增长，但是由此也引起一个两难选择的问题。

如上海市市籍人口增长率数年来一直是负数，20世纪90年代时曾预测：20世纪90年代上海籍劳动年龄人口850万，到21世纪初将缩减为650万，并且劳动力严重老化，根本无法满足上海未来发展的需要，这似乎应该允许甚至鼓励人们多生育，但是这又容易引起对整个计划生育国策的冲击。而大量外来民工涌入，这个矛盾的两个方面就都解决了。同时，这也有利于缓解人口增长快地区的人口压力和各种矛盾。

总之，民工潮有助于冲破城乡分割的管理体制和模式，推动以户籍为前提的、以传统的计划流动方式和不流动方式为特征的种种具体管理制度的改革；并且拓宽了中国农村城镇化的发展道路，对促进我国经济、社会发展具有重要的作用和深远的影响。

---

① 《人民日报》1995年12月15日第2版。

七、“创业潮”掀起农村发展新高潮

以上探讨民工潮的积极作用时，我们没有涉及那些从这一潮流中退出的农民。实际上，每年都有一批新人加入民工潮，同时每年也有一批人退出来，在退出来的农民工中，有许多有志之“民”，他们早有大志，早有“预谋”，打几年工，积攒了一部分资本，学会了技术和经验，要在家乡创办企业、干一番事业。人们通常把这批人的行为，称为“创业潮”。“创业潮”是民工潮中的一朵浪花，对推动农村发展起到了重要作用。

（一）“创业”者知多少

自从民工潮出现后不久，创业潮就逐渐兴起。那么，创业的队伍到底有多大呢？

据典型调查分析，到 20 世纪 90 年代后期，约每百名打工者中就有 4 人走上回乡创业的道路，如果按全国有 7000 万民工测算，那么，大约有 280 万个昔日的打工仔（妹）成为回乡的创业者。当然，这一百分比还是值得商榷的。在民工潮早期，回乡创业者肯定达不到 4%。实际上这一比例每年都会有提高，因为每年都有一批新的年轻人加入民工潮的行列，同时，每年都有另外一批打工者，由于各种原因退出这一行列，他们年龄可能比新加入的大一些，经验多一些，也积攒了一定的资金，其中有一些人成为回乡的创业者。这样，即便在民工潮总人数保持不变的状况下，创业者也会一年比一年多。

民工回乡创业具有多方面积极意义：第一，减轻每年民工潮的流动压力，这是最直接的作用。第二，为还未外出的农村剩余劳动力找到就业出路。第三，加快本地乡镇及整个经济的发展。第四，增强与发达地区进行竞争的能力，也缩小了与发达地区的差距。

创业潮也是政府极力提倡的。例如，1997 年，由中国扶贫基金会和中国农村劳动力资源开发研究会主办的’97 创业之星经验交流会在北京举行，来自 16 个省、区、市的 200 多名回乡创业的昔日打工者被授予“1997 年创业之星”称号。

（二）各地“创业”不平衡

一般说来，外出民工多的省份，创业者也就多；反之，就少。但是从各方面资料、信息看，各地创业发展水平不平衡。例如，河南省民工回乡创业的并不突出，而四川等省外出民工回乡创业的比较多。

早在1994年，四川达川地区就有6.3万人回乡办厂开店，共投资6亿元，接收当地劳动力15万人。垫江县有138名回乡创业人员，投资1418万元，创办了69家企业，每年利税达430万元。华蓥市双音溪镇的韩云清，打工回村，带领当地农民致富成绩卓著，被选拔为镇党委副书记。他用学到的管理经验，救活了三个水泥厂，每年利税达5000多万元。到1995年，四川省共有回乡创业者30万人。1997年，四川省共有100名回乡创业者因业绩卓著被四川省授予“创业之星”光荣称号。据统计，到1997年，四川由民工返乡创办的企业中，资产在100万元以上的已有2500多家，吸收剩余劳动力17万多人。

近几年，安徽省外出民工回乡创业的势头也较猛。例如阜阳市，全市农村人口1183.24万人（1997年），几乎相当于全国人口的1/100，人均耕地不足1亩，许多村庄人均不足0.5亩，剩余劳动力达300万。为了开发农村劳动力资源，借地扶贫致富，各级政府大力支持外出务工经商，每年外出人员达200万人次。据有关部门统计，该市农村家庭收入中有1/4左右是外出打工挣回的。近几年，已有相当一部分打工者“凤还巢”，他们利用在外面学到的技术、管理知识和积累的资金，开始了回乡创业之路。据1993年的典型调查：由69人创办的企业，共吸收17500人，资产1.37亿元，利税5839万元。企业主在45岁以下的有53人，占76.8%；35岁以下的有33人，占47.8%。初、高中文化的57人，占82.6%。这些回乡创业者中，曾在东部打工的占48%，在中、西部打工的分别占39%和13%；到县城镇、乡打工的占74%。在整个阜阳市，1993年打工者回乡创办企业数、实现产值、利税均占全市乡镇企业的四分之一，共吸收农业劳动力占农业富余劳动力的11.5%。

江西省也有许多打工者回乡创业，其中赣南地区较为突出。安远县是赣南地区惟一“三不靠”的内陆县，1995 年共有 5 万外出打工者。随着打工队伍的扩大，回乡创业者也逐渐多了起来，同时政府也给予大力支持。县政府推出“吸引力工程”，首先在硬件上，投资近 2 亿元，铺设了境内 113 公里的柏油路和水泥路，兴建电站，开通了县城和 14 个乡镇近万门程控电话。其次，在政策上出台了包括土地、场地、能源、交通、通讯、办照、税收等 10 大项、88 条单列扶持措施。到 1995 年年底，安远县有 1.5 万打工者返乡，其中部分返乡者共办起各类企业 518 家，投资 8567 万元，实现利税 6849 万元。这些企业成为安远经济发展的新增长点。到 1996 年初，赣南全区有 2.6 万外出打工者回乡办起企业 8439 个。1995 年，打工回乡者就创办企业 3557 个，占历年回乡人员办的企业的 42%，实现产值 18.3 亿元，利税 2.78 亿元。在这些企业中，年产值超过千万元的已有 13 家，涉及 20 多个企业。①

第二节 不和谐的“浪花”

民工潮席卷全国，持续了近 20 年，并且还将持续下去。这场规模庞大、时间跨世纪的人口流动大潮，其主流是好的，是历史的进步。但在这一庞大的、进步的大潮中，难免有不和谐的“浪花”。

一、民工无序流出影响本地发展

民工大量地、无序地、无计划地离开本村，外出务工经商，不知何时才能返回，在一定程度上影响到输出地的经济社会发展。首先，由于外出是无计划、无规划、无准备的，许多人是弃耕而去，全家出走，这些人抛弃的耕地如何处理？派人接管耕种，抛耕者又返回来怎么办？始终荒废，各种应纳税收如何缴纳？其次，外出农业劳动力过多，农业发展无后继劳动力，农业科技推广等都缺乏

① 谢亦林：《江西赣南“打工潮”变为“创业潮”》，载《中国妇女报》1996 年 4 月 18 日第 1 版。

“明白人”。有的村庄，常年种地的农民 80%为 50 岁以上的老年人。再次，农村社会事业发展受到制约，如农村党的建设、计划生育、公益事业建设等。由于存在这些困难，一些农村干部有畏难情绪，时常想辞职打工去。

二、人流拥挤，交通告急

人口和劳动力流动或迁移都是需要成本的，也可以把它看作是对人力资本的一种投资。但是，民工过多流动与盲目流动带来个人成本、社会成本过高。如个人经济、身体、心理等方面的损失，对运输系统的冲击，造成社会治安管理困难，损害社会文明及民族形象等。

在 20 世纪 90 年代初，外出民工中有 30%的是无明确目标地流动。到 90 年代末，这一比例在 10%左右，有些省份调查，外出的民工仅有 5%是盲目流动。特别是民工在春节前后的过量流动，对其个人身心健康造成很大损害，这种损害虽然无法定量分析，但是从一些事件中可以看出其严重性。

90 年代春运前后，列车经常超员 100%，压得火车不能动弹。由于乘客过分拥挤，造成列车供水困难，让人无法喝到水，有人因此脱水休克。有时厕所也塞过 7 个人，最多时达 9 人，使人无法上厕所。许多人不仅是随地大小便，简直只好随身大小便了。车上太挤了，餐车没法递饭给乘客，只好趁大站停车间隙，以最快的速度把盒饭扛到车外窗口，从外向里卖饭。特别是在冬天，车窗都关着，抽烟的烟雾十分浓浊，空气质量十分差。缺水、紧张、饮食不良、无法入睡，这一切对乘客的生理的、心理的损害是极大的。所以，在火车上经常发生旅途精神病。发作时，一般情况表现为病人拼命往车窗外跳走，因为他(她)无法忍受了，坚持不住了。此外由于人员多、负荷重，列车经常被损坏、破坏。每次“春运”大战之后，许多列车早已是千疮百孔，破烂不堪。还有人趁机在车上作案，一些不法分子趁机盗窃、伤人等。

1999 年春运是多年来春运“战役”打得最漂亮的之一。

以铁路为例。1999 年春运 40 天，全路日均发送旅客数和日均发送直通旅客数均创历史最高纪录。无论是在民工流源头的重庆、成都，还是探亲流、学生流集中的广州、北京、上海，都没有出现明显的客流积压滞留现象，实现了忙而不乱，平稳有序。春运40天，全路增开6482列临时客车，客车始发正点率达99.8%，运行正点率达99.2%，到达正点率为97.5%，客车正点水平不仅没有下降，甚至比平时还高，这也是历年春运所没有的。全路比1998年同期多运800万吨货物，这也是少见的。

在1999年春节后，一辆从怀化驶往深圳西的列车，开出始发站行程两个小时后，就超员50%以上。列车到达溆浦站后，迎来了第一个民工上车高峰。车站报上来的售出车票数是254张，实际上近千名民工和旅客一拥而上。车厢一下子全满了，厕所、过道、洗脸间全是人。车下的民工仍在拼命往上挤……列车被迫在此站晚发车半个小时。面对突发的这一情况，列车长要求大家一律不休息，实行双岗制，特别是卧铺车厢，将是下几站的冲击目标(因为硬座厢已是水泄不通)，必须有两个乘务员把门。

列车进入湖南省，每到一站，列车如同穿越集市，几乎每个车站都有一、二千人，列队两边。列车一进站，人群便从四周猛冲过来，一次一次地向里冲击。车上的民工等列车一进站，便把车窗关上，阻挡车下的人上来。而车下民工则想法撬开车窗，向上爬。双方在车窗内外进行对抗。偶尔某个窗子被打开，车下的民工便从这个“突破口”蜂拥而上。有的民工索性用石头砸车窗，开辟新的入口。列车每过一站，都有车窗被砸坏。由于这列车的硬座车厢已是严重超员，一些民工便开始打卧铺车厢的主意。在湘乡站，机会果然来了：5号硬卧车厢的车门玻璃不知被谁砸坏了，民工从这里往里猛冲猛打。很快，卧铺车厢也成了硬座车厢……

由于这趟列车超员200%，民工在挤压十分严重的环境中极有可能发生各种不测。车过坪口站后，王平车长通过车站向广州等各站发出了严重超员的铁路加急电报，要求沿线各站不要让民工乘此列车。果然不出所料，车到娄底站，硬座车厢已把列车弹簧压到了极限，如此重载，极有可能出现翻车事故，挂在车尾的行李车因与硬座车挂钩的钩差太大也可能出现甩车现象。列车长又向广州总站在沿途车站发第二封铁路加急电报，要求沿途各站做好民工疏导工作，并做好了行李车厢也上人的准备。列车到达长沙时，已经晚点近4个小时。由于列车严重超员，列车弹簧被压死，车厢空气不流畅，一些民工已出现休克现象，这样下去，问题会更严重。长沙站安排20多名工作人员大力疏导民工下车转乘另一趟车，共拉下来了800多位民工。列车这才出发了。①

由于民工运输过于集中，往往造成不必要运输费用的上升。1995年春运前一个月，铁道部就扣下5000辆运货棚车，再投资7000万元，紧急改造成客车，春运后这些设备可能又处于闲置状态。为了给客车让路，仅广东境内，在1995年春运就使共48对货车中的45对停开。1995年为期60天的春运后，仅铁路客车就需8676万元的整修费用。1999年春运又增开6482列临时客车，这是一笔不少的应急投资。

三、传染性疾病增多

大量民工居住集中、卫生条件差，往往会引发某些传染性疾病。20世纪90年代以来，我国传染性疾病有以下几个特征：

第一，城市大型建筑工地、城乡结合部(以“浙江村”等“城中村”为典型)是传染病的爆发区。北京市1994年，流动人口中爆发急性传染病10起，占全市的62.5%。

第二，流动人口是传染病的主要传播者。据不少省市防疫部门上报的传染病疫情资料，20世纪90年代以来，某些传染病带入性、输入性病例有所增加，并引起局部地区暴发流行。某沿海地区20世纪90年代以来外来人口急剧增加，发生的疟疾病例数比以往增加一千倍。某市城乡结合部发生的间日疟，78%的病例是外来流动人口；某省上报的疟疾病例中，60.9%的是外出打工人员。

第三，性病的传播与流动人口关系密切。在8000万左右的打工者中，96%的处于性活跃年龄期，而他们又对怎样预防性病缺少

① 杨海波：《春运体验民工大流动》，载《中国劳动保障报》1999年3月20日第4版。

必要的医学知识。据调查，89%的打工人员对此一无所知。尤其是供销、采购、技术协作、边境贸易等人员，携带性病的可能性较大。目前我国性病蔓延趋势是从国外到国内、从大中城市到农村、从沿海地区到内陆地区。据到1999年上半年为止的统计资料，我国艾滋病病毒感染者最多的省份是云南，依次是新疆、广西、四川、河南、广东、北京、河北。

第四，流动人口中儿童计划免疫成为接种工作中的难点。许多外出打工者和经商者，其小孩跟随父母四处流动，难以实现计划免疫。

四、社会问题明显增多

所谓“社会问题”往往包括的范围很广，这里仅指以下四个方面：婚姻与生育问题、家庭问题、拐卖人口和城市管理问题。

(一)婚姻与生育问题

有些打工者外出后，伤风败俗，非法同居，卖淫嫖娼，完全失去个人尊严。在各地多次的扫黄打非行动中，抓获的卖淫嫖娼者，绝大多数是外地来的人员，尤其是农村女青年较多。前几年在广东抓获的卖淫者中，90%的是外来女。

在湖北某县法院1998年判决离婚的42个农村案件中，有24个是打工妹“休夫”。其中5人在同居生育孩子后才补办结婚证，有1名到提出离婚时还没有补办。在这24例离婚案中，有5例与女方在外卖淫或与人同居有关。如女青年张某，与李某自由恋爱结婚，婚后生有一男孩，已10岁。她于1992年外出打工，从此开始夫妻分居生活，直到1995年春节才见上一面。张某在打工期间，先是与一外地的有妇之夫建立不正当关系，还荒唐地与情人领取了结婚证，后又与安化一打工仔在广东惠州同居。

外出打工者非法结婚、早婚、早生、超生，引起的计划生育问题一直是有关部门多年来十分伤脑筋的麻烦事。在许多城市，外来民工计划外生育孩子数一般占省市计划外生育数的80%左右。1998年，某大城市这一比例高达98%。虽然已有多方面数据证实，外出的农村人口的生育率要低于不外出者，但是，与城市人口的生育状况相比，这些外来人口的生育率可就高多了，并且往往是非婚生育、早生、超生，等等，情况十分复杂，对城市的计划生育工作的冲击是十分大的。近几年来，一些相关政策和管理措施相继出台，情况已经有所好转。

（二）家庭问题

有个别打工者，或是夫妻一方外出打工，或是双方外出打工，但是打工几年后，因多种因素所致，夫妻双方反目成仇，家庭破裂。有的人员只顾打工挣钱，不顾孩子的教育与成长，致使一些孩子失去受教育的机会，或走上犯罪道路。

据苏北某县级市公安局统计，1998 年，共有 12～15 岁孩子犯罪案件 9 起，其中 8 起是“留守孩子”干的。这些孩子的父母大多是外地打工者，孩子交给他人照料，做父母的长期不回家看看，根本不知道自己的孩子已经走到什么样的危险地步。

有的打工者携带孩子外出一起奔波，孩子无法入学校学习，甚至父母根本不拿这当回事。据一项调查，打工者的孩子在外地很少有上到高中的。石家庄自由市场上有一对夫妻，是浙江人，孩子在小学五年级，学习成绩在班上名列前茅。可是其父亲说：孩子能识几个字就行了，我们两口子不认几个字不也照样赚大钱？将来大不了花个万儿八千地给他买张文凭。

有的打工者的孩子，缺乏应有的教育，只会模仿其父母的行为，看到父母花钱雇工，自己也花钱让同学替他扫地、做作业；有的孩子做错了事，为了防止老师知道，便把班干部请到馆子里“撮”一顿……

（三）拐卖人口问题

自 20 世纪 80 年代以来，拐卖人口问题不断恶化，在整个 80 年代愈演愈烈，直到 20 世纪 90 年代后期才有所好转。这一股恶流，是随着民工潮而掀起的。人贩子绝大多数是来自农村的外流人员，被买卖的也绝大多数是外流人员，被买卖者基本上都是妇女和儿童，所以拐卖人口的另一个说法是拐卖妇女和儿童。1991—1995 年，全国公安机关共破获拐卖人口案件 9.5 万起，查获拐卖人口犯罪团伙 1.9 万个，抓获人贩子 14.3 万人，解救被拐卖的妇女儿童

8.9万余名。仅在保定市，1993年到1994年就破获拐卖妇女儿童案件404起，打掉人贩子团伙37个，解救妇女儿童1463名。依法判处拐卖妇女儿童案犯死刑4名，有期徒刑22名，批捕41人，劳教13人，治安处罚买主158人。依法治理拐卖妇女儿童重点乡镇28个，重点村70个。

人口贩卖案件主要发生在四川、河南、山西、贵州、云南、河北等省份。河南省仅1989年至1991年上半年，需解救的被拐卖的妇女和儿童就达万人以上。如河南某地农民侯来文为首的10人犯罪团伙，在安阳、焦作等地设有3个“中转站”，往返有人接应。陕西某地区拐卖妇女儿童案件在20世纪90年代初占各类案件总数的40%，其中一半是团伙犯罪。山西省20世纪90年代初被拐卖的妇女儿童涉及16个民族。

许多拐卖人口的犯罪分子往往十分残忍，也十分嚣张，甚至公开化。如内蒙古女青年庞某到河南新乡购买饲料添加剂，被人贩子骗上出租车、暴力蒙头、捆绑。然后劫持到滑县半坡店某村，以2700元卖掉。有的人贩子一次拐卖数名妇女，公然叫卖，按“质”论价。

在1990年至1993年，由于南方一些地区发生自然灾害，少数妇女流入保定市各县成家落户。人贩子以这些个别南方妇女为依托，互相勾结，南拐北卖，形成了“拐、转、卖、买”一条龙作案的渠道。拐卖者一旦出手，便逃之夭夭。据不完全统计，保定市各地曾有30多个提供人贩子的“中转点”。1994年3月20日，浙江省永嘉县19岁的女青年王某、17岁的少女孙某，在北京打工准备回家时，被两名女人贩子以帮助买票、帮助找住处为名，将其骗到保定市唐县勺提村。21日晚转送到曲阳曹家疃村，在途中被搜身。22日晚将2人带到曹家疃村村外的大沟处，以5000元价格将王某卖给曲阳县产德乡李家庄村杨某为妻，以3000元价格将孙某卖给产德乡东相如村孟某为妻。1995年5月3日，二人被公安机关解救，解救时王某刚生产52天，孙某怀孕5个多月。在这之前两人曾多次逃跑均未成功，追回后遭毒打，限制人身自由。

据统计，85%以上的妇女被人贩子强奸虐待，非法拘禁。1995

年3月，贵州省天柱县的杨某和谢某姑嫂2人来河北省深泽县某砖厂打工，因活累不给工资逃跑到石家庄火车站准备回老家。途中被4名假扮人民警察的人贩子强行将二人推到车上，行至曲阳县被人贩子奸污后，又将谢某出售给曲阳县南次曹村某农民为妻。杨某因做了绝育手术而出售不掉，被人贩子孟某留在身边作为人贩子寻欢作乐的玩物。

产生这种丑恶现象的原因十分复杂。其一，买方市场旺盛。有许多贫困落后的山村，大量青年女性外嫁，或外出打工不再回来，导致村子里性别比严重失调，一些年龄大、家底穷的男青年，正常婚娶已是不可能了，只好用钱买妻，这也给拐卖妇女的犯罪分子大开方便之门。其二，买比娶要省钱得多。其三，地方保护势力强大。许多有被拐卖妇女的村子，上到村党支部书记，下到普通群众，都极力保护买者的行为。当公安人员前去解救人质时，往往遭到围攻打骂，甚至难以进入村子，这样的事不在少数。

1995年，笔者去外地开会，在回保定的路上，遇见同乘火车到北京参加世界妇女大会的贵州省某地区妇联主任蒋女士，谈起拐卖妇女问题。她说，这个问题在贵州也常发生，妇联是全力以赴，到处打拐。但是有时处理起来也麻烦，除了上述几方面的困难外，有的妇女被拐后，又确实愿意在男方家定居，这主要是因为贵州有些山村太穷了、太苦了。我问，这种情况怎么办？她说，还是尊重自愿，确实愿意留下来的，就让她们留下来吧，这样处理也曾请示过上一级，直至中央有关部门。不过，这也有一些麻烦事，主要是女性不到法定结婚年龄，更难以做到晚婚晚育，有的根本没有领取结婚证。

（四）城市管理的难度加大

由于民工潮的冲击，城市管理的难度突然加大。在农民为城市解决了许多“难”的同时，也为城市增加了不少“难”。

1. 市容市貌问题

大量农村人口进入城市，居住在各种简易小棚里，有的还是全家一起流动，形成家庭式居住，十分妨碍市容市貌。

据有关统计资料，在武汉市，有150万流动人口，其中家庭式流动人口已超过 50 万人。据湖北省的调查，夫妻一起流动的占 21.2%。北京市的流动人口数位居全国各大城市前列，在 300 多万外来人口中，有 9.9%是 14 岁以下儿童，再加上夫妻二人一起流动的，那么，家庭式流动人口大约占总流动人口的 20%。那些没有住进旅馆、而在各种出租小房里的、自搭小棚居住的，大多是来自农村的务工经商者，这种居住方式明显有碍市容市貌。他们租赁当地居民搭建的小屋，或自建简易小棚，居住在大街小巷的各个角落，或是成片聚居，形成“棚户区”，有的类似于国外许多大城市的贫民窟，很不雅观。

据公安部对 50 个乡镇流动人口的抽样调查，内陆地区的跨地区流入人口中，有 65.8%的居住在自搭的茅舍窝棚里。据武汉市的调查，该市“棚户区”已蔓延发展成 7 个片，即唐家圩 505 户、贺家圩 930 户、复兴村 840 户、硚口区常码头 295 户、汉西一路 225 户，洪山区中建三局 340 户、北湖渔场 143 户，共计 3278 户 16415 人。在深圳，问题也较严重，各种违章的小房、小棚及其他建筑物十分多。1998 年，全市共拆除违法违章建筑物约 300 万平方米，清理违法用地约 345 万平方米。但是拆除以后，又有人私建。1999 年上半年又拆除 50 万平方米的违法建筑物。在北京市，各种“村”就更多了，规模更大了。

2. 卫生防疫难

大量农村人口涌入城市，从事一系列的经济活动和非经济活动，尤其从事与食品和饮料有关的生产、加工、制作、销售活动，带来许多卫生防疫方面的问题，令有关部门在管理上防不胜防。

城市消费者中，95%以上的都购买过街头食品，然而，来源十分复杂的街头食品却往往是不卫生的。以北京市为例，北京市有关部门多次对北京街头食品及中小餐馆进行检测，均发现卫生消毒方面有 50%以上的不合格，冷荤制售达不到“五专”要求——专人、专室、专工具、专冷藏、专消毒。无证经营食品者大有人在。

关于街头食品的质量，说起来让人作呕三天！在北京酒仙桥（郊区）的一家炸油条点，用的油竟是从大饭店下水道提炼出来的地沟油！无证经营者的食品几乎 90%以上不合格。如太阳宫附近的一家经营者，外卖的馒头雪白，可到其制作点一看，黑暗的屋子里，馒头上爬满了苍蝇。在保定，有两个外来经商者，一个来自安徽经销服装，一个来自山西卖烤羊肉串。经营服装的父子二人每天到那个山西人那里买羊肉串吃，都是熟人了，价格也便宜，吃了一年多，父子二人身上长满了疙瘩。到医院一检查，鼠疫！据了解内情的人讲，许多烤羊肉串的人，经常是“挂羊头卖狗肉”——实际上狗肉也没有，尽是一些死猫烂鼠之类的肉。

因食品质量问题导致的食物中毒和食源性疾病时有发生。1997年秋季，长沙曾发生过大批小学生食物中毒事件，最后认定其食物是一个个体餐馆提供的。近几年来，儿童因食用过期、变质或被污染的食品导致中毒的事件频频发生。临床发现，以前少有的儿童胃部肿瘤的发病率呈上升趋势，与污染、变质食品的大量销售有直接联系。在 1998 年一季度中国消费者协会公布的投诉量中，食品类占总投诉量的 1/3。我国食物中毒每年的报告例数为 2 至 4 万，但据专家估计，这一数字尚不到实际的 1/10，其中街头饮食中毒的约占 65%。①

街头食品质量低的主要原因是因为经营者多是外地流动人口，卫生质量意识十分差，技术水平低，更重要的是他们自做自卖，打一枪换一个地方，难以监督。更有甚者，是典型的恶作剧，是对城市人的报复、对社会的报复。如有的农民，回收名酒空瓶，然后用一些污水，甚至用尿装满瓶子，假充名酒，到外地销售。

3. 市场管理难

大量农村务工经商者进入城市，给市场管理增加了困难。一些小商贩、街头手工艺加工者，不顾城市卫生滥设摊点，出售伪劣商品、以次充好、哄抬物价、偷税漏税。无照经营已是司空见惯，他们生产冒牌服装、冒牌名优产品、假烟、假药、假化妆品等。

有些个体商贩成了销赃者，什么都敢买、什么都敢卖。有些个体商贩，千方百计贿赂有关部门工作人员，严重扰乱管理秩序。

---

① 孟兰云：《街头食品，你敢吃吗？》，载《人民日报》1998 年 7 月 13 日第 11 版。

4. 加重城市负担

大量农村人口无计划地涌入城市，给城市的公共交通、供水、排水、住房、环卫、商业、通讯、供电、绿化、煤气、粮食、能源等方面带来压力。

在北京，公共交通是相当难的。这在相当程度上是由进城务工经商者造成的。在北京的几个火车站，每天都能看到大量民工每人背着一个大包袱，在上、下火车，这些大包袱，在公共汽车上，是最让乘务员心烦的，它会造成上车难、下车难、车内倒换位置难，一个大包袱至少要占有一个人的空间。在环境卫生上也有许多麻烦事，如有的农民进城后，光天化日之下，就在大街的墙角处小便。至于随地吐痰、乱扔杂物就更是常见的了。

五、犯罪问题严重

根据多方面的信息，外出民工犯罪问题严重。在 20 世纪 80 年代的多次对城市居民问卷调查中，居民担心的一个突出社会治安问题是民工犯罪行为。可见，这个问题已经严重到一定程度了。

据许多大、中城市调查，外来民工犯罪案件占总犯罪案件的比重，从 20 世纪 80 年代的 30%左右上升到 90 年代初的 50%左右。不过到 20 世纪 90 年代末，在某些城市已有明显下降。我们以北京、深圳、广州、保定市为例，分析外来民工犯罪问题。

北京市：北京市流动人口犯罪人数占全市犯罪人数的比重，1980 年为 3.41%，1988 年为 23.3%，1994 年为 56%。在北京的外地农民犯罪人数占外来人口犯罪的 70%以上。在北京的外来民工的犯罪活动中，以盗窃犯罪居多。

1994 年 2 月，四川巴中农民段小龙、乔少强等 4 人结伴来北京。他们利用部分群众对自行车存放不当，看管不严的漏洞，在北京的各大商场、居民小区、地铁站口等地行窃，得手后就将赃车运到城郊住处伪造改装，更换部件，然后卖给外地民工。仅一个多月，就盗卖几十辆自行车。据朝阳公安分局统计，被抓获的偷自行车的案件中，外地来京人员占 90%以上。盗窃团伙大多跨地区作案，他们内部分工明确，偷、运、销一条龙运作。而城乡结合部，因管理不善，就成了这些人窝赃、销赃的“据点”。

1994年6月4日凌晨，几名罪犯雇了一辆汽车，又用“20元钱干一趟活”的名义，召集40多名外地民工，抢劫了北京市朝阳区的一家锅炉房，包括电动机、改锥、铁锹等，见到什么就拿什么。在这个“你不认识我，我也不认识你”的团伙中，民工们是“叫干什么就干什么”。有一位外地民工第一次到北京打工，一下火车，就问来接他的老乡：“打工干什么赚钱最快?”他的老乡竟然回答：“偷!”这位新来者立刻说：“那么咱们就去偷!”几个民工出了火车站就奔火车站的货场而去，结果正在盗窃之时被当场抓获。这位新来者也太不走运了，进了北京城不到两个小时就进了公安局。

深圳市：深圳外来民工较多，没有户口的人口比有户口的人口还要多。1993年全市刑事案件中，流动人口作案的占93%，1995年达到94%。深圳市宝安区地处“广深走廊”，位于深圳边防管理线外围，与中国香港隔海相望，地理环境特殊，社会治安非常复杂。据统计资料，该区拥有外来流动人口150多万人，是常住人口的6倍多。该区刑事案件95%是外来人员所为，而重、特大案件属于外来人员作案的占98%。该区共有出租房屋20多万间(套)，1995年发生在出租房的刑事案件达871宗，占当年全部刑事案件的44.4%。

保定市：保定市1995年被劳教人员中，进城打工的农民占85%。1999年，保定市公安局打掉一个入室抢劫的团伙，共7人。他们分别来自安徽、河南、黑龙江等地，来保定打工后，臭味相投，结成团伙，专门以抢劫、盗窃为业。其目标是沿街烟酒门市部、粮油食品店、批发部。他们的作案手段十分恶劣、大胆放肆，手持大砍刀、轧剪等工具，采取撬门入室的办法，遇到值班人员阻拦，便挥刀砍去，再以胶带捆绑手脚，然后大肆洗劫可带走之物。他们从1998年到1999年6月7日被抓获时为止，在至多一年半的时间里，共在保定市区作案50多起，重伤20多人，抢劫现金以及其他物品，总价值达16万多元。

1999年8月份，保定市警方又破获一个更大的外地农民犯罪团伙，共20多人，大部分来自四川某县，但他们又与保定市清苑县一个在蠡县开饭馆的农民勾结在一起，疯狂作案，仅从 1998 年到 1999 年 5 月，作大案 45 起，案涉杀人、强奸、盗窃、抢劫、窝赃等。保定市、县公安人员在整整一年的时间里，为破此案，行程达 4 万多公里。

广州市：1979 年广州市抓获的外来刑事犯罪分子只占当年抓获各类刑事犯罪分子总数的 2.2%，以后逐年上升，1988 年达到 57.9%。整个 20 世纪 90 年代，基本上都在 50%以上。

外出农民犯罪现象较明显，这是实事。但应注意到两点：第一，外出务工经商的农民真正走向犯罪的毕竟是少数，主要是“三无”人员干的，他们大约占所有外出农民的 5%，但是危害却是极大的。据某县公安局统计，1994 年全县有 2800 人次犯案，其中外来人员犯案有 2300 人次，占 82%。而在外地人犯案中，又有约 70%属于“三无”人员所为。也就是说，这 70%的犯罪案子，是由这 5%的人干的。第二，外来人员犯罪侵害对象往往也是外来人员，尤其是那些守本分的正常务工经商者。在石家庄市，自 1987 年至 1994 年，全市从外来人口中查获罪犯 7000 多人，约占查获罪犯总数的 40%，1994 年占 61.7%（石家庄市人口 150 多万，外来暂住人口近 20 万）。但是由于暂住人口多从事个体经营，往往拥有一定数量的现金和贵重物品，又是外来的，往往遇事孤立无援，所以成为犯罪分子的侵害对象。1991 年至 1995 年，石家庄市各级公安机关共侦破外来人员被侵害案件 3150 起，为他们挽回经济损失数百万元。①

一个民工外出后为什么就较容易犯罪呢？首先失去了原有的束缚力。中国政府对社会的管理主要是靠“单位”实施的，在城镇有各种所有制形式的工作单位，在农村有村这一级牢固的政权组织，当一个农民远离家乡，就成了一个相对没有什么束缚力的“自由人”了。

其次，他远离家乡，干点什么坏事、丑事，也不会轻易地传到家乡，在父老乡亲们的眼里，他依然是一个正人君子。事实也的确

① 《人民日报》1995 年 12 月 18 日第 3 版。

如此，有的民工在外被判处几年劳教或几年徒刑，服刑之后回到家乡，无人知晓此事。有的女性外出当保姆，与某男性发生不正当性关系，挺着大肚子回家，说什么自己已经在外面结婚了，丈夫正在外面做生意，没有时间看望岳父母大人，她的父母和其他亲属等都信以为真。有一个民工罪大恶极，被判处死刑，但是他就是不肯说出他的原籍在哪里。他曾多次欺骗法院及公安部门，当问他原籍时，他第一次说是四川某县某村人，派人前去核实，结果根本就没有这么一个人。第二次审问，他说是云南某县某村人，派人前去核实，结果仍是根本没有这么一个人。这个死刑犯为什么要如此作为呢？可能至死也要使自己在父老乡亲眼里保留一个好的名声，人们只知道他外出打工了。中国有句俗语，叫做"死要面子"，这才是名副其实的死要面子。当然，也有许多外出人员犯罪后被家乡知道，并且有的还是被押送回来的。

再次，从农村到城市有一个适应过程，有的人适应不了，误入歧途。农民进城，不是简单的地区流动、劳动方式和生活方式的激变，而且还是文化观念的碰撞。如果调适不当，就会出现失误。在流动中，他们失去了原有的环境、人际关系和正常的伦理教化，似乎一切都变得那么陌生、冷淡、没有人情味。没有稳定职业和安定的生活环境，他们也就不可能承担正常的社会角色和得到社会承认，似乎他不是社会的一员。在这种情况下，他们的思想迷茫了，心理失衡了，情感淡薄了，伦理扭曲了，既然社会没有把他当作其中的一员，他对这个社会也不再当回事了，这就极易受到不良因素的影响，偏离道德规范和社会行为准则，走上违法犯罪道路。

当然，这也不意味着每个犯罪的民工都会走向职业化犯罪道路。犯罪者往往有两个心理特点：一是贪图小便宜，二是存在严重的侥幸心理。而外出民工这个特点会更明显一些。例如，1998 年河南商城县法院以盗窃罪判处一对农民夫妇徒刑，男的被判 6 年零 6 个月，女的被判 5 年。二人本来双双在杭州打工，一天，邮递员送来寄给邻居周某的邮包及信。因周外出，邮递员便请二人出示身份证或暂住证代周签收。二人拿到周的邮包及信后，丈夫竟然用刀片将信封打开，阅后见邮包内有 9500 元钱，遂起盗窃之心。于是，两人携款潜回商城，满以为就没事了。实际上，只要身份证号码被记录在案，你逃到哪里也是容易被发现的。可见，这对夫妇太无知了，也太无“经验”了。

一些违法犯罪的外来民工除了偷窃、抢劫外，还有一些文盲加法盲，专干批发文凭、销售公章的非法勾当。1999 年上半年，沈阳警方破获了一个由 50 多人组成的专门制作、贩卖假文凭团伙，共缴获公章 124 枚、钢印 108 枚、校长名章 36 枚、其他各类印章 42 枚、钢印机 3 台，还有空白大学毕业证书、技术等级证书、毕业生登记表等近 500 套。这些假货涉及全国 70 余所大专院校和政府机关。1999 年 6 月 7 日，这个团伙 9 名“业务骨干”已被警方刑事拘留，全是农民。其中，37 岁的熊永求是主犯。他是湖南双峰县农民，在上海打工期间，结识了所谓“东南亚证件(集团)有限公司”有关人员，要他到东北沈阳搞一个“分公司”。据熊交待，在他已经“交货”的证件里，既有辽宁省内的辽宁大学和沈阳大学，也有外省市的武汉大学和南京大学的有关假证书。他曾以每套 1100 元的价格“批发”出售三套武汉大学毕业证书。警方在熊永求的“工作间”还查获了 19 个加工完毕、尚未交到“货主”手上的“大学文凭”。这种非法行业在北京一些名牌大学校园附近也有。

还有一些农民私刻公章贩卖，不同的等级和“分量”的章子，卖的价格不一样。例如，公安局的章子一个 200 元，工商局的章子 80 元、人民银行的章子 100 元，省级章子一个 500 元。这些人往往“打一枪换一个地方”，到处乱窜。

第三节 是是非非话民工

民工潮主流是好的，是进步的。但是在这场持续已久的大潮中确实也有一些不和谐的“浪花”。所以人们提出这样或那样的指责，尤其是城里人意见就更大了。这些指责，有的是合理的，是应该的。但是也有些指责是不合理的，不应该的。因此，我们有必要澄清一些是非观念。

一、饭碗之争

在整个20世纪80年代和90年代初，城里人对进城农民的最大意见是破坏社会治安，扰乱市场秩序。从20世纪90年代中期开始，城里人对进城农民的最大意见是农民抢了城里人的“饭碗”，造成职工失业、下岗、再就业难。

农民是否抢了城里人的“饭碗”？

农民是否有权利到城里抢“饭碗”？

农民在城里的“饭碗”是如何得到的？

(一)农民是否抢了城里人的“饭碗”？

一方面，成千上万农民在城里找到了活干，另一方面一批又一批职工下岗、失业，再就业也遇到不少困难。这一表面现象似乎意味着是广大农民兄弟造成城里老大哥的就业和工作方面的困难。实质上，问题远非这么简单和直观。

实际上城里职工下岗、失业、再就业难问题由来已久。自20世纪90年代初以来，国有、城镇集体企业实行破产、优化组合、改制改组等一系列改革，失业、下岗职工不断增加。但是，这一切与农民是否进城找活干，实在没有多少内在的关系，而是有其深远的历史原因的。

首先，从中华人民共和国成立初我国政府对城市就业人口采取了“包下来”的政策，当时主要是从社会主义新制度的政治影响的角度考虑的，让人们树立起对社会主义、对新中国的信心。当时不仅对一般劳动力就业包下来，而且对旧社会遗留下来的几百万城市人员也是包下来。它对后来我国的劳动就业政策和制度，产生了深远的影响。直到今天，仍然有一大批普通工人认为，政府不能眼睁睁地看着我们被饿死不管。甚至有人说：“我就这么着了，在家等吃，看政府最后怎么对待我！”另外，包下来就必然造成城市劳动就业状况形成人浮于事的局面。因为这不是根据“事”的多少和大小来安排人，而是根据人的多少来安排“事”。也就是所谓的“三个人的饭，五个人吃”。还有一点，包下来的政策，造成城里人的不思进取，没有就业压力，没有解雇、失业压力，干与不干都有饭吃。

其次，国有和城镇集体企业的发展，有时步入误区。我们的企业不仅负有经济功能和使命，而且还负有政治的和社会的功能和使命。在20世纪80年代末的一次中日企业发展与改革研讨会上，一位日本学者一语惊满座：中国根本就没有企业！一个企业都没有！他的意思是指中国企业肩负的其他使命太多了，太沉重了，没有什么真正的自主经营、自负盈亏、产权清晰的企业特征，企业隶属于各级部门和各级政府。同时，企业严重人浮于事，不是一个萝卜一个坑，而是多个萝卜一个坑。某工厂的检验科科长说，他这个科只需要三四个人，结果人员逐年增加，已达到13个！某发电厂有职工2000多人，企业要裁减人员，有关部门进行了一番调研后问厂内职工，这个厂子实际需要多少人，职工回答：500人足够！实际上，肯定500人也多了，还可以往下裁！

我国机关事业单位在性质上与国有企业是一样的，都是国有的，所以，国有企业大量富余劳动力，机关事业单位也是如此，甚至富余人员比例更高。

我国国有企业富余人员有多大比例呢？一般认为在30%左右（以1996年为基数）。我们判断国有企业富余人员占30%的依据是：第一，近年来，全国几千家国有企业的股份制改造中平均约有30%的职工被分流出来。第二，国家科委20世纪80年代中期对十几个中心城市的上千家国有工商企业调查表明，每个职工每周的平均有效工时上限为28小时，按目前每周5天工作制的40工时计，每周约有12小时即30%的工时是无效率的，也就相当于30%的职工是富余的。第三，发达国家在从20世纪80年代开始的国有企业改革中，至少要分流出10%的劳动力，多者达30%。因此，我们说国有企业有30%的富余人员是有根据的，甚至会超过30%。现在，国有企业职工约有8000万人，按富余30%计算，共富余2400万左右，到1998年年底，已经下岗1800万左右（大部分已再就业）。城镇集体企业职工3000多万，富余900万人左右，到1998年年底，约有职工2500万，分流了500万左右。另外，按照国务院1998年定下的机关事业单位改革方案，1999—2001年三年内，机关要分流出500万人，事业单位要分流出400万人。

城里人只想要高价饭碗，把那些自己觉得不顺眼、干起来丢人丢脸的饭碗抛弃了，当然就有人要去捡了。不妨，我们举几个大城市的例子。

(1)北京市。应该讲，北京市就业机会还是比较多的，但是下岗职工却又不愿干。例如，北京市家庭服务业有大量的就业机会，对下岗女工来说是十分适合的，但是下岗女工却又偏偏不理睬。因为在这些女工和她们的家人眼中，家庭服务业是侍候人的活，低人一等。据估计，北京市每年家庭服务业方面的就业机会在万人以上，目前这些工作几乎全部由外地农村妇女承担。全市总共有近100万个就业机会被外地农民工占用。“钱少了不去，活累了不去，路远了不去”的择业态度，严重阻碍着北京下岗职工重新上岗和就业。

另据有关抽样调查，北京市八个城区共有非农业家庭202.5万户，调查中65.3%的家庭有家庭服务的需求。一年中这类服务应有大约16.7亿元的潜在市场。从居民自己的意愿看，在被调查者中，46%的家庭非常愿意或比较愿意请“组织起来的下岗职工”，其次是大学生，再次才是外地打工人员。人们最希望的是由居委会、街道办事处或政府机构组织起来的下岗职工来家中服务，一方面是“介绍人”比较熟悉，又有政府部门出面，比较有安全感，另一方面是一些下岗人员素质比较高。但实际上，下岗职工干此类工作的很少。如以照料小孩为例，33%的家庭请亲友帮忙，30%的家庭请外来打工人员，其余的是送托儿所等，很少有本市下岗职工来干此活。① 一位刚从职业介绍中心回来的下岗职工一回来就对别人说：“以前的单位，虽然每月只给300来块钱，但上班可以打毛衣，离家又近，中午还可以回家给孩子做饭。现在招聘人的单位先不说工作累不累，上班就要走一个多小时，只给600块工资，不划算。”

---

① 吕亮明等：《家庭服务天地宽》，载《人民日报》1998年12月23日第11版。

可是，农民兄弟却不是这样看。两位四川来京的农民在干着清洗油烟机的活儿，高兴地说：“北京人懒，也舍得花钱。我们最多的一天洗了6台抽油烟机，挣了200块钱。”“虽然在北京要找个理想的活也挺难，但我们在北京干了5年，村里来了18个人，除了两个女的回去结婚外，都在北京干了下来。”他们在这5年当中，干过装修，卖过早点，收过废品。他们的经验是：“北京人自己不愿意干的我们就干，准能挣到钱。”

北京的一家家庭服务公司，起初为了替政府分忧，不招收农民工，只招下岗职工。但结果并没有几个下岗职工“领情”应招。无奈，最后还是把饭碗送给农民工。① 北京市一个集贸市场以每月600元招聘下岗职工搞卫生，无人问津，最后以每月300元挑选了一位农民工。

（2）南京市。1997年，南京市大规模清退农民工，作为再就业工程的一个重大步骤。清退工作进展顺利，中国农民向来没脾气，让干就干，不让干也就只好走了。很快从轻工、冶金、机械、化工、纺织及电子行业腾出近4000个岗位，然而腾出的岗位只有1000多人愿意顶上去（很可能过不了几个月这1000多人中还会有许多人不辞而别）。

例如，轻工行业某制革厂需揉皮工20多人，由于苦、脏及气味难闻，清退农民工后，没有一个下岗职工来顶替。南京第二毛纺厂腾出106个挡车工指标，结果只有49人愿顶替。钟山水泥厂清退装卸农民工后，没有一位下岗职工来干。据对南京有关企业调查，许多苦、脏、累工种，下岗职工不愿干，不得不再聘用农民工。

（3）广州市。广州市前些年经济发展很快，不仅本市职工较少失业的，还容纳下了大量外来农民工，且不说那些独立自主干个体私营的农民工，仅广州市国有、集体企业中正式领取务工许可证的外来工就达28万人。前些年，广州人对这一切并不在意，反正自

---

① 冉永平：《是被抢了饭碗吗?》，载《人民日报》1997年12月15日第2版。

已有饭碗。但是从 1995 年以来，广州人开始有所不满，说什么外来农民抢了他的饭碗。一位下岗职工说："我们厂合资了，工人增加了不少，但都是外来工，像我们这样的老工人反而被'赶'出来了!"有一位下岗后卖果蔬的女工(还算迈出了关键的一步)抱怨说："厂里本来是有活做的，都是那些外来工把我们给挤了，抢了我们的饭碗。"

在广州，某些行业外来工已占职工总数的 1/3，如橡胶行业，总共 2.4 万名职工，外来工达 8000 人；纺织行业生产一线有 50% 是外来工；市公交公司近两年新录用的数百名司机，大都来自湖南、四川等地。但是，一眼就可以看出，这些行业都是苦、重、累为主要特征。所以，这里的饭碗未必是农民工和其他成份的外来工挣去的，可能是本地人"礼让三分"让出去的。不相信？请听某酒店总经理杨某说的："在许多方面，本地工都不如外来工，像吃苦耐劳，尽职尽责，不讲待遇，组织纪律等。"他向记者反映：酒店开业时有关部门曾推荐 20 多名下岗女工来上班，但不到两个月都跑掉了，说当服务员活儿太累，而工资只有 600 元，比领失业救济金(300 元左右)多不了多少。

广州市劳动服务公司负责人蔡某认为"不是外地人抢了本地人的饭碗，而是本地人自己不自强自立"。"一些下岗职工缺少专业技术，文化程度又不高，让他们参加再就业培训或学习又没有积极性，只是一味地要求单位或企业安置。一些近 40 岁的女工宁愿待岗至 45 岁退休，也不积极想办法再就业。"一位贵州籍司机对记者说："广州的本地出租车司机嫌活苦还挣得少，不愿意干，我们俩人承包一辆车，白天黑夜交替干，每月挣 1500 元，累是累，但比在家里强多了。"当谈及是不是"抢"本地人的饭碗时，小伙子笑笑说："怎能叫抢呢？我们是捡他们扔下的饭碗。"①

在广州，有那么多乡镇企业、三资企业、私营企业，就业路子很多。但是这些企业主要雇用了外来民工，广州市职工是不去的。

---

① 戴自更：《外来工是否抢了广州人饭碗》，载《光明日报》1996 年 8 月 19 日第 4 版。

如果把在广州及整个广东的民工全部清退，大量乡镇企业、私营企业、三资企业会倒闭，许多港澳投资办厂者只好打道回府了。

(4)合肥市。在安徽省合肥市有一个更典型的例子：合肥最大的外资企业安徽佳通轮胎公司先后有1000多名职工“大逃亡”，宁愿放弃外企优厚待遇，也要回原工作过的国有企业待岗。1994年，安徽开元集团与新加坡合资成立了安徽佳安轮胎公司，全厂2200多名职工同时整体转入合资企业。岗位还是那些岗位，进入合资企业的职工收入比过去翻一番。但是，试用期满后，就有300多人回到原企业。1996年，来自开元的职工与合资公司签订的为期两年的第一轮劳动合同到期，又有400多人不听劝阻，撤回来了。1998年年底，开元为集中力量发展，从合资企业撤资，公司由外资独资经营并更名为安徽佳通轮胎公司，又有数百名职工要回来。而此时，开元已有480多名下岗职工。相反，佳通投资已达两亿美元，年产值9.7亿元，利税1.1亿元，职工月均收入1400元。开元集团党政工团齐动员，挨家挨户对要回来的职工进行劝阻，佳通也盛情挽留，但仍有278名职工“义无反顾”地离开佳通，回到开元。为什么？炼胶工序的某某说：“太累了！在开元两人看一台机器，每班只要生产65车。在佳通，一人管一台机器，一班要生产120车。”还有许多职工说：“我们感到不适应。在佳通，什么事都有人管。每个工序，非要按他规定的去做。自己稍微作点主，车间主管就来了。让我们这样工作，气不顺。”在佳通当过保管员的朱某忿忿不平地对记者说：“连吃饭都限制时间，只给40分钟。”

这些自动去掉高收入、每月只拿200多元基本生活费在家待岗的职工并不着急，他们说的最多的一句话就是：“国有企业不会饿坏人，党和政府是不会不管我们的。”①

(5)保定市。1998年，我们受有关部门的委托，对保定市下岗、失业职工再就业问题进行了一次调查，其中对保定市有关部门为下岗职工再就业设立的“自立市场”进行了专访调查，对保定市劳动局设立的最大职业介绍中心进行了问卷调查。

① 《经济参考》1999年4月20日报道：《千余职工为何“大逃亡”》。

保定市有下岗职工 4 万人左右，而在可容纳 300 个摊位的“自立市场”中，我们仔细数一下挂有“下岗职工“经营牌照的摊位仅有 87 个，开始时下岗职工来的还较多，以后不断减少。看来人们还是不愿从事个体经营。

保定市家政服务也是有一定市场的。1997 年年底，全市有 120 多户到市场登记寻求家庭服务员，全市有 2.6 万名下岗女职工，但仅有 20 多户聘请到家庭服务员。为了打破这种供需严重不平衡的局面，保定市妇联和劳动局对下岗女工进行一次免费的家政服务技能培训。报名时有 86 名下岗女工，开课时仅来了 36 人，到培训结束时仅剩下 17 人。从登记求职的成功率看，市内各种失业人员的登记求职成功率为 64.6%，而农村在市里的登记求职成功率高达 93%。

关于农民工与下岗职工再就业的关系，我们还可以再考察一个另外的例子，这就是温州。温州虽然每年有 160 多万人口和劳动力在全国各地忙碌，但同时又有外地民工和人口 100 万进入温州。温州原有国有、集体企业 170 余家，经兼并、破产，到下半年只剩下 120 余家。1996 年，下岗职工已占在册职工总数的 41.4%，高出同期全国平均水平 16 个百分点，但是据温州市劳动局长何女士讲：“近十年来，还没有下岗职工上门来要工作的。”她还说：“我们着重搞好劳动力市场和信息中心的建设。与其他地方不一样，温州没有再就业中心。”1997 年，温州有 37.8 万个体工商户，其中，60%~70%是原来的下岗职工。温州下岗职工没找到工作的几乎没有。温州对外来民工并不限制，外来劳动力的劳动用工登记每位只需 10 元钱。①

(二)农民是否有权利到城里“抢”饭碗？

上文指出，农民不是到城市里“抢”饭碗，而是到城里去捡饭碗；国有企业及许多机关事业单位本来就是有大量富余人员，早就

---

① 夏桂廉、潘剑凯：《温州人是如何再就业的》，载《光明日报》1997 年 9 月 25 日第 4 版。钱兴中：《积极探索市场经济条件下的就业机制》，载《人民日报》1998 年 7 月 6 日第 10 版。

该大量裁减，而这种裁减与农民是否进城没有内在联系；下岗、失业职工还在寻找过去的“美景”，不肯下凡就低，干农民正在干的苦、脏、累的工种。但是另一方面，外来民工对城市已经下岗和失业的职工，以及在业职工，也有或多或少的就业压力。

第一，在局部范围内存在直接就业竞争。所谓局部范围是指那些不需要技术、技能，较简单的以体力劳动为主的行业、职业。

第二，外来农民具有接受低工资的优势，有可能压低基础行业工资。

第三，外来农民工具有年龄优势，会造成城市大龄职工再就业困难。

第四，外来农民工无意识地强化了职工的“白领”意识，造成职工不肯到某些行业就业。

如果把这四个方面都看作是农民抢了城里人的饭碗，那有什么不可以的呢？农民难道没有权利来这样抢饭碗吗？

从所有权上讲，耕地是农民集体所有，农民对耕地具有更大的自主权、发言权，即便如此，城里人也可以到农村打工、承包、转包土地、“四荒”。而城市，尤其是国有企业，本来就是全民所有，只要用人单位允许，谁都可以来打工，谁干得好、管得好、为国家做的贡献多，就应该由谁来干、来管。

总之，即便农民工凭本事、凭优势、凭汗水通过正常渠道抢了城里人的饭碗，那也是合法合理的，是农民劳动权益的正常体现，是市场经济法则的自然运作。

(三)农民在城里的“饭碗”是如何得到的？

农民在城里的饭碗到底是怎样得到的呢？可以分两种类型。一类是农民自己“造”饭碗，即自己在城里从事个体、私营经营活动，这与城里人在单位里丢了饭碗，没有直接关系。但与下岗职工从事个体、私营经营倒是有一定的利害冲突关系。另一类是农民自己找饭碗，即到企业、机关、事业单位去打工，但是否聘用的权力完全在用人一方，说一声“不用”，农民一点脾气都没有，也没有理由表示不满。但是在用人单位的用人自主权越来越大的情况下，用人单位往往就是愿意用农民工，而不愿用职工。所以从一定意义上讲，农民找饭碗的过程，也是有人愿意送饭碗的过程。

用人单位为什么愿意把职工手中的饭碗夺过来双手捧送给农民呢？很简单，用农民工比用职工合算、工资成本低。

某建筑公司，把正式职工放长假，每月给他们每人 200 元，然后聘用农民工上岗。虽然支付了两份工资，但仍比用正式职工更合算。北京一位饭店经理算过这样一笔账：他在朝阳区有一家饮食企业，雇用了 30 名外地女工和 4 名本地求职者。按劳动政策规定，雇用的 30 名外地工，每年只需向政府有关部门缴 240 元的《做工证》钱。但在同样的工资标准下，雇用 30 名北京的求职者，则每年应向政府管理部门缴纳 12420 元的管理费和养老统筹金，这二者相差 51 倍的价钱，还没有算正式招工要负责分房、医疗、退休养老的账。实际上，许多单位招用农民工，就是那个《做工证》钱也没有缴。

某公司开会对职工进行分流，会议决定辞退一批临时工，其中包括 3 名民工，改由分流下来的正式职工顶岗。但总经理表示反对：3 个民工负责 3 个电站的门卫值班，一年共交付工资 2 万元。如果让正式职工值班，比照电力部门规定，一天要 6 班倒，一班 3 个人，共 18 个人，正式工工资又高，各种费用全算上，一年共要支付 45 万元，2 万元与 45 万元的差距，想必每人都能区别来吧！所以，大会争论的结果是：仍然雇用这 3 个民工，该分流下来的还是要下来。①

在某城市，曾发生个别下岗职工对外来工使用暴力的情况：一个酒后无故伤人被拘留者，被问及为何殴打饭店侍者时，他说："我原本日子过得好好的，都是他们这些民工，不好好在家种地，抢了老子的饭碗，我恨他们。"就是在这个城市，1998 年外来民工达 15 万人，许多单位仍然热衷于雇用外来民工。因为这更合算：以该市 1998 年社会平均工资 7242 元计算，每使用一名本市人员，除支付 7242 元外，还要交各种费用 1899.6 元。而每使用一名民

① 樊云芳等：《清能公司的启示》，载《光明日报》1999 年 6 月 30 日第 3 版。

工，每年各种费用仅交纳 36 元或 72 元。以 1998 年外来民工年均工资为 5400 元计算，仅相当于城镇职工平均工资的 2/3。①

二、民工合法权益应得到保护

(一)民工合法权益得不到保护

农民工在城里打工，辛辛苦苦挣点钱很不容易，但由于多种原因，民工的一些合法权益得不到保护。这也是导致民工报复城市、报复社会、铤而走险的重要原因。

前几年，对民工滥罚款、克扣工资等侵犯民工合法劳动权益的事件时有发生。最近一两年，拖欠民工工资，甚至携款潜逃是雇主侵犯民工合法劳动权益的重要方面。四川省有的民工，在沿海某城市打工一年，最后发工资时，雇主潜逃，几个民工身上一分钱没有，最后是靠扒火车、沿途乞讨回到家乡。回家时，个个都是破衣烂衫，不敢在白天走进自己的村庄，怕村里笑话，只好在村外等到天黑时，像是逃犯似的偷偷溜回家。回家后，向家里人述说自己的苦难，全家人都大哭一场。有的民工身心健康受到沉重打击，大病不起。

民工合法权益得不到保护，在相当程度上与城市有关部门的地方保护主义有关。苏南某县级开发区有一家木业公司，员工进厂先要交 200 元押金，而每天的工资也不过 10 元，甚至达不到当地工资的最低标准。员工病了只能硬挺，因为请假超过 3 天就要被开除，而且押金不退，甚至女工病倒了也不让休息。对于这种明显违反劳动法的行为，当地新闻媒介披露过，劳动部门也查了，但问题却一直没能得到很好处理。原因很简单：这家木业公司是这个开发区最大的企业。② 正因为这种状况，有的民工公开说：我偷厂里的东西根本不感到耻辱，因为老板心太黑了，根本不把我们当人待，

---

① 王雷等：《外来劳动力进城务工的正负效应》，载《中国劳动保障报》1999 年 4 月 25 日第 3 版。

② 李建平等：《维权，任重而道远》，载《法制报》1998 年 10 月 27 日第 1 版。

哪个部门都不管。

河北省唐县伏城乡罗庄村农民赵某等人曾向《人民日报》社反映如下情况：45名农民到山西省朔州市怀仁县虎龙沟煤矿做挖煤合同工。从1996年3月到12月底，干了一年，并且没有出什么差错，矿长竟然发给每人50元路费就打发走了。45位农民回家过了春节又向煤矿要工资，只得到一白条：欠279784.03元。45位农民又诉讼于怀仁县法院，法院判决农民胜诉，但案件受理费6695元，其他费用6695元，共计13390元全部由被告方给付，暂由45位农民支付。到后来，工资一分钱也没要回来，却又赔上了13390元钱。①天下竟有这样的道理！不知这个法院到底是在干什么？

（二）社会性歧视

在城里，农民务工经商常受到歧视，经常被另眼看待。农民在城里开店卖商品，城里人往往是百般挑剔。

在城里打工的农民难以享受城市文明。据零点市场调查公司1994年对京沪民工生活方式的调查结果，看电视电影、逛街、玩麻将纸牌是民工消闲的三种主要方式。民工游离于除电影院以外的城市主要公共文化事业。

广大民工对于自己被排斥于城市文明之外十分反感，从而对整个城市不怀好感。并且，随着民工自身素质的提高，民工越来越为自己的不公正遭遇鸣不平。甚至有人对“打工仔”、“打工妹”这一称呼也十分反感。有一位女打工者，是全国人大代表，她对别人称自己为“打工妹”十分不满，她认为这是歧视，她说在市场经济条件下，谁都是在打工，都应该称“员工”！

这是有道理的，这给城里人提了醒：不应像过去那样歧视进城农民。

综上所述，“民工潮”对中国经济、社会的发展，都具有深远的意义：第一，民工潮是继家庭联产承包责任制和乡镇企业发展之后农民第三次伟大创举。第二，民工潮是我国市场经济中最活跃的

---

① 李有存：《四十五位打工农民的苦恼》，载《人民日报》1999年1月9日第5版。

因素之一，它的作用和意义不可低估。民工潮对我国建立和发展有中国特色的统一的劳动力市场和相关的就业制度、社会保障制度等，都有许多启示和推动作用。第三，民工潮是中国农民在历史上第一次主动地、积极地参与工业化、城市化、现代化和社会化，并分享其成果和实现自我改造。第四，民工潮向传统体制下的种种陈旧观念提出新的挑战，如计划就业、铁饭碗、高福利、安土重迁、城市户口，等等。

当然，在这场大潮中也有一些不和谐的“浪花”，社会各方面对民工潮及整个人口流动还有一些不适应。但是这一切都会在流动和变革中得到改善。

总之，现在基本上可以肯定，今日民工潮不是往日盲流，民工潮主流是好的，是积极的，其消极作用和负面影响是次要的，是可以逐步得到纠正的。这一切，我们应该有正确的认识。

第六章

走出困境

——现代流民问题对策

面对民工潮的滚滚洪流，到底应该采取何种对策？专家学者，众说纷纭。本章根据民工潮的来龙去脉，并把民工潮放在中国改革开放和加快实现现代化和城市化的大背景中，提出全方位的对策，包括针对民工潮起源方面即农村发展方面的对策、民工潮流动过程如何组织管理方面的对策、城乡劳动力市场统一协调及城市化发展方面的对策、民工潮如何兴利抑弊与综合服务等方面的对策。

第一节　釜底抽薪：重视“三农”，开发“三源”

“三农”是指农民、农业、农村。“三源”是指农村自然资源、农村剩余劳动力资源、农村非农产业资源。重视“三农”，合理开发“三源”，是解决现代流民问题的重要对策。

一、重视“三农”

（一）要重视农民问题

如同第二章所述，20世纪90年代导致农民大量外流的重要原因之一是农民负担太重。农民负担重直接造成农民收入增长缓慢、增产不增收。农民负担重主要表现在税金、剪刀差、义务工几个方面。

在取消农业税之前，虽然我国农业税一直不重，但是通过工农产品剪刀差和各种提留、摊派，大量农业收益外流，迫使农民加入流动人口行列。据测算，1950—1986年，通过价格差价，农民为国家工业化提供600亿元资金。1991年，全国农村各种提留、摊派、义务工等折款共达464亿元，农民人均52.8元，占当年收入的9.45%。1993年，农民直接承担村提留、乡统筹总额为275.3亿元，人均32.4元，占农民人均收入的4.68%，义务工和劳动积累工劳务负担额为81.7亿个工日，劳均18.8个，其中以资代劳款比1992年减少9.6亿元，减少20%。1993年各级减少农民负担103亿元，人均11.6元。即使如此，1994年农民摊派支出仍然比1992年增长48.6%。1995年和1996年，在许多地区，农民负担仍有反弹。直到1999年上半年，农民负担才有明显下降。

要真正地、彻底地解决农民负担重这个老大难问题，也不是无计可施，只要从以下几个方面着手，是完全可以解决的。

第一，大力精简机构。有关部门之所以能够不断向农民伸手，从机构方面看，主要有两点，一是机构权力过大，什么都可以管，农民拿它没办法，只好惟命是从。二是机构队伍庞大，严重超编。这些农村“吃闲饭”的人，不是国家公务员，没有工资，只好揩农民的“油水”。有许多农村，村、乡（镇）基层管理人员超编100%，所谓的“七站八所”，人员成堆，各项支出增加，于是便巧立名目向农民搭车收钱、变法收钱。有的村庄，一个结婚证要花几百元，男女青年只有双双外流了。有的村庄，一度电价格上涨到2元多，农民只好不用电了，重新点起煤油灯。这比起城市用电之方便，电价之便宜，真是有天渊之别，农民也只好到城市去“借光”了。这样的事例还可以举出许多。

第二，必须加大处罚力度。为什么中央三令五申要减轻农民负担，反而越减越重？关键在于没有规定明确的处罚措施，没有量的规定。只是说，加重农民负担，谁加重谁负责。或者说，加重农民负担，要严格处理。怎么负责？怎么严格处理？由于缺乏明确的处罚措施，有关减负政策规定难以落到实处。要真正防止加重农民负担，就必须对违犯者加以经济上的处罚，加重农民负担多少元钱，发现后不仅要全部吐出来，而且要以同样的数额，或加倍罚个人的款，看他还会不会、敢不敢对农民加负？并且罚款一定要罚个人的，不能罚政府、集体。现在农村基层，许多人仍是这样一种心理，不捞白不捞，发现了也没有什么实质性损失。假如我们对加重农民负担者不能在经济上罚得他得不偿失，那么，这个问题就永远也别想得到一个令人满意的结局。

(二)要重视农业问题

1. 保护农业耕地面积

农民外出务工经商的另一个原因是耕地太少。联合国测算一个人口的最低耕地保有量是0.795亩，低于此数，就无法生存。我国农村地区，人均低于1亩地的比比皆是，低于0.5亩的也为数不少。对于过少的土地，农民已是没有什么可留恋的了，只有离家出走。

另一方面，我国耕地浪费严重。据1996年的全国第一次农业普查，仅1991年到1996年，全国各类非农建设项目实际占地总面积约202万公顷。这202万公顷土地中，耕地占102.4万公顷；清查出闲置土地11.6万公顷，其中耕地6.2万公顷；清查出土地违法案件382.8万件，有一半以上得到处理。

保护农业耕地，不仅要有法律的、行政的措施，而且还要有经济措施。要提高占有耕地的费用，在低租金的条件下，是无法制止乱占滥用耕地的。另外，还要实施耕地平衡措施，即谁占用耕地，不仅要支付巨额费用，而且还要再造出相等数量的耕地。这一条一定要坚持。

2. 复垦土地

主要是对荒废的土地进行复垦。我国现有大量的荒废的土地，复垦土地不仅扩大了耕地面积，而且使不少农民实现了与新的生产资料的结合，从而有利于农业的发展和农村劳动力的充分利用。河北省保定市在这方面做了有益的探索。保定市土地开发潜力很大，可供开发利用的共756.7万亩，其中可垦耕地为33.6万亩。保定市制定了一系列优惠政策，鼓励开发复垦土地。如，新开耕地5年免交农业税、各种摊派和征购，实行谁开发、谁使用、谁受益的原则，一定30年不变，在使用期内允许转让和继承；优先供应柴油、农药、化肥等。到1997年年底，保定市共开发复垦土地82816亩，其中耕地12925亩，使耕地迅速减少的势头得到有效遏制。

复垦不是乱开乱垦，不是毁林造地。对生态环境脆弱、植被稀少的土地，则不宜随便开垦。全国农业区划办公室利用卫星遥感技术，对黑龙江三江平原9个县(市)、内蒙古自治区24个旗(市)、甘肃河西走廊17个县(市)和新疆哈密地区3个县(市)共53个县级单位的1986年和1996年卫星遥感图像进行判读比较，发现北方四省区10年来刨草毁林现象严重，开垦后的土地近半撂荒，得不偿失。①

3. 要重视农业生产问题

农业(含林牧渔，下同)生产事关全社会稳定的大局。大量农民外出务工经商，原因之一是农业收益低，增产不增收。只要调整农产品价格，调整工农业比较价格，农民种地还是有积极性的，农民是否真要外出务工经商，他们自己是会进行合理的比较的。山西省壶关县万名农民，在国家粮改政策的感召下，纷纷返乡务农。农民是这样算账比较的：过去种地每亩收入大多在500元以下，现在中央有政策，精心种好一亩地，少的也能收入上千元。一亩地只须投工20个，一个工约合50元的收入，比外出打工高出2倍以上。当然这里的首要前提是要有一定的耕地面积，如果人均不足1亩地，怎么折腾着种也是不行的。在该县，不少农家妇女纷纷打电话、写信，让自己在外打工的丈夫、儿子或女儿回乡种田。据该县有关部门初步统计，在2个月的时间内，已从北京、天津、上海、

① 《人民日报》1998年5月25日第2版。

太原和西安等地返回了 1 万多人。

在靠近城市的农村，农民发展经济作物，种植大棚蔬菜，也是有吸引力的。在河北省保定市清苑县五尧乡丰台村，由于农民在发展大棚菜生产中尝到甜头，劳动力流向逐渐发生变化，外出打工的少了，回乡种菜的多了。全村外出打工的到 1994 年春节时，已经绝迹。这个村过去没有种植蔬菜和卖蔬菜的习惯。1987 年，五尧乡领导看到保定市郊农民发展大棚菜致富后深受启发，便组织各村到外地学习，又请农业大学蔬菜专家进行指导。就在这年，丰台村 20 户农民在全乡第一个搞起黄瓜温室大棚试点，全部利用近百亩坑、坡、沟、废闲地搭棚，既省钱又保温。村里为扶植大棚菜生产，还提供免费使用自来水、补贴少量资金等优惠条件。结果当年取得成功，投资 2000 元的大棚最低收入 4000 元，最高达 1 万元。到 1990 年，全村 20%的农户搭起了大棚。1991 年，丰台村黄瓜全部打入京津农贸市场。1993 年，全村 90%以上的农户都搞起了大棚菜，大棚总数近 600 个，年纯收入 150 多万元。村里还自发形成蔬菜交易市场，吸引来大批京、津、保客商。大棚菜生产的发展使丰台村 30%的常年在外打工的劳动力回流，到 1994 年春节时，已无人再外出了。据村支书宗荣贵介绍，甚至有的企业看到办厂不景气，还不如种菜，干脆弃工从农。丰台村还带动全乡 13 个村中的 10 个村搞起大棚菜。①

当然，我们也不认为全部打工者、全国的农民都应该回家种地，而是因为，通过适当的农业保护措施，有助于农民更理性地充分衡量是外出打工好，还是在家种地好，至少在打工时，能够兼顾好农业生产，不至于盲目弃耕抛荒，根本不把农业看在眼里。这一点，河北省魏县农民做得比较好。

在前些年，春节刚过，魏县 10 万打工农民就纷纷走出家门，各奔东西，到 3 月初，这些家庭就只剩下老婆孩子了。与往年不同的是，1999 年春节后，仍有 3 万打工者在家里忙着春灌、春管。

---

① 陈建平、李文义：《丰台村大批务工劳力回乡种菜》，载《保定市报》1994 年 2 月 4 日第 1 版。

双井镇农民何某边改着畦儿边道："不是俺恋着家里的老婆孩子，这二亩麦子种不好，出了门也心不安呀！忙完田里的活，再出去挣钱就放心了。"据该县农工委的同志介绍，魏县打工者先忙浇麦再出门挣钱，比以往更关心农田的原因在于：一是后顾之忧没了。十五届三中全会后，该县顺利完成了第二轮土地延长承包期工作，利用土地经营合同及法律公证给17万户农民的土地上了"双保险"。二是农民种地得了实惠。该县按保护价敞开收购农民余粮，不压级，不打白条；对农民负担进行专项治理，杜绝乱集资、乱摊派、乱罚款；农技、农机等部门利用各种惠农形式促销，与农民同受益。三是抗旱抓得实。年前年后，该县就利用各种手段引导农民早动手搞好抗旱保苗，县直40多个涉农部门把春灌、春管等科技知识送到千家万户，全县形成了"早浇一天，多收一斤"的大气候。在这种形势下，打工者在春节期间就架线安泵、修整渠道开始春灌，使全县春灌工作比往年提前了3~6天。农民"等在家浇麦田"与原来"不顾土地忙挣钱"形成了鲜明的对比。①

4. 重视农业科技推广与应用

我们之所以要提出这个问题，是因为大量外出务工经商的农民基本上是文化程度相对较高者。他们的流出，不仅是劳动力的流出，而且也是农村人力资本的流出，对农业科技推广与应用是不利的。并且从劳动力流出本身来看，当大量劳动力流出时，本来就需要增加科技投入，以替代流出的人力，这样才有助于保持农业的持续发展，从而从根本上保障农民不断外出务工经商。如果农业基础受严重损害，农业形势出现不稳定局面，粮食大幅度减少，外出农民势必又跳回"农门"。

目前，我国农业科技潜力还是很大的。我国每年有6000多项农业科技成果问世，但转化率仅有30%到40%. 真正形成规模的不到20%。据有关部门测算，只要把现有的科技成果推广开来，我国科技在农业增长中的贡献率就可提高了15个百分点。1990年至

---

① 新河等：《魏县三万"打工族"忙春灌》. 载《河北日报》1999年3月30日第2版。

1995 年，我国农业科技贡献率一直在 30%左右，1996 年中央发出重组农技推广队伍的文件后，当年全国农业科技贡献率就实现了大跨越，比上年提高了 5 个百分点，达 39%，1997 年又进一步提高到 42%。但是，我国农业科技水平与国外相比还是有很大差距的。世界中等农业科技水平的国家，农业科技进步贡献率已达 60%左右，发达国家为 80%左右。再从每万亩农田所拥有的农技人员看，我国到 1997 年仅为 6 人，发达国家为 30 人至 40 人。

要解决我国一方面农业耕地少，急需把大量农业劳动力转移出去，另一方面转移农业劳动力过多会影响农业生产这一矛盾的办法，主要靠科技进步，农业科技是农业发展的第一生产力。

5. 进一步完善土地承包制度

农村在土地承包过程中，有些问题还可以进一步考虑。如有的农户全家弃耕外出怎么办？对于这一点应有具体的、统一的土地管理制度。对于有的农民不辞而去，全家弃耕的情况，应当规定土地可以收回另行转包，新的承包者要承担该土地的各项义务。当外出农户返回后，可以退还该土地给他。新承包者除按规定上交给国家的定购粮任务外，如果外出农户不是不辞而别，新承包者可在村统一规定的政策范围内，向外出农户支付一定的租金。

6. 严格控制人口增长

从长期的角度看，我国人多地少的主要原因是人口多、增长快。只有严格控制农村人口增长，农田才能放慢减少的速度。因此，应当把控制人口增长与控制土地减少有机地协调起来，使双方互相制约，形成良性循环。这就是实行“增人不增地，减人不减地”，即土地承包下去之后，家庭增加了人口，不再增加耕地数量；家庭减少后，也不减少耕地数量。

例如，贵州省湄潭县较早地实行了这种政策，较好地解决了农户人口增减与占用耕地多少的矛盾。即在稳定现有家庭联产承包责任制格局前提下，第一，家庭增加人口（新生、迁入等）和减少（死亡、迁出等）人口，都不再重新分配土地。第二，农民已取得的土地，从 1987 年起 20 年不变，有偿使用。第三，允许土地使用权转包、转让、租赁、互换、入股联营。第四，集体收回“四种户”（农转非户、无人赡养孤寡老人去世户、抗交农业税和粮食定购任务户、弃耕撂荒户）土地，但不再按人头平均分配到户，一律实行招标耕种。第五，对新增人口和有剩余劳动力的农户，鼓励他们积极开发非耕地资源和发展第三产业。该县1988年全面推行此政策，当时抽样510户的结果是：64.7%的农户赞成。1992年抽样调查1200户的结果是：67.9%的农户赞成。这项政策不仅有力地推动了农村经济社会发展，而且有力地抑制了农村人口增长，尤其是抑制了农民对生育男孩的愿望，提高了女孩的价值。1992年调查，有41.4%的农户因此项政策而不愿多生孩子。在90年代初的几年里，该县人口出生率为14.85‰，自然增长率为8.74‰，分别比1987年下降了2.72和2.78个千分点，出生率和自然增长率分别比全省降低7.55和5.14个千分点。当然，这一成绩不完全是土地承包制度改革的结果。不久，贵州省六届三次全会和六届六次全会也把这一政策写入会议决议，省七届人大常委会12次会议通过《贵州省实施〈中华人民共和国土地管理法〉办法》中也吸收了这一政策。①

（三）重视农村发展问题

农村发展是一个重要问题，要不断缩小城乡差别，关键是加快广大农村的发展。农村发展不仅包括经济、社会发展，也包括农村规划、农村迁移合并等。

1. 农村规划与改造

目前，我国有许多村庄破烂不堪，缺乏规划与改造，没有多少吸引力，同时又存在乱建乱占、浪费耕地资源，相对增加农村剩余劳动力的问题。对这些村庄进行合理规划与改造，可以一举多得。

例如，河北省有不少“空心村”，占用大量良田。1996年，河北省共有村庄50224个，占地1415.9万亩，其中村庄空闲土地15万多亩；全省共有砖窑6250余座，占地49.47万亩，年烧砖380亿块，年取土用地7.6万亩，有不少砖窑不按规定复耕，使土地长期闲置荒芜。90年代以来河北省逐渐加大改造村庄的力度，取得

① 李菁、丁远康：《实行“增加人口、不再分地”的方略》，载《中国农村经济》1994年第2期。

不少成效。如经济条件较好的晋州市周庄乡所属的 6 个村全部建成两层楼房，复耕还田 800 多亩，按劳均 10 亩地计算，可安置 80 多个劳动力。藁城市南禾村已盖起 5 层楼房 5 栋，入住 120 户，拟盖的 25 栋楼房盖成后，可复耕土地 500 多亩。一些山区如张家口有的村迁到山岗建房，腾出土地发展农业。对砖瓦窑严格管理也可以复垦出大量土地，1996 年至 1998 年上半年，河北省全省已拆除和关停砖窑 379 座。① 从 1997 年到 1998 年上半年，河北省就通过“围城圈村”、集约用地工作，共腾出存量建设用地 3.22 万亩，可容纳 3220 多个劳动力。河北省于 1998 年宣布，全省冻结村界三年，原则上到 2000 年村庄建设不再提供外延用地，现有农村居民点空间范围不再外扩，力争用 10 年至 15 年时间基本完成村庄土地整治工作，彻底解决“空心村”问题。

2. 搬迁贫困村庄

我国有许多贫困小村庄，人口规模极少，往往只有几户、十几户人家，自然条件极端恶劣，难以维持生存，更谈不上发展了。这些村庄长期存在下去，一方面只能与现代文明的进程差距越来越大，难以在原地实现脱贫致富；另一方面，人口和劳动力流失，是产生盲流的重要发源地。对这些小村庄，实施搬迁战略是一条重要扶贫和可持续发展道路。

例如，广西的贫困山区，土地奇缺。有的地方的农民竟在石缝里种地。有的地块只能种上一棵白菜。这些地块里的土也是用背篓从远处背来的。并且一场大雨就足以把某些地块冲得无影无踪。河北省蔚县的深山区，每年平均气温仅有 2.3℃，比哈尔滨市平均气温还低。村庄规模小，难以达到农村人口、经济、社会发展需要的最低人口规模要求。据人类学家分析，一个封闭的人口群体，要确保自身的繁衍，至少也要有 500 人，从人口密度看，平均每平方公里至少要有 7~8 人，并且这也难以保证其人口素质的提高。我国一些深山区的村庄，即便不是完全封闭的，也是交通极为不便的。所以近亲结婚比例较高，还有许多青年男女难以适时婚配。从生产

① 《人民日报》1998 年 10 月 21 日第 10 版。

力角度看，村落人口规模过小，根本无法形成最低要求的规模经济。从社会事业的发展看，人口规模过小，社会事业更是难以发展。如根据学校设置的基本要求，一个自然村有 30 户以上的人口，才具备最基本的办学条件。四川省雅安地区天全县，不足 5 户的村庄约占一半，超过 20 户的很少。云南省有近 3000 个自然村没有学校，其中 30 户以上的村庄只有 1000 多个。因此，对于一些自然条件差，规模小的贫困村庄，应实施搬迁战略，以改善生存环境，解决贫困与发展问题。

3. 合并村庄

我国村庄人口规模过小，不仅表现在贫困地区，而且也表现在较发达地区。这种状况难以满足实现农村城镇化、建设现代化新农村的要求，农村劳动力不可避免地要大量外流。这一点，就是在经济发达的上海市农村地区，问题也同样明显。不过这已引起市委市政府的注意，正在加紧实施搬迁合并村庄的战略。上海市区人口密度大，地价高得惊人，1995 年地处闹市的豫园拍出的一块“地王”，竟然达到每平方米 1.3 万美元的“天价”。实际上，上海这样发展要受地价阻碍，因为这样的地价决不会推动生产力发展，反而会阻碍生产力发展。所以，关键是要把市周围的农村向城镇化的方向推进，使大批农村成为城镇，成为新的经济增长点，可以吸收大量外来劳动力。1995 年上海市全面实施“三个集中”(工业向园区集中，居民向集镇集中，耕地向规模经营集中)。根据“居民向集镇集中”的原则，从 1995 年开始的 15 年内，上海计划将 5 万个自然村逐步归并调整成 2 万个自然村，使每个乡镇的农村居民点由目前平均 200 个逐步调整到 100 个左右，预计可调整出 142~292 平方公里土地。据典型调查，旧式村庄建房人均用地 120 平方米，而小城镇建多层住宅人均用地只有 20~30 平方米，城镇化的集中可以节省 80%左右的建房用地。较早开始向集镇集中农户的上海松江县，已有 16300 户农民进镇进城，全县可腾出 2 万亩宅基地，更重要的是大大加快了农村城镇化的进程。上海奉贤县，1995 年有 10 万多农民进镇，当年申请零星建房的农民不到 100 户，而要在集镇买房的却有 4200 户。松江县新浜镇，全镇 126 个自然村，已并成 26 个大村。①这样的发展模式，不仅会留住本村劳动力，而且还会随着集镇各方面城市功能的释放，吸引大量外来劳动力，不必大家都往市区挤。其他省市也有类似的规划和举措。

二、开发“三源”

(一)开发农村自然资源

我国广大农村自然资源的潜力还很大。以粮食生产为例，目前真正高产田仅占三分之一，中低产田占三分之二。即便同一类型地区粮食单产水平悬殊，高的每公顷 7500～15000 公斤。通过改造中低产田、兴修水利、扩大灌溉面积、推广先进适用技术等工程和生物措施，可使每公顷产量在 1995 年的基础上再提高 1500 公斤以上。到 1995 年年底，我国现有宜农荒地 3500 万公顷，其中可开垦耕地约有 1470 万公顷。在加强对现有耕地保护的同时，加快宜农荒地的开发和工矿废弃地的复垦，未来几十年每年可开发复垦耕地 30 万公顷以上。

我国非粮食食物资源也有很大潜力。中国水域、草原、山地资源丰富，开发潜力很大。据统计，全国 1747 万公顷内陆水域中，可供养殖的水面 675 万公顷，目前利用率仅为 69%；可供养鱼的稻田 670 万公顷，利用率仅为 15%；海水可养殖面积 260 万公顷，利用率仅为 28%。中国现有草地面积 3.9 亿公顷，其中可利用面积 3.2 亿公顷，居世界第三位。若将其中的大部分建设成人工草场，提高草原畜牧业集约化水平，就能增加大量的畜产品。中国山区面积占国土面积的 70%，具有发展食物的良好条件。②

我国农村发展非食物经济的潜力是很大的。在 960 万平方公里的土地上，耕地仅占 7%，其余为山地、水面、沙滩、林地等，充分利用这些资源，发展农村能源、工业品、手工艺品等，都具有十

---

① 大岗：《走向集中》，载《人民日报》1996 年 11 月 4 日第 10 版。《人民日报》1997 年 3 月 24 日第 10 版，《调整出土地》。

② 中华人民共和国国务院新闻办公室：《中国的粮食同题》，1996 年 10 月(北京)。

分广阔的前景。

(二)开发农村剩余劳动力

据有关统计数据，我国有14.2亿亩耕地(不含林地、草地、水面等)，按劳均10亩耕地计算，至多可容纳1.5亿种植业劳动力，而实有种植业劳动力3亿左右，即劳动力剩余率在50%左右。从未来发展趋势看，劳动力规模可能还要增长一段时间，估计到2040年左右，全国劳动力数量才可能出现下降。

尽管我国目前劳动力剩余量很大，但是仅就农业内部来看，大力开发和利用劳动力资源，更多地创造社会财富也是完全可能的。

1. 向农业广度进军

我国所有可开垦的荒地，还可以进行大型农田基础设施的建设和完善。我国在20世纪五六十年代修建的各类水利基础设施在七八十年代发挥了很好的作用，但目前有许多已经严重老化失修。我们应当充分利用目前的劳动力资源，办一些功在当代，利在千秋的事业。

例如，我国20世纪五六十年代每年平均开垦荒地在100万公顷以上，70年代以后逐年减少，到1992年仅为24.3万公顷。目前可开垦成耕地的土地有1470万公顷。如果几年能将开发规模恢复到70年代以前的水平，每年达到近百万公顷，农业内部每年就可多吸收150万劳动力。

2. 向农业深度进军

我国中低产田约占三分之二，加大力度进行改造，仍可吸收部分劳动力。我国种植业复种指数每增长一个百分点，就相当于增加100多万公顷的播种面积。

我国草原畜牧业和非牧区农户家养畜牧业都有很大发展潜力。我国天然草地3.9亿公顷，约占国土面积的40%，但90%的草地已经或正在退化，其中中度退化程度以上的达1.3亿公顷，并且每年以200万公顷的速度递增，退化速度每年约为0.5%，而人工草地和改良草地的建设速度每年仅为0.3%。我国每公顷草地产肉3.69公斤，产毛0.45公斤，产奶4.04公斤，共计为7.02个畜产品单位。其单位面积草地产肉量为世界平均水平的30%。① 关键在于要大力、大规模地改变粗放经营为集约化经营。据综合测算，在南方，开发一亩草畜工贸配套的人工草地平均投资200到300元，平均需要劳动力1.8～3.2人。② 照此计算，若将南方0.49亿公顷(约7.35亿亩)的草山草坡都开发成草畜工贸配套的人工草地，则至少需要1500亿～2500亿元投资，同时需要13.2亿劳动力，相当于目前全国人口总量，可见潜力之大。

非牧业区农户家庭牧畜养殖的潜力和作用也是很大的，甚至超过人们的想象和预料。在河南省，许多农户养一至二头黄牛，就可以脱贫致富，人们形象地说，这是赶黄牛奔小康。其实，其他养殖业也是大有前途的。每年夏收之后和秋收之后，人们在田里焚烧秸秆，造成严重环境污染，甚至造成机场的飞机无法起降。我国目前每年生产4亿多吨粮食，同时也留下了5亿多吨的秸秆和粮食副产品，这是非粮食饲料型家庭型畜牧业发展和农村剩余劳动力转移的重要出路。

3. 发展庭院经济

即在农户的院子内发展小规模、高技术含量、节约型的农副产品。如庭院葡萄、蘑菇、花草，等等。这是一种节省大量耕地、水资源等自然资源的经济类型，同时又需要较多的劳动力投入。

4. 植树造林，保护治理环境

我国森林覆盖率仅为13.92%。在森林分布均匀的条件下，森林覆盖率达到30%，才能有效地保护农业生产，起到良好的保护环境的作用。按这个标准，我国林业还应投入大量人力，植树造林。

我国沙漠化已经相当严重，这也是需要大量人力和物力投入的。沙进人退，造成大量人口无家可归，四处逃生，盲目流动。河

① 国家环保总局：《1997年中国环境状况公报》，载《人民日报》1998年6月26日第5版。

② 李毓堂：《解决我国耕地短缺危机的重要途径》载《中国土地科学》1995年第6期。

北省丰宁县小坝子乡榔头沟村，粮食亩产仅50公斤，人均年收入不足百元，到1999年上半年，已有18户因沙丘推进而被迫搬迁，还有78户280人急需搬迁。丰宁沙漠正以每年3.5公里的速度向北京逼近，沙丘离北京最近处只有18公里。①

如果是人进沙退，环境得到明显改善，其人口容量就会明显增加。长江上游三峡库区实施重点治理的小流域，平均每平方公里可增加人口环境容量30人，为库区移民安居创造了有利条件。②

（三）开发农村非农产业

农村非农产业是指农村第二、三产业。我国农村第二、三产业以乡镇企业为龙头。近几年来，乡镇企业吸收农业劳动力的能力正在下降，面临新的挑战。但是从农村整个第二、三产业看，还是很有潜力的，可以吸收大量劳动力。

以河北省为例。河北省第三产业产值每增长一个百分点，其从业人员占总从业人员比重增长0.05个百分点。1978年至1998年，河北第三产业产值年均增长率达13.4%，但20世纪90年代以来，其增长速度放慢，1992年达到高峰值，为21.5%，以后逐年下降，1998年为10.6%。若能保持11%的速度，则2005年第三产业从业人员比重将达到29%，2010年达到32%。到2010年，三次产业劳动力构成将出现“三三制”的局面，即各占三分之一，但第二产业略低于三分之一。

发展农村第三产业还是吸引农村男女青年劳动力的重要途径。许多农民要出去打工，一个重要原因是他们感到生活太单调了，没有什么文化娱乐场所和活动，而外面的世界很精彩。有的农村青年，中学一毕业，一天也不想在家乡待下去，这并不是村里一点可干的事儿都没有，而是农村在整体上还没有活跃起来，还没有繁华起来。

---

① 曲哲涵：《沙丘离北京18公里》，载《人民日报》1999年6月14日第9版。

② 董建勤：《捍卫生命之本》，载《人民日报》1998年11月1日第4版。

第二节　扬汤止沸：合理分流，有序流动

民工大规模、大范围地流动，还将继续下去，这是一个跨世纪的潮流。不断针对新的情况及时采取对策是十分必要的。从民工潮十几年来流动规律和管理经验看，主要应该采取以下几项对策。

一、合理分流，协调联动

(一)截留

截留，即把民工留在当地过春节。民工流动高峰在春节前后，尤其是在春节前和在节后很短的几天里，某些火车站会突然云集几万、十几万、甚至几十万民工，来势相当凶猛，再强大的运输能力也是难以完全应付下来的。

1994年，国务院要求使用民工的单位将不少于60%的民工留在当地过春节。这一决策还是有成效的：1995年春节期间，广东省留下了174万民工，其中深圳市留下了50多万。1996年春节期间，上海市留下了70万民工。

留下来的民工主要集中在那些民工较多且便于组织的行业，至于那些经商农民及在私营企业打工的农民，是否能留下就不好说了。如上述上海市1996年春节期间留下的70万民工，主要在纺织、海港和建筑业。为了增加留下来的民工在外地过春节的欢乐气氛，上海市在1996年春节期间组织了许多有益活动。如上海市有关领导即赶到民工集中的铁路上海西站、徐家汇体育馆工地等，慰问节日加班工作的民工，向他们拜年，并听取他们对生活、工作的意见。在上海港龙吴路装卸公司，除夕夜，上海市委、市政府和上海港务局有关负责人与民工们一起吃年夜饭，并向民工赠送了书籍等礼品。上海港民生装卸公司的党政领导与民工一起吃过年夜饭，春节当天又组织他们分批到上海动物园参观游览。在公司的娱乐城，民工们还可以尽情跳舞、唱歌、猜灯谜。上海团市委还组织了“万名外地民工新春联欢会”，“千家团支部伴你过年”等活动，同时发动团员青年给民工家庭写平安信，节日期间还为外地民工组织

培训班。①

在重庆市，1999年春节期间，一方面面临着大量民工返乡压力，另一方面又面临着1998年因灾引起的大批灾民可能盲目外流的压力。因此，重庆市各级劳动部门通过驻外劳务机构，配合劳动力输入地做好民工的工作，争取使60%以上的民工留在当地过春节。许多沿海城市在1999年春节期间，也大力开展留民工过春节的活动。

（二）节流

即有节制地流动。1994年，国务院决定，民工输入地在春节后一个月内不得招收民工，有效地延缓了民工流动高峰的到来。这一条一定要坚持，否则，民工节后流动高峰就会与学生返校高峰、探亲旅客高峰、春节观光旅游高峰叠加在一起，造成交通拥挤，人满为患。

1999年春节期间，广东省实行节后一个月不准招工的规定，收到良好效果。凡招收外省劳动力的，一律报地级以上劳动部门批准。任何单位和个人不得招收外省劳动力和举办招收外省劳动力的劳务集市，春运期间一律停止刊播招收外省劳动力的广告。这些做法，在一定程度上缓解了春节后大规模农民流动的高峰。

（三）分流

即充分利用各种运输工具和运输渠道，及时、合理运送民工。多年来的民工潮中，主要是铁路的压力较大。不过近几年来，随着公路的修建，尤其是高速公路的发展，公路客运量在明显增长。1991年春运期间，铁路承接了客运量的13%，公路承接了客运量的83.5%；1999年春运期间，铁路承接了客运量的7.9%，公路承接了88.3%。为了加快分流、有效地解决乘火车时出现的挤压伤亡等问题，铁路部门开通民工专列直达火车。

1996年春节后，湖南境内客流猛涨，各站告急，长沙铁路总公司迅速调集车辆、人员，在26个小时内，开出21趟“民工专列”，使滞留在湖南各站的14.6万民工安然出湘。这样，1996年

① 《人民日报》1996年2月20日第1版。

春节以后，长沙铁路总公司已开出民工专列157列，抢运出湘民工106.5万人，实现了“不死、不伤、不爆、不脱轨、不着火”的春运安全目标。①

二、加强管理与服务，实现有序流动

农民的流动是经常发生的，并且带有一定的盲目性，特别是面对大规模流动的民工，要想减少盲目性，实现有序流动，必须加强管理与服务，在这方面，各级政府应切实负起责任。从1991年以来，广东省委省政府加强与来粤民工最多的四川、湖南、广西等省区劳动部门的省际劳务协作关系。1992年又扩大到江西、湖北、安徽、贵州、河南等省区，经过协商建立了中南、西南和华东9省区劳务协作中心。这一劳务协作网络的主要任务是积极引导农村剩余劳动力有序流动。各协作省区在广东设立6家省级劳务管理机构，地、市、县级驻广东劳务机构近100家。广东的劳务市场服务中心还在协作省区的140多个地、市、县劳动部门建立了信息互通关系。在1993年江西召开的9省区劳务协作第二届年会上，商定了逐步运用计算机等现代化手段来处理劳务信息，设立专门的劳动力供求信息库，定期或不定期举办双边或多边的劳务交流。这是省级地方政府相互协调、管理和服务民工潮的最大机构。这个劳务协作网络已初步实现了劳动力输出有组织、输入有管理、流动有服务、市场有监测、应急有措施。在广东省内，还加强了乡镇级劳动管理，有95%以上的乡镇建立了劳动力管理和就业服务机构，承担着乡镇区域内各类企业的劳动力招收、安全生产管理、劳动争议调解和仲裁、劳动监察等职能，并不断拓宽服务领域，为外来人员提供职业介绍、技术培训等就业服务。在珠江三角洲的大多数乡镇，一个乡镇所管理的劳动力比过去一个县劳动局管理的还要多出许多。进入广东的民工要持当地劳动部门出具的外出务工证明、计划生育证明，还规定返乡探亲过节的民工不得带新民工入广东，广东所有企业在春运期间不得招工等，使盲目入广东的民工逐年下

① 《光明日报》1996年3月7日第4版。

降。1992 年春节后盲目入广东的民工减少 70%，1993 年盲目入广东的民工仅占外来民工总数的 5%。

从外省市在广东设立的服务站来看，有政府服务和没有政府服务相比，大不一样。例如，湖南省在广州市设立了一个流动人口计划生育管理站，只有 2 间办公兼居住的房子，6 个工作人员，但取得了显著的成绩。该站自 1993 年 3 月成立至 1994 年 4 月 15 日，共注册登记湘籍流动人口 1.2 万余人，妇检 5342 人次，查出假证 180 多个，纠正"调包"54 人，拒绝代发审验 5600 多人，督促就地落实节育措施 1232 例，并减少 1 万多人返乡，同时还为 3500 多人及时找到了工作，提供了方便。湖南民工普遍反映，每人回家一次要花费 600 元以上，通常一人返乡要有 1～2 人陪同，这等于共减少农民损失 600 万～900 万元，同时缓解客运紧张矛盾，减少了数万人次的往返流动。另外，保证了驻地 500 多个单位正常的工作、生产和经营活动。湖南站的设立，较好地解决了湖南籍民工这方面问题，受到了企业界的欢迎。白云区石井刀模厂张总经理说："湖南站的建立办了一件好事，既抓好了计划生育工作，又减轻了民工的损失，还保证了我们这些工厂正常生产。前次我厂生产任务重，合同交货期逼近，如果没有这个站，停产损失就是几十万，还有可能失去企业的信誉。"①

但是另一方面，在民工潮有序流动管理与服务上，还有一些问题，值得改进。

第一，有序化流动的管理发展不平衡。有的城市管理得较好，而流入乡村的民工管理得较差；进入国有、集体、大中企业和单位的民工流动有序化管理较好，而进入个体私营、各类小企业和单位的民工流动有序化管理较差。例如有一些内地农民到沿海地区乡村务农，在计划生育、有序合理流动等方面管理较差，违反计划生育政策的现象时有发生。

第二，民工输入地和输出地的有关管理机构工作存在一些薄弱

---

① 刘小兵：《湖南驻广州流动人口站社会效益明显》，载《中国人口报》1994 年 5 月 27 日第 1 版。

环节。有的机构工作很认真、严格，出效益，但也有的机构存在这样或那样问题。例如，某些派出职业介绍所以骗钱为目的，钱到手就逃之夭夭，丢下民工不管。有的职介所和驻外劳务办事处，采取提供假就业信息、过时就业信息、重复就业信息和收取高额就业介绍费的办法，骗取民工的钱财。民工要找他们评理要回介绍费，他们不退钱，甚至雇用打手对民工进行威胁、打骂，有的干脆携款逃跑。仅以广东东莞市为例，1996 年市政府在整顿中，就取缔了 11 家职介所，并予罚款。驻外劳务机构干一些这样对待本籍民工的勾当，实在是可恶。他们代表着一个省、一个市或一个县的对外形象，怎么取得民工对老家政府的信任？

第三，管理与服务过程中，对民工乱收费现象也较严重。民工输出地和输入地的某些劳务管理部门和机构都存在着这个问题。他们借为民工办就业卡、就业证、健康证、优生证和暂住证等机会，巧立名目，乱收费。据统计，一个民工办完这些证，大概要花 500 元左右。而实际上，这些费用以及通讯、信息服务等共不过几十元。据我们对河北劳动部门劳务输出中心管理机构调查，河北省政府部门负责的劳务输出工作，平均输出一名民工的服务成本是 50 元。这是 1998 年的实际数据。所以，如果收取民工 500 元，负担实在太重。

第四，一些驻外劳务机构处于一种“天高皇帝远”的难以有效监督管理的状况，并且机构杂乱，浪费经费。有的派出机构重收费、轻服务，甚至把办证收费工作也承包给个人或由当地人去干。派出机构之间缺乏协调、规范、统一。同一个省，有省级、地级、县级派出机构，似有机构重叠、层次太多之感。派出的单位也太多，有政府派出的、部门派出的、企业派出的；部门派出的又有经协办派的、劳动部门派的、就业局派的；有的驻外劳务管理机构设于政府办事处之内，有的则游离于政府办事处之外。①

这一切，似有进行整顿、精简的必要。否则，这种所谓的为民

① 刘德骥等：《四川民工输出和管理面临的新情况及对策》，载《社会科学研究》1997 年第 5 期。

工有序流动的管理与服务，势必加重民工无序流动。

三、严格管理劳务信息的传播

民工无序流动和盲目流动，在一定程度上与劳务信息的不合理发布、披露、宣传等有联系。所以，必须严格管理劳务信息的传播，包括直接传播和间接传播。直接传播是指用工单位和有关部门等对自己用工信息的传播。间接传播是指由新闻媒体及其他非用工单位和部门对某些劳务信息的传播。无论哪种传播方式，都要做到准确无误，合理及时。

例如，某新闻媒体曾在某年披露，厦门市需要若干万人的外来工，结果短时间内云集了超过此数一倍的外来工。还有，某些新闻媒体，有意或无意地发表评述之类的东西，说某地、某市经济发展将需要多少多少劳动力等，都会造成民工突然大量云集或无序、盲目流动。此外，在新闻媒体中，不断发布民工外出打工挣了钱、致了富的报道，也会使大量未外出农民仿效外出。

所以，我们的新闻媒体在宣传外出打工致富的同时，也要宣传有序流动、有目的流动的益处，以及无序流动、盲目流动的害处。至于那些用工单位或中介机构发布假信息等坑骗民工的行为，更是应该受到处罚和严加管制的。

第三节 实现内聚：建立组织，提高素质

民工流动不仅应该是有序的，而且应该是文明的、积极的、向上的，要通过民工潮这个流动的社会大学校，为农村经济社会发展培养一批又一批的人才。要在流动中提高人的凝聚力、思想觉悟，在流动中提高人的各方面素质，而不能在流动中滋生、蔓延不文明、不健康、不稳定的因素。我国是一个拥有 13 亿人口的大国，经济社会发展的基础又较脆弱，保持稳定的人口流动十分必要。

一、发挥民工中党团员作用

在流动的民工中，中共党员和共青团员占有一定比例。据

1995 年的一项抽样调查，在外出务工经商的农民当中，党员数占 3.9%. 团员占 25%。党员外出就业者外出前一年参加过原籍党组织生活的占 73.4%，团员这一比例为 37.5%。是党员、团员的农民外出就业以后，与党组织、团组织的联系明显松弛。在雇佣就业者中，27.9%的人称所在单位“有党组织、团组织”，42.5%的人称“没有”，19.7%的人称“不清楚有没有”。在党员、团员民工中，30.4%的人参加过所在单位的党组织、团组织活动，活动形式主要是开会，9%的人说“党费、团费交给原籍党组织、团组织”，33.3%的人称交给“现在单位”，57.7%的人称“不再交”。

外出民工中的党员占其原籍党员数比例也是不容忽视的。据福建省莆田县调查，1993 年，外出务工经商的党员占全县农村党员的 7.5%，有的乡镇高达 20%。

人是社会化的人，总是要组成某种团体，不是社会文明团体，就是“黑社会”团体。农民外出做工经商，虽然这本身是对传统地缘与血缘关系的突破，但是又不能完全摆脱。许多民工是通过血缘关系、地缘关系而实现流动的，这容易结成不良团体。20 世纪 90 年代初，在外出民工中，由本地民工带出去的占 40%，外地亲友介绍的占 18%，外来招工、村集体输出、职业介绍机构组织的占 10%，农民自发流动的占 32%。到 20 世纪 90 年代末，虽然农民自发流动的比例有所下降，但政府部门组织的比例上升很慢，由 10%左右上升到 14%左右。据报道，在某些地区，一些民工已经加入多种类型的社会团体，形成一定的帮派。在破获的犯罪团伙中，外出农民占多数。1992—1994 年 10 月近三年中，北京市公安局在大红门商业区取缔各类犯罪团伙 173 个，其中外来人员占 95%以上。解决这个问题，一方面要加强流动人口的法制管理、综合治理。另一方面也要增强民工本身的自我约束力与管理能力。这就要求结合我国具体国情在民工中建立和发展党组织、团组织、工会等。

在外出农民中发挥党组织、团组织的作用，主要有以下几个方面：

(一)发挥党员、团员及其组织在流动农民群体中的作用

这主要是指那些非政府部门或行业直接领导的打工人群，在这些地方，应发挥党员、团员的作用，如菜市场、农民自建的建筑队、废旧物资收购场等。黑龙江省绥芬河市在这方面做得较好。

黑龙江省绥芬河市，地处中俄边境，在自由市场上的个体户，也有一些共产党员。这些流动党员发挥自己的应有作用，当地群众称赞说："一名流动党员，就是一面流动的红旗。"该市在自由市场上，建立了10个个体户党支部，对全市从事务工经商的214名党员加强管理；在外地驻绥企业中，党组织依然存在。早在1991年，这里就成立了专门的外地驻绥机构工作委员会，对外地驻绥单位党组织和党员实行管理。党员岗位流动到哪里，管理服务就延伸到哪里。

为了更好地发挥党员的作用，绥芬河市建立了流动党员培训制度、党组织生活制度、流动党员在外出前填写《党员外出登记表》制度和守法经营等方面的监督制度。1992年到1999年上半年，绥芬河市流动党员群体中先后涌现出18个先进党支部、15名优秀共产党员，6家外地企业被授予市级文明单位。在这里值得一提的是青云市场个体户、流动党员张培勤，他在发现一位俄罗斯顾客多付给他1700美元之后，跑了本市的十几家商场和宾馆，终于找到了这位俄罗斯顾客，把钱还给了他。俄罗斯客商竖起大拇指，连说："哈拉绍(好)!"其他一些省市，如贵州省贵阳市云岩区头桥街道办事处也于1997年成立了暂住人口党支部。该党支部从成立之日起，就将深入群众、掌握流动人口基本情况和宣传党的路线、方针、政策作为支部工作的重心。一个多月以来，支部的26名(后又至少有4名党员迁来组织关系)党员都参加了深入群众、了解民情的活动。走访了近60户流动人口，协调解决流动人口中的各种纠纷10余起，看望孤老3名，并向经济困难的暂住家庭送去慰问金、大米、菜油及日常生活用品。党员在维护辖区社会治安工作中尽职尽责，使该区各类案件发案率比1996年同期有大幅度下降，计划生

育工作也取得显著成绩。①

(二)发挥党员、团员在输入地工作单位的作用

在一些民工打工的单位，已有党组织、团组织。在这种情况下，这些单位就应该更好地发挥民工中的党员、团员作用，这对于本企业或单位的稳定与发展都是有益的。另外，民工输出地的有关党组织、团组织也应该教育外出党团员，在外地努力发挥党员、团员应有的作用，树立应有的形象，既为党旗增辉，又为家乡树立良好形象。

在某些民工输入地，有关党组织、团组织已经开始对流入的党员、团员进行组织管理，以便发挥他们在民工及整个流动人口中的作用。例如，山东省肥城市到 1995 年，已有流入党员 827 名。有关部门在省市 17 个乡镇都建立起流动党员服务室，按规定进行组织活动，并在学习技术和提高致富能力方面进行培训。1995 年上半年，有 23 名流入党员被评为市、乡优秀党员，11 人受到肥城市委的表彰奖励。②

浙江省积极建立组织，加强对外来务工青年的教育和管理，取得较好效果。据不完全统计，到 1997 年，浙江共有流动人口达 800 万人(含省内、省外流动人口)，其中 80%以上是青年人。针对外来青年在城市务工经商的特色和需求，全省各级团组织在团省委的统一领导下，充分发挥自身优势，联合当地公安等有关部门，通过培训等形式，加强做好外来务工青年的教育管理和服务工作。到 1996 年年底，全省一万余家乡镇企业已建团组织，占应建团组织企业的四分之三；私营企业已建团组织的 1300 多家，占应建团组织的企业的近一半；外商投资企业已建团组织的 850 多家，占应建团组织的企业的四分之三；个体工商户中已建团组织的近 400 家，占应建的近三分之二。在浙江的外来劳动力大军中，涌现出了像

① 徐阳泽：《贵阳头桥办起暂住人口党支部》，载《人民日报》1997 年 8 月 15 日第 11 版。

② 王建平等：《肥城外来党员有了“家”》，载《人民日报》1995 年 12 月 5 日第 11 版。

“中国杰出外来务工青年”、“全国五一劳动奖章”获得者王竹林等一些优秀的外来务工青年代表。①

（三）发挥党员、团员对输出地的积极作用

许多民工输出地，注重外出党员、团员对家乡的积极作用，使外出党员、团员仍然成为家乡脱贫致富的带头人。福建省莆田县委在这方面有一套好的做法：

首先，建立流动党员管理新体制。第一，建立临时党支部、党小组。在外出党员比较多，地点相对集中，外出时间较长的地方，以乡镇为单位成立了跨村临时党支部、党小组。全县到 1994 年共设立临时党支部 19 个，党小组 24 个，这就便于发挥党员的带头作用。例如，1994 年 6 月，莆田县为方便外出人员计划生育对象检查手术，在北京设立计划生育服务站。北京、天津等地临时党支部积极配合，召开支委或党员会议，落实责任制，党员按区或分片包干，不但自己以身作则，而且负责通知督促责任区内计划生育对象前往检查手术。在这种状况下，北京计划生育服务站一个月完成了“四种”手术 1480 例任务，取得可喜成绩。第二，建立巡视教育制度。外出党员较多的镇，党委每年都派出党员干部专程或兼程同临时党支部、党小组和当地党组织座谈，一方面了解外出党员情况，另一方面向外出党员通报家乡情况。第三，建立跟踪联络制度。党员外出前，须向当地党支部请假，填好外出党员登记表，写明去向地址、外出时间、从事工作等，各村指定专人负责联络。党员外出，每过一定时期，向家乡党支部汇报情况。第四，建立回归管理制度。每年春节时，召开回乡党员会议等，听取外出党员的新见解和提出的要求等。全县为外出党员协调处理房屋拆迁、民事纠纷等 1700 多件。第五，建立“流动党员管理卡”制度。加强流动党员与输入地党组织的联系，双方监督外出党员的活动，这样有利于提高党员的威信，发挥其作用。1993 年，一名党员参加北京军区后勤部泡沫厂承包投标，部队领导看到了他身上有一本红色“流动党员

---

① 《离乡不离团，成才有新篇》，载《法制日报》1997 年 9 月 11 日第 6 版。

管理卡”本子，知道他是共产党员，优先把泡沫厂交给他承包管理。

其次，重视发挥流动党员对家乡发展的带头作用。莆田县委在外出党员中主要开展对家乡发展做贡献的“五个一”活动。即要求每个党员要引进或创办一个项目，引进一项技术，传递一条有价值信息，带出带好一个或一批就业人员，奉献一份爱心。到1994年上半年，全县外出党员引进或创办项目24个，总投资2560万元，提供信息1730条，带出就业人员1万多人，带动贫困户2546户脱贫致富，共捐资84.6万元。另外，还有30多名外出党员不计个人得失，放弃在外的高收入，服从组织需要，回村担任村支书、村主任“两委”领导职务。①

浙江省义乌市委也比较重视发挥外出党员的作用。他们在全市外出党员中先后建立了5个党委、6个党总支、209个党支部、365个党小组，将80%以上的流动外出党员纳入了有效的组织管理，发挥他们对家乡建设的作用。到1994年年底，外出党员近两年为家乡提供致富信息1000多条。村里根据这些信息和利用返回给家乡的钱创办了150多家企业。

(四)加强在流动农民中发展党员、团员工作

在流动农民中做好发展党员、团员的工作也是十分必要的。一方面可以使一些政治上积极要求进步的农民的愿望得到实现，同时也有利于他们在流动人口群体中发挥先进模范作用。河北省广宗县在这方面做得比较好。自1997年初到1998年年底，河北省广宗县已在外出农村青年中发展党员231名，占全县农村发展党员总数的68.3%。该县这一做法具有现实的和长远的意义。从现实看，可以提高本县外出人员的素质、改善形象、提高竞争力，使他们多为家乡办实事。从长远看，外出者一般是农村青年中的精英人物，他们文化水平较高，有一定的闯劲，在外见世面多，再学到一些管理经验和技术，回乡后就可以成为骨干，带领乡亲加快致富步伐。所

① 郑海雄等：《加强流动党员管理，发挥流动党员作用》，载《人民日报》1994年10月10日第5版。

以，及时发展这些人入党很有必要，虽然他们暂时在外流动，但终有一天，他们大多数还是要回来的，那时定见效益。

上海纺织工业系统的上海棉纺织印染联合公司，较为重视对“外来妹”的培养。到1994年上半年，全公司近万名“外来妹”中，已有40多人参加了中国共产党，3412人参加了共青团，占全公司团员总数的56.4%，并有369人当选为团干部。上海纺织系统从1988年开始与贫困地区挂钩，有组织、有计划地招聘“外来妹”进厂工作。据统计，棉纺织印染联合公司所属工厂第一线职工中，外来妹已占30%。对于这么大的一股新生力量，当然不应长期关在党团组织大门之外。该公司经过两年的专项工作，全公司的外来妹中就涌现出一批积极分子。以上海第21棉纺织厂为例，全厂60多个团干部中，有80%是外来妹。1988年进厂的外来妹，到1994年，基本上都已带了两轮新进厂外来妹徒弟。①

山东省烟台市还重视在个体户中发展党员。1999年6月28日，两位浙江籍的个体户光荣加入中国共产党。这是该市在外来个体户中培养的第一批中共党员。一位是季雪潮，他是来烟台做生意最早的浙江人之一。他从浙江义乌农村来烟台，靠做拉链、腰带等小本生意起家，已发展成为某品牌衬衣的烟台总代理。另一位是浙江东阳县的张祖根，他是“三站市场”最早的个体户之一，主要从事批发服装辅料业务。二人简朴持家、发展经营业务，但是致富不忘乡亲、不忘周围个体户，热心支持公益事业。二人分别是在“三站市场”第一交易区业户党支部和第二交易区业户党支部被批准入党的。

二、努力提高打工者的综合素质

在科教兴国、提高全民族素质的今天，我们切不可忘记七八千万打工族。甚至从某种意义讲，提高打工者素质的任务更迫切、更重要、更具有综合性的意义和作用。因为打工者素质高低不仅影响

---

① 徐国英：《重视对“外来妹”培养教育》，载《文汇报》1994年6月25日第2版。

和制约全民族的素质，而且对打工者本人来说，其素质的高低对外出打工以及适应高技术工作也至关重要。

提高打工者的综合素质，主要包括思想素质、文明素质、文化素质和技术素质。同时，全社会也要关心这些打工者的身体健康，不能因打工耗尽了青春和工作的资本。

(一)努力提高打工者的思想素质

农村中的打工者，一般具有我国农民勤劳、朴实和吃苦耐劳的优良品质，同时他们拥护党的改革开放政策，是我国各项改革的支持者和参与者。他们深知，是党的改革开放政策把农民引上富裕路，并使他们走出农村，走向城市，走到社会主义现代化建设各条战线。因此，他们不论干什么工作，都表现出极大的工作热情，任劳任怨，让干什么就想办法干好。但确有一些外出打工者，往往抱有种种不正确、不现实的目的。如有的就是想挣钱，别的什么也不管了，只要能挣到钱，就不管是干什么样的工作了。于是有的人为了钱去赌、去偷、去抢、去骗，甚至图财害命；有的人为了钱去卖淫、拐卖妇女和儿童等，这样的事例经常发生。

针对打工者出现的各种犯法行为，有必要对打工者进行政治思想教育，以提高他们的政治思想素质。首先要对他们进行党的路线、方针和政策教育，使他们认识和理解党的富民政策的正确性和重要性，并自觉执行，符合政策的就去办，不符合政策的就坚决不办，增强打工者贯彻执行党的政策的自觉性。其次要对他们进行遵纪守法教育，要让他们懂得国家的法律和法规，懂得守法光荣、违法必惩的道理，教育他们不要干违纪、违法的事情，要做一个知法守法的合格公民。再次，要教育他们正确认识社会，正确对待自己，树立正确的世界观、人生观和价值观，教育他们在为社会做工作的同时，不断发展自己，完善自己，提高自己。只要坚持教育，方式、方法得当，就一定会取得良好的教育效果。

(二)努力提高打工者的文明素质

社会文明是社会进步的标志。一个人的文明素质既体现在思想道德方面，也体现在言谈举止等各个方面。由于我国农村文明与城市文明之间仍存在一定差距，因而，农村打工者进入城市后，在城市交通安全、言语文明、衣着和行为文明等方面存在不适应的状况，并出现随地吐痰、乱扔垃圾、出口粗话脏话以及随意横穿马路等不文明的行为，造成不良形象和影响。1997 年 8 月，由团中央、公安部和人民日报社联合在京举办“外来务工青年与城市文明”研讨会。与会专家学者认为，进一步提高外来务工青年的整体素质，已成为加强城市社区两个文明建设迫切需要解决的问题。在一些中小城市，在许多乡镇企业中，外来民工数量已经相当于本地职工的 50%，甚至超过本地职工数量，在这种情况下，外来民工的文明素质如何，对一个城市、一个企业的发展和形象的影响是很大的。所以，必须在这方面采取切实可行的措施，不断提高外来民工的文明程度。

提高打工者的文明素质关键在教育。北京、上海、杭州等大城市十分重视外来打工者文明素质提高工作，并把它列入城市文明建设的重要内容，开展了一系列教育活动。1997 年 8 月 28 日，在北京商学院家属楼工地上，北京城乡建设总公司 300 多名外来务工青年在“讲文明、树新风大家一起做”的巨大条幅上郑重地签上了自己的名字。上海、杭州、南京、深圳、福州等地百万青年民工也于这一天同时开展了以“不随地吐痰，不乱扔垃圾，不说粗话，不损坏公共设施，不横穿马路”为内容的“百万外来务工青年讲文明、树新风大家一起做”签名活动。同时，不同行业的外来务工青年还分别采取了自己的具体活动。例如，全国保安系统的 10 万外来务工青年以“美化第二故乡，共建城市文明”为主题，利用工余时间，设立了千余个宣传站，维护交通秩序。建筑行业的外来务工青年在 500 个大型建筑工地及周边地区养护绿地、清理卫生死角。集贸市场的外来务工青年统一行动，使 1000 多个与城市居民生活息息相关的集贸市场的环境卫生得到了明显的改观。杭州市还颁发了《外来务工青年文明手册》。①

1998 年 12 月 17 日，以“遵纪守法创新业，见义勇为树新风”

① 姜新波：《美化第二故乡，共建城市文明》，载《人民日报》1997 年 8 月 29 日第 3 版。

为主题的第二届中国杰出(优秀)外来青工授奖大会在北京人民大会堂举行，共有148名杰出、优秀外来青工代表参加。其中有10名是“十大杰出外来务工青年”。这次表彰大会意味着社会各界对外来民工的文明素质越来越重视了。

事实上，只要加强对外来民工的教育和管理，而不是对他们采取消极的、歧视的、甚至侮辱的对待方式，外来民工的文明素质还是可以提高的。例如，在深圳市宝恒公司，刚到该公司不久的32名外地打工青年积极要求参加公司的“义工服务中心”。这是因为参加义工服务中心，对民工自身也有许多益处：第一，公司自1995年成立宝恒社区义工服务中心以来，以“奉献爱心、服务青工”为宗旨，有组织、有针对性地为青工排忧解难，义工组织在青工心目中享有较高的威望。第二，助人为乐，自己在义务活动中受教育。第三，在义工活动中彼此了解，广交朋友，因而受到许多外地打工者的欢迎。

(三)努力提高打工者的文化素质

农村打工者的文化程度不太高，小学、初中毕业的占绝大多数。许多人因种种原因没有能够继续上学。在打工的过程中，他们真正感觉到了知识的重要性，所以，重新学习、提高文化水平的愿望较为迫切，全社会都应该为他们提供方便和条件。

目前，民工参加文化学习主要有两种形式。

第一，专门对外来民工的教育，具有一定的综合性，如文化知识教育、社会文明教育。例如，上海长宁区周家桥街道办事处组织成立了“外来人口学校”，于1994年3月试点开课。据调查，在这个办事处辖区打工的民工、个体商贩就有5600人。他们多数散居在工地或胡同里。但是，既然上海的发展已离不开他们，上海就有责任关心、爱护和教育他们，而不应让其单纯打工，甚至对其歧视，所以就成立了这个学校。该学校由街道综合治理办公室负责，分工厂、工地、里弄三大块，设若干个教学点，公安、工商、宣教、妇联、共青团和环保等部门参加制订教学计划，分头编写教材，内容有形势教育、爱国主义教育、法制教育、职业道德教育等。1994年3月下旬，他们先在上棉21厂试点，有1200名外来民工听了课，深受好评。之后，各教学点分别开课，参加人数占街道外来人口的70%。①

杭州市团委鉴于外来民工中70%~80%都是青年，于是决定创办民工学校，培训外来青年民工。讲课任务由杭州大中专学校学生承担，为民工免费讲课。1997年6月2日开始讲课，共分5个分校，先后设立33个培训点，对35岁以下、已取得城市暂住证和就业证的外来青工进行免费培训。培训内容包括社会治安、计划生育、劳动用工等基本知识，还进行过专业培训。到1997年8月4日，已有2310名外来民工领到培训结业证书。②

第二，参加统一的成人高校学习。1996年，在杭州，有2000名民工参加高等教育自学考试。这些民工大多数是浙江本省人。他们主要来自建筑行业、工矿企业、饭店宾馆中的“打工族”。他们工作比较累，又不稳定，因此都希望学到一定的专业知识，找份好工作。他们报考的专业多为会计、市场营销、商业企业管理、建筑经济管理等。在北京，1998年报考各类成人高校的外来务工者达9541人，被录取4936人，录取比例为2∶1，高于总体录取比例，包括北京市常住人口的录取比例。北京1998年报考各类成人高校的有88422人，外来人口占1/9，录取34596人。在录取人数中，外来人口占1/7。此外，有的打工者还考上了硕士研究生。

（四）努力提高打工者的技术素质

提高民工的技术素质主要有两种方式，一是由原籍政府有关部门进行技术培训，学会一、两门实用技术；二是民工在外出地的学校或是由就业的企业或地方政府、社会团体等负责培训。

在前些年，民工外出打工，输入地政府、输出地政府、民工个人，都不太重视技术素质的提高。随着民工就业市场的竞争，企业发展的客观要求，提高民工技术素质，已经得到三方的共识。

---

① 章世鸿：《上海周家桥街道开设“外来人口学校”》，载《人民日报》1994年5月27日第3版。

② 叶辉：《杭州：给外来打工者开课》，载《光明日报》1997年9月1日第4版。

在四川、重庆等省市，输出地政府越来越重视对外出前的民工进行技术培训。南方某些地区对四川民工的评价曾经是：能吃苦耐劳，但不太遵守纪律，技术差。经过几年的培训，四川民工外出数量有所减少，但汇回来的钱都增加了，这主要是技术的作用。科技是第一生产力的真理，在民工身上也体现出来了。四川有位打工妹，没有什么技术，到广州就业打工，只能干一些最低工资的活，并且极不稳走。不久，她回家去了，在家乡的计算机培训班里学习结业后，又重新返回广州，这一次可就有点“鸟枪换炮”了，雇主提出最低给她每月 800 元工资。

在重庆市(已为直辖市)石柱土家族自治县，已经做到使 5 万余名外出打工者走出了外出无组织、无目的地、无技术、无保障的四大误区。在技术培训方面，由该县就业局到沿海发达县市及企业签订劳动用工合同。与此同时，积极开办技术培训班，把全县的打工者集中到成人技术教育学校，有针对性地组织打工者进行架子工、焊工、建筑工、钢筋工等实用技术学习，并结合所到企业、所到务工地的特点进行方言、文明礼貌用语等培训，使过去“南征北战”的“散兵游勇”成为一支技术过硬、纪律严明的打工队伍。

河北省既重视民工外出前的培训工作，同时也重视来河北务工者的培训工作。到 1999 年，河北省各地市、县都有 1～3 所培训学校，共建有被北京市确认的外省劳务基地 78 个。河北省对进入河北的外来青年务工进行培训的内容包括法律知识、业务技能、思想道德和文明服务等。取得结业证书的外来务工青年，劳动部门在介绍用工时优先向用人单位推荐。到 1998 年年底，全省建立 40 多个外来务工青年培训点，完成 4 万多人的培训任务。

第四节　反弹琵琶：城乡对流，宁“疏”勿“堵”

毋庸置疑，我国城市和乡村都拥有大量剩余劳动力，都急于寻找就业出路。在这种情况下，是否应该采取一种相互分隔的就业方式，城市人不准到农村去就业，农村人不得到城市打工？

万万使不得！这只能加剧双方各自的就业矛盾和问题。且不说人口城市化是人类社会发展的必然趋势、客观规律、世界普遍潮流，仅就城乡劳动力各自的优、缺点看，采取分隔的方式也是错误的。农村人到城市里打工，往往主要是出卖劳动力，并可以学点技术、知识，虽然农村也有许多发展潜力，但是由于这些农民暂时还没有资金开发它们，所以只有委曲求全了，这也是因为许多打工者在城市里打几年工后就可以回乡创业的主要原因。另外，城里许多脏、累、重活，城市里的人们不愿干。而城里人如果到农村就业也是有自己的优势的，如有技术、知识，容易筹集到资金，等等。所以，对城乡劳动力流动，必须采取对流的方式，宁“疏”勿“堵”。特别是从社会主义市场经济发展需要来说，应建立起统一的劳动力市场，而不能沿袭计划经济下的城乡不同的就业方式。正确的做法应是：城市不限制外来务工者，同时要鼓励城市劳动力到农村就业、创业。

一、继续开放城门

虽然农民进城会对城市人就业造成一定压力，并且城市里的确有大量下岗、失业人员。但是，至少要看到以下几点：

第一，农民在城里从事的工作基本上是城里人不愿干的，农民是在填补空缺。

第二，在城市劳动力市场上，也应该是公平合理地竞争，不能采取一些歧视性政策来限制农民在城里就业。就城里劳动力自身素质和身边客观条件而言，城里人还是能够竞争胜过农民的。例如，1996 年，《一个南京准市民的活法》一文，经多家报纸刊登后，引起社会强烈反响。1996 年 9 月 1 日，《人民日报》的评论称：“在成千上万的下岗人员为无业可择，无事可做而烦恼时，一位被南京城北市民称为“南京准市民”的农民牛继业，竟然一人打了 8 份工，反映了农民与城里人截然不同的生存观念”。但是时过境迁，1999 年，牛继业也“下岗”回农村了。其主要原因是他没有进一步提高自己的竞争意识和竞争能力，在占有天时、地利优势的下岗职工面前，他败下阵来，回家了。例如，牛继业干过看自行车车棚的工作，结果被下岗职工顶下来。有关工作人员解释说：“小牛看管车棚干得确实不错，但和现在的下岗工人看管车棚比起来，差距就大了，其中最直接的一条，就是车棚里的卫生搞得差。”①

第三，农民到城市里打工，不纯粹是抢城里人的饭碗，并且还能为城里人创造出饭碗，就看城里人愿不愿意弯下腰去捡了。

在北京市，已有许多北京人在为外地人打工，到底有多少北京人在为外地人打工，谁也说不清。1997 年，北京东城区工商局建国门工商所举行“首届个体经济定向招聘下岗职工就业洽谈会”，当场就有 23 名下岗职工与 14 家外地人开的个体饭馆达成了就业意向。北京有个外地人开办贸易公司，老板请了一位北京姑娘当秘书。不久，老板发现他的外地员工也开始有了作息观念，并渐渐用普通话代替了那不中听的家乡口音。

在保定市，北市区公安分局西关派出所请下岗青年做流动人口协管员，既解决了这部分人再就业问题，又维护了社会治安。西关派出所辖区是外来经商人口最多、最密集的区域，外来流动人口达 11.6 万人，这里集贸市场大棚多、旅店多、歌舞厅多、商业网点多，还有一个宠物花草集市。在街道民警和居委会的推荐下，择优聘用了 52 名青年下岗工人，分成 3 组对辖区内的流动人口详细登记，对租住房屋逐一检查，对辖区内暂住人口熟悉率达到 90%以上。据不完全统计，1999 年上半年，已有 3000 多流动人口得到户协员的帮助。

在对待农民进城的问题上，不仅要开放城门，而且还要敢于到农村请能人到城市创业，江苏省淮安市在这方面做了有益探索。近几年，为了让农村能人更好地发挥作用，为了培育城市经济发展的新的增长点，淮安市领导主动上门邀请农民能人到政策更加宽松、条件更加优越的城镇工业小区投资办厂。到 1999 年初，该市 6 个销售收入超亿元、10 个超 5000 万元的工业小区，都能见到农村能人的身影。一批从事商业、饮食业、建筑业的大户，在工业小区基

① 江南雨：《“准市民”悄然回乡，下岗工观念巨变》，载《中国劳动保障报》1999 年 7 月 31 日第 1 版。

础设施建设上投资1.6亿元，既改善了城乡面貌，推动了城市经济发展，能人也从中得到了丰厚利润。这些农民开办的经济实体不仅消化了当地大量的农村剩余劳动力，还邀请原国有、集体企业的800多名专业技术人员、5000多名下岗职工(其中厂级干部近200名)同他们一道工作。淮安市上河镇农民朱某，接受市委书记的邀请，进城投资，在淮安市施河乡出资3500万元，完成了旭日集团二期工程；出资5000万元，在市区兴建了新城花园小区。在淮安，像朱某这样的被邀请进城镇兴办实业的农民能人有1000多人。①

二、城市人下乡创业

现在，城里人再次下乡，到农村去就业，农村到底是不是一个广阔的天地？到底是否大有作为？从目前的发展状况看，这几个问题的回答应该是肯定的。这是因为：

第一，许多农民手中有闲置的土地资源，农村也有“四荒”，这一切都可供城里人来投资。如河南省西峡县五里桥乡黄狮村回乡农民大学生杨玉银，从县城聘请了10位涉农企业的下岗职工，到自己的“林果庄园”里搞荒山主体开发。像杨玉银这样聘请下岗职工到农村再就业的种养大户、林果大户，在西峡县已有800多户。西峡县一些头脑精明的农民瞄准下岗职工的技术优势，纷纷到县城聘用下岗职工上山下乡指导技术，为自己的家庭农庄“充电”。

第二，城里人有下乡创业的愿望。特别是一些有一定技术的下岗职工，他们下岗后，一时找不到合适的工作，也不想在城里混日子，看到一些农民富裕起来后，也想到农村去创业，去干一番事业。据1998年中国经济景气监测中心对京、沪两市890位居民(含下岗职工)进行的问卷调查，有47%回答愿意去农村投资或生活。

1999年11月，一名在成都做生意的农民陶仲权突发奇想，决定将老家简阳市贾家镇武还庄乡的9间楼房和两亩果园，无偿提供

---

① 梁文龙：《能人涌进淮安城》，载《中国劳动保障报》1999年4月15日第3版。

给生活特别困难的下岗职工居住和种植。1998 年 11 月 26 日，《成都商报》登出这则消息后，立即在成都市下岗职工中引起强烈反响。当天，就有 100 多名下岗职工通过热线电话表达了想当果园主的愿望。11 月 28 日，《成都商报》免费提供的“果园专车”只有 28 个座位的中巴，结果挤满了 50 名下岗职工。就在将要发车时，一位姓冯的女士匆匆赶来。她讲，她在离成都市仅 20 公里的洛带镇承包了 120 亩土地，本想雇几个农民种，看了报道后，更愿意找几个有头脑的下岗职工来规划经营。经过一番实地考察，跃跃欲试者有之，打退堂鼓者有之。当然最终还是选定了经营者。①

第三，从总体上和长远上看，城里人上山下乡搞经营、求就业，有利于农村经济发展。首先可以带动农村就业，为农村剩余劳动力增加一条出路。其次，给农民带来科技知识、市场经济观念和城市文明。在湖北省英山县，几名下岗职工看准了市场行情后，以一年交 200 公斤稻谷的条件，承包大畈河村一户农民的一亩耕地，种上生姜，1997 年收生姜 250 公斤，毛收入 1.5 万元，比这块地上的原户主一年的收入高 10 多倍，令村里的农民惊叹不已。其次，也给农民兄弟增加点生存危机感，1998 年下半年，江苏省邳州市岔河乡全面实施土地第二轮承包，他们在桥西村划出一百多亩土地先行试点，计划建 100 座蔬菜大棚。可当建好了大棚围墙后，当地农民却无人愿意承包。结果被市里一批亏损企业下岗职工看上了，25 名下岗职工各自承包了一个大棚。农民一看有点着急了，余下的 75 座大棚又被农民全承包去了。

第五节　回报家乡：回乡创业，应有对策

民工回乡“创业潮”是“民工潮”大潮中的一股新潮。它对推动农村地区的发展具有重要作用。所以，在一些外出民工较多的地区，应当采取一系列相互配套的政策，鼓励民工回乡投资，加快经

① 杨荫池：《农民兄弟请你去》，载《中国劳动保障报》1999 年 1 月 23 日第 3 版。

济发展。

从目前各地的实际情况看，同样是外出民工较多，有的地区创业潮有声有色，对当地经济发展的作用较为明显；而另一些地区则没有多少民工回乡创业，即便有，也是零零星星、小打小弄，形不成规模，形不成气候。形成这种差别的主要原因是当地政府是否重视、是否采取了相应的对策。

在扶助“创业潮”方面，江西赣州地区有一套较为成功的经验。据不完全统计，到1996年5月底止，赣州地区外出打工人员回乡直接办企业的有257户，从业人员11141人，注册资本7170.73万元。共引进项目231个，引进资金927万元，投资总额7636万元。这比引进外资要省劲得多。他们主要采取了以下几项主要对策，值得借鉴：

第一，实行“试开业”政策，简化申办手续，减免手续费用。可以先试开业半年后再办理工商登记手续，试开业期间免收任何税费，同时取消一些不必要的审批手续。

第二，优先为打工者回乡办企业提供生产经营场所、用地，减免有关费用。如水、电增容费减免50%，电话初装费减免30%，其他各部门收费在原有基础上减免5%。

第三，外出打工者凡在城镇、工贸小区、经济开发区内办企业者，业主及其家属子女迁入当地城镇落户，凭营业执照到户籍管理部门办理城镇户口手续。

第四，资金扶持。优先为打工者创办的私营企业提供贷款，银行部门在年度信贷规模内增加这一专项贷款。

第五，积极引导外出人员回乡创办家乡急需型的企业。

第六，挂牌营业，严禁乱收费，保护回乡创业的积极性。

第七，加强与外出人员的联络。各县与外出打工人员普遍建立了联络机构。一般由乡镇企业局牵头，与县政府驻外办事机构密切配合，成立“外出打工人员协会”，负责联络外出打工人员。各乡镇也成立分会，定期到打工人员集中的地区走访，宣传家乡有关政策，了解信息，联络感情。各县、乡镇都有外出打工人员名册，每年春节，都以县、乡镇党委、政府名义给外出打工者写慰问信，并邀请一部分打工人员代表开座谈会，动员打工者回乡办实业。

第八，各县每年召开一次以全县外出打工人员回乡办实业表彰大会。凡外出打工回乡办企业人员或联系他人投资20万元以上者，所办企业年工业产值达到100万元以上者，引进资金20万元以上者，引进人才、技术、项目成绩显著者，分别给予奖励。成绩突出者命名为“优秀乡镇企业家”称号，由县人民政府给予通报表彰，并给予物质奖励。从1995年开始，凡年纳税2万元以上的，由县财政对私营企业法人代表免费办理养老保险。对组织、引导外出打工者回乡办实业成绩显著的乡镇、部门和个人给予精神和物质奖励。①

另外，为了能够使许多打工者既可以继续在外打工，又能同时对家乡进行投资做贡献，使在外打工者以参股的形式进行投资，他们鼓励各种股份制企业的发展，并允许他们在一定时间后可以撤股，进行单独投资和其他方式的投资。有些打工者往往是打一两年工，回家歇一两年，把家庭里该干的活干完后，又出去打工。所以，在投资方面给予打工者特殊的优惠政策，即允许间歇性开业和经营，重新开业时，给予各方面政策支持。对于那些因多方面因素制约，没有在家乡投资，而在外地投资的打工者，也要给予理解和支持，并加强联系，仍然争取他们从其他方面对家乡做出一定的贡献。

第六节　内外结合：扩市建镇，出国打工

在我国城乡还存在较大差别的情况下，农民的流动，其流动方向主要是向城镇流动，这对于缩小城乡差别、促进城镇化发展等具有重要推动作用。同时，由于我国农村人口较多，仅在国内流动还是不够的，在我国改革开放和经济全球化日益发展的今天，还应当

---

①　艾云航：《生产要素流动为贫困地区增加经济生长点》，载《中国软科学》1996年第12期。

采取措施，鼓励农民向国外流动，到国外从事各项劳务活动。这样内外结合，合理规划，有助于较好地解决大量农村剩余劳动力的出路和就业问题。

一、扩市建镇

扩市就是要扩大现有城市的规模，并放大现有城市的功能；建镇就是建设小城镇。扩市建镇既是城镇化建设与发展的需要，也是农民流动的客观要求。

从我国目前市与镇的情况看，尽管近几年都有了较快的发展，但仍存在一些问题，限制了农民向城镇的流动和转移。主要表现为：①虽然我国现有城市已是较为拥挤，交通难、乘车难等问题到处可见，但是我国除个别城市外，其余大中小城市仍然还不够大。据国外有关研究，城市(指市本身，不含辖下县，下同)人口规模达到1000万，才能充分发挥出现有城市的作用来。②我国城市规模结构不够合理，小城市特别是小城镇数量还比较少。同时，空间分布结构也不够合理。这里主要是指大城市和特大城市周围的卫星城、卫星镇数量较少，不能够形成一种合理的、大城市带动中小城市和集镇的结构，这就必然造成一方面城里过分拥挤，另一方面现有城市规模又不够大的矛盾。③我国城市经济结构和服务设施结构也不尽合理。据美国的学者研究，一个城市，如果其四种最发达的产业的产值之和超过其总产值的25%，这样的城市没有较好的长远发展前景，因为它太单调了。我国有许多城市过分依赖于其一、两个行业，难以容纳更多的人口，并制约着城市的发展。④城市严格的户籍管理制度在很大程度上限制了城镇的发展，并在一定程度上限制了农民的流动。传统的户籍制度人为地把城乡居民划分为两个阶层，并成为维护城市人享受种种福利的特权。长期以来，农民常望“市”兴叹：我要是城市人该多好！

自改革开放以来，城镇的大门开放，大量农民涌向城镇，涌向工矿企业，城镇一时出现难以招架之势，随之各种城市问题接踵而来。在这种情况下，扩市建镇则成为一种必然趋势。近几年，随着大中城市的经济发展和人口的增加，城市规模也在不断扩大。特别是小城镇有了较快的发展，这不仅促进了乡镇企业走向集中，提高了公共资源利用率，降低了企业成本，使农村工业化与城镇化更好地结合起来，而且还缓解了农民流动和“民工潮”的冲击力。据测算，从 1978 年到 1998 年年初，小城镇累计吸纳转移农业劳动力 3000 多万，占农业富余劳动力转移总量的 30%以上。

以安徽为例，在改革开放初期，安徽城市化水平较低，小城镇数量少。1984 年，全省县以下建制镇仅有 309 个。农村有大量剩余劳动力，外出务工经商的农民较多。从 20 世纪 90 年代开始，加强了小城镇的建设和发展，采取一系列改革措施，使小城镇的发展走出了一条新路。据对百镇调查，1992—1997 年平均每个小城镇基本建设投资中，银行贷款 160. 7 万元，占总投资的 8. 66%，镇财政投资 480. 5 万元，占 26. 1%，社会集资 11993 万元，占 65. 3%，即社会集资占三分之二。平均每个镇人口 37089 人，其中镇区人口 6701 人，占总人口的 18. 07%，比 1992 年增长 44. 32%。从就业结构看，小城镇就业人口比重逐年上升，1992 年平均镇区就业人口占镇区人口 48%，1997 年上升到 60%。但更重要的是，在乡镇企业吸纳农村剩余劳动力的能力正在弱化的同时，小城镇第三产业吸纳劳动力的功能正在加强。1992—1997 年，百镇第二产业吸纳劳动力数量增长了 1. 99 个百分点，而第三产业吸纳劳动力数量增长了 3. 02 个百分点。1995—1997 年，试点百镇国内生产总值增长速度比非试点镇高出 13 个百分点，乡镇企业营销收入高于 39 个百分点，个体私营企业营销收入高出 48 个百分点。到 1997 年年底，全省已有 830 个镇，是 1984 年的 2. 7 倍，农村集镇达到 2194 个。全省城镇人口占总人口比重提高到 30. 8%。① 90 年代中期以来，安徽省外出农村劳动力没有明显增加，与此不无关系。

江苏省经济较发达，小城镇建设也较快，吸引大量农村劳动力，不仅包括本省的，而且还包括外省市的。到 1997 年年底，江苏省县城以下的小城镇就有 1933 个，其中建制镇 934 个，乡集镇

① 安改体：《小城镇风帆正举》，载《人民日报》1999 年 5 月 6 日第 11 版。

999个，建制镇比1990年增加45%。全省已建成216个“交通便捷、设施配套、功能齐全、环境优美”的新型小城镇。其中82个小城镇被省政府命名为省级新型示范小城镇。张家港市塘桥镇、昆山市淀山湖镇列入国家17个示范镇之列。

从全国情况看，小城镇仍然是今后吸纳农村劳动力的主要渠道。据1996年第一次全国农业普查结果，1996年年底，全国镇(不包括城关镇)16124个，每个镇镇区平均占地2.42平方公里，平均人口4520人，平均非农业人口2072人，镇区非农业人口占总人口比重为45.8%。每个镇从业人员1246人。但是东西部之间差距很大。东部地区每个镇有1684个从业人员，中部为970个，西部为734个，东部是西部的2倍多。全国城关镇(市)加上16124个农村镇，共有2万个左右的小城镇，若每个小城镇吸纳1000名农村劳动力，共可吸纳2000万农村劳动力。总之，小城镇吸纳农村劳动力的潜力是很大的，应当加快小城镇的建设与发展。

扩市建镇是城镇发展和更多地吸收外来民工的需要。在扩市建镇过程中，必须把改革城镇户籍制度提上重要议事日程。我国户籍制度改革吵吵嚷嚷讨论了十几年，直到1997年7月，国务院才出台了小城镇户籍改革方案，1998年放宽了农业户口人员到城市落户的政策。目前我国户口制度仍没有进行统一的、全面的改革。为了进一步推进城镇的建设与发展，吸收更多的人进城务工经商，应加快户籍制度改革。在户籍改革中，应遵循以下基本原则和思路：

首先要彻底割断福利制度与户籍制度的联系。目前，城市和农村基本都建立起了居民最低生活保障制度以及城市失业、下岗人员保险救济制度，所以，割断福利制度与户籍制度的联系的条件已经成熟。这些福利包括各种副食补助、价格补助、取暖费补助，等等。其次要坚持“大”紧“小”松的原则。即对大城市要实行适度从紧人口迁入政策，对小城镇要实行适度放松的人口迁入政策。这一条原则也是国内学者多年来提倡的户籍政策，目前也正在实施。再次要以户籍改革为契机，放宽务工经商者入城定居的户口限制。如：投资者可落户于城市，一般领取“蓝印户口”，凭此可享受常住户口相同的待遇；对进入或投资开发区、招商区、保税区、高科技园区等特区的外来人员申请加入本市户籍的，给予优惠和照顾；对有突出贡献的科技人员、企业家、劳动模范和能工巧匠等特殊人才，视其贡献大小酌情给本人及家属户办理“农转非”或“蓝印户口”，以便吸引人才。

二、出国打工

出国打工是释放国内就业压力的途径之一。西方国家在工业化时期，曾造成大量劳动力出国谋生，大大减轻了国内就业压力。例如，英国是工业化最早的国家，曾造成大量人口和劳动力流向国外谋生，足迹遍及世界各大洲，美国就曾是英国的殖民地。目前英国国内人口约 5800 万，但是它在海外的移民及其后裔有 1 亿左右，相当于现在的两个英国，也就是说，世界上有三个“英国”。

当然，目前中国工业化过程中已经没有这样的世界环境，哪个国家也不允许大量涌进人口。但是，由于各国经济水平不同，人口增长速度相差很大，有的国家甚至是人口负增长，所以目前国际劳务市场还是很活跃的。许多国家需要大量的不同层次的劳动力。这是我国向外派出劳动力的好机会。

我国的对外劳务输出始于 20 世纪 70 年代末，并逐步发展。到 1995 年年底，我国已累计派出劳务 110.5 万人次，签订劳务合同金额 107.7 亿美元，在外劳务人员平均年增长率为 36%，劳务合作金额的年均增长率为 50%。我国先后在 180 个国家和地区开展了劳务合作，1994 年末在外劳务人数达 18 万人次，1995 年达 26 万人次，1996 年 1—10 月在外劳务人数已达 28 万人次。我国享有外派劳务经营权资格的企业已由 1979 年初的 4 家发展到 1997 年的 650 家。不过，我国在国际劳务市场上所占份额仅为 1%，与我国拥有大量剩余劳动力的状况很不相称，与菲律宾、巴基斯坦、印度等国劳务输出大国相比，我们差距还很大。

也要看到，我国在过去劳务输出人员少，是有一定的客观原因的，目前，情况有所改变，这就是东亚、东南亚、中亚、俄罗斯等我国周边国家也需要大量劳动力。这些国家与我国的关系不仅在地缘方面较为密切，而且在文化、语言、宗教信仰等方面也较为接近，这就便于我国派出务工人员。

例如，俄罗斯境内许多地区都需要中国的农业劳动力。中国农业上的精耕细作技艺在俄罗斯以粗放经营为主要特征的土地上，大显身手，许多中国农民来到俄罗斯从事农业活动，几年后发了大财。仅在俄罗斯东部的比罗比詹城，1999 年上半年就有 600 名中国农工在那里工作。这个城市工作的大多数中国人，凭他们在俄罗斯工作 6 个月所挣的钱，他们可以回家休息 6 个月，整理自己的房子和菜园或果园，由此形成跨国“民工潮”。

但是，要扩大我国对外劳务输出，还需要采取一些有针对性的对策。

第一，要继续破除一些陈旧观念。如有的人认为出国谋生名声不好，替外国人打工，受剥削，低人一等。出国到饭馆洗盘子，一月一万美元，也不如在国内当工人一月一百元人民币。还有的企业、单位领导，一听说有职工要到外国做工，便采取种种手段加以阻挠，或增加其停薪留职费用，或以开除公职相威胁，等等。1993 年年底，保定市外经办同石家庄联合组织缝纫工赴毛里求斯劳务打工，计划在保定市招 60 名，在与保定市对口企业协商时，因种种原因未达成协议，失去了一次很好的创汇机会。

第二，各级政府有关部门要重视出国打工工作，把它当作一项大事来抓，当作经济增长的新生点。在许多南亚国家，出国打工创汇已相当于整个外汇收入的一半。这是一个多么重要的数字。我们不仅要大力引进外资，引进外智，而且也要跨出国门，到国外就业、挣钱、发财、创汇。交流、贸易向来都是双向的，如果长期是单向的，那是缺乏生机的。

第三，制定优惠政策，鼓励出国打工，鼓励为出国打工者提供服务的部门和人员。要建立健全出国打工人员的社会保障体系。要加强出国打工方面的教育、培训、调研等方面的基础工作，有针对性地培训出国打工者，提高我国劳动力在国外劳务市场上的竞争能力。

第四，政府主管部门及劳务输出企业要进一步提高对保护外派劳务人员合法权益重要性的认识，与劳工签订的内部合同必须符合

《劳动法》的规定；对外签订的劳务合同，外派劳务人员权益方面原则上也要符合《劳动法》的精神。要熟悉并很好地运用国际公约及东道国的法律，保护我外派劳务人员的合法权益。

第五，理顺国内管理体制，协调各方面利益。目前在对外派出劳务方面，还有一些管理方面的问题需要理顺、协调。有些地区或部门为了自己的利益，违反国家有关规定，自行批准一些公司或劳务中介机构从事外派劳务业务，派出人员未经必要培训，造成经营秩序混乱；有的根本不保护我外派人员的合法权益，对外出人员乱收费，有的压价竞争，等等。这些方面影响劳务人员的形象，也给我国对外劳务合作事业造成不良影响，应当采取有效措施，加以解决。

第七节　百川入海：全面服务，综合治理

对外出民工进行有效的服务和管理，是“民工潮”健康、有序发展的需要，面对大规模外出民工遇到的困难和问题，应当加强服务和管理工作，并实行综合治理。

一、全面服务

大量农民进城务工经商，面对的是新的工作、生活环境，人生地不熟，许多方面不适应，并时常会遇到不少困难和麻烦事。如务工者文化技术水平低，不适应务工单位的需要；城市生活习惯不同于农村，许多人感到生活不便；务工者的孩子上学问题十分困难；由于多种原因，务工者的合法权益得不到保护等。这些都对务工者带来精神上的压力和心理上的负担，从而对农民的流动和劳动力转移带来一定影响。因此，做好务工者的服务工作十分必要。

全面服务主要包括以下几个方面的内容：

(1)教育服务，即开展广泛的宣传教育活动。通过宣传教育，一方面使各级政府和部门都认识到，在我国社会主义现代化建设新时期，在由农业国转变为工业国的过程中，必然要把大量农民转变

为城市人口。目前虽然城市人口容量有限，但是农民向城市流动和转移将是必然的，也是长期的。因此，在这个过程中，各级政府和部门要增强服务意识，并有义务帮助进城民工尽快接受文明教育，改变生活方式，提高自身素质，为城市发展做出新贡献；另一方面，要对进城务工经商者进行爱国主义、集体主义和社会主义教育，遵纪守法教育，精神文明教育，使他们成为有理想、有道德、有纪律、知法守法的合格公民。深圳市宝安区把流动人口法制教育引入全区“二五”、“三五”普法规划，取得较好的教育效果。该区普法办、区综治办组织力量印发法制教育读本等资料 20 余万册(份)；先后举办 17 期普法骨干培训班，培训宣讲员 12380 人；全区参加普法教育的外来工达 74 万多人，占外来工总数 82 万人的 90.2%，考试合格率达 99.3%(其余通过补学、补考也全部合格)，全部领取了《外来工法制教育合格证》。几年来，通过普法教育，外来人员闲时赌博的少了，看法律读本的多了；打架斗殴的少了，摆事实、讲道理的多了；早婚、非法同居的少了，依法办事的多了；劳资关系紧张时罢工、上访的少了，通过法律途径解决劳资纠纷的多了；刑事发案率有明显下降。①

(2)技术培训教育。大多数外出务工者的文化水平都比较低，并且缺乏专门的技术，很难适应有技术要求的工作，只能干一些粗活和重体力劳动。在科学技术日新月异的今天，也需要外出务工者不断提高自身科技文化素质。因此，加强对外出务工者的技术培训教育十分重要。

技术培训教育应重点抓好外出前的技术培训和外出工作中的技术培训。前者主要是为农民外出务工作准备，后者是根据务工的性质和特点进行培训。外出前的技术培训由民工输出地或职业介绍所负责。他们往往根据用工单位的需要，举办各种类型的技术培训班，让外出务工者掌握一定的技术，以适应外出务工的要求。外出工作中的技术培训由民工输入地或用人单位负责，主要是进行岗前、岗中技术培训。

---

① 《人民日报》1999 年 3 月 17 日第 10 版。

从对外出务工者的技术培训教育情况看，各地各单位发展不平衡。有的重视技术培训教育，并经常举办专门技术培训学习班，对促进农民流动和稳定转移起了积极作用。但也有些地方和单位不重视对外来务工者的技术培训教育，结果，许多外出务工者很难找到合适的工作岗位，即使一时找到，用人单位也可能因各种理由辞退。因此，各级政府、各部门要加强外出务工者的技术培训工作，以促进农民合理、稳定地流动和转移。

(3)提供生活服务。要针对外出务工者的实际生活困难，提供多方面的服务。如提供较好的住宿条件，解决外出务工人员子女上学难等问题。近几年，许多省市，如江苏省锡山市、河北省石家庄市等，在外来人口集中居住小区兴建生活服务设施，取得了较好的效果。在江苏省锡山市，常年有 10 万外来人员。1996 年初，该市堰桥镇因地制宜，首先建起了 6 个外来人员集中住宿区，低价租给原散居在出租私房中的外来人员。并在每个集中住宿区配备几名专职管理人员，协助公安、司法机关对外来人员搞好管理。仅半年时间，堰桥的社会治安就发生了明显的变化，其中刑事案件下降了 42%。堰桥镇的做法很快在全市得到推广，一大批居无定所的外来务工人员有了安家之地。外来人员因居住条件改善而满意，当地群众、地方政府也因社会治安好转而深感满意。①

石家庄市不仅为外来人员建居住小区，而且还注重帮助解决他们的经营困难和生活问题。第一，当流动人口遇到困难时，流管办人员为他们解难，包括生活和经营方面的困难。如各级流管办和派出所积极帮助流动人口解决子女就近入学和高价学费问题，仅 1996 年一年全市就为 734 名流动人口解决了子女入学问题。第二，当流动人口之间，以及与当地居民、客户、雇工之间发生矛盾时，流管办人员帮助调解疏导，预防矛盾激化。1996 年，全市流管办人员和公安干警共为外来人员调解各类矛盾纠纷 1132 起。第三，当流动人口的人身安全、经济利益受到侵害时，各级流管办和公安机关为他们伸张正义，挽回损失。10 年来，全市侦破流动人口被

---

① 《法制日报》1997 年 6 月 15 日第 2 版。

侵害案件3150起，为他们挽回经济损失上千万元。

二、综合治理

大量农民进城务工经商，的确出现了不少问题，如社会治安问题、城市文明问题、计划生育问题、环境卫生问题、卫生防疫问题、不合法经营问题等。出现这些问题的原因是多方面的，但管理制度不健全、管理措施不到位是重要原因。因此，要进一步加强对外来务工者的管理，并进行综合治理。

进行综合治理，首先要加强输入地与输出地的联手治理。民工经常处于四处流动之中，因此，综合治理只有一方努力是不够的，必须是双方努力，要具有全国一盘棋的思想。作为民工输出地，不能认为人外出了，就可以放手不管，更不能护短，明知某人在外作案也不闻不问。作为民工输入地，也不能在处理各种纠纷、矛盾时偏向本地，而要主动关心外地民工。例如，浦东开发开放后，涌入了30多万外来流动人口，大多数为打工农民，他们对浦东建设作出了贡献。但是到1994年，浦东刑事案件中有60%的被告人系外来人员。新区法院与外来民工多的四川万县、安徽巢湖、安徽六安等地政法委商量后，联手打击犯罪活动，联手进行宣传教育工作，结果犯罪数量明显减少。以万县籍人员在浦东的犯罪情况为例，1995年比1994年下降了43.6%，1996年1—4月又比1995年同期下降了15%。①

其次，要加强管理制度、管理机构建设。要管理好以民工潮为主的流动人口，必须建立相应的管理制度、机构，并配备专门管理人员。同时各部门要相互协调，齐抓共管。例如，上海市在这方面搞得较早。在市人大常委会通过的《上海市收容遣送管理条例》和市政府颁布的《上海市暂住人口管理规定》的基础上，于1994年市政府又先后批准颁布了《上海市单位使用和聘用外来劳动力管理暂行规定》、《上海市蓝印户口管理暂行规定》、《上海市流动人口卫

---

① 王秋良、刘健：《输入地输出地联手降低发案率》，载《法制日报》1996年11月3日第1版。

生防疫管理暂行规定》和《上海市流动人口计划生育管理暂行规定》四个单项性法规，不久出台了《上海市外来流动人口管理条例》。这些《规定》对外来人口的管理起到了很好的作用。有关流动人口管理大多以公安部门为主，劳动、计生、工商等各有关部门主动积极参与，这样做的效果是好的。如 1995 年、1996 年两年，石家庄市新华区计生部门单独管理流动人口计划生育时，流动人口中育龄妇女持证率只达 40%左右，1997 年公安部门参与后，育龄妇女持证率达 85%以上，计划外生育也较上年同期下降了 30%。

再次，加强劳动监察，保护外来务工者的合法权益

在我国，当由传统“一竿子插到底”的计划劳动就业管理转向市场劳动就业管理时，劳动监察这一重要环节还十分薄弱，其结果是外来务工者受到的伤害最大，同时对输入地经济发展也造成不应有的损失。1996 年 1 月 8 日至 18 日，青岛市刚设立的专门举报电话就接到投诉 267 件，共涉及民工 1500 多人。因此，必须加大劳动监察工作的力度，切实保护外来务工者的合法权益。

对外来个体私营企业乱收费也是一个重要问题，如湖北省利川市，1998 年 1—5 月份，该地区有 600 多个体户不堪乱收费，注销了户头，外地经销者纷纷离开。该市各种行政事业收费竟达 2200 多项，并且大多数项目超规定收费。这不仅对外来务工经商者不利，而且对该市经济发展更不利。1998 年 6 月 10 日，某报刊出利川市收费项目惊人的消息后，省委省政府给予高度关注。该省立即行动，公布取消乱收费项目 2000 多个，其中省政府公布取消的有 116 项，各地、市、县公布取消的 1800 多项，涉及金额 20 多亿元。①

本章分析表明，现代农民流动是大规模的、长期的，流动的原因是多方面的，流动分布的空间和职业、行业也十分广泛，流动的作用在总体上是积极、进步的，但是也存在和引发出某些不容忽视的问题。因此，在对策上，必须采取标本兼治、兴利抑弊、兼顾城乡、长短期相结合的综合配套措施，使农民更好地参与和推动中国

① 严言：《向乱收费宣战》，载《法制日报》1998 年 9 月 10 日第 7 版。

工业化、现代化、城市化和社会化的历史进程。对民工潮的调整、管理与服务，只有某一级政府或某一个部门是无法实现的，只有各级政府、各有关部门和各种非政府组织共同参与、分工合作，才能取得应有的成效。

现代流民：一个跨世纪的难题

以上数十万言，对我国现代流民和流民问题进行了较为全面的描述和剖析。但掩卷深思，似有未尽之意。我国在 20 世纪 50 年代就形成了流民潮，80 年代后出现了前所未有的“民工潮”，并且居高不下，流民众多，这种状况已持续了十几年。当此新旧世纪交替之时，我们仍需对现代流民的未来发展趋势给予更多的关注和思考。尽管我国在解决流民问题上采取了一定措施，并积累了一定经验，但在我国跨世纪发展过程中，流民问题，仍将是一个跨世纪的难题。

第一，“流民潮”还将在相当长的时期内存在。80 年代出现的“民工潮”不是偶然的，从根本上说，它是我国实施改革开放政策的必然结果。我国的农村改革解放了农村生产力，调动了广大农民的积极性，促进了农业劳动生产率的提高，农村剩余劳动力增多；另一方面城市体制改革，特别是城镇用工和就业制度的改革，放宽了农民进城务工经商的限制，促进了农村剩余劳动力向城镇的转移。这样，农民的流动就成为现实，并逐渐形成了大规模的“民工潮”。同时，随着社会主义市场经济的发展和市场经济的建立，也为“民工潮”的发展提供了良好的社会经济环境。改革开放是我国长期坚持的一项基本国策，建立社会主义市场经济也是一项长期的任务。在这样的形势下，农民的流动不会被禁锢，“民工潮”仍会有得以发展的社会经济背景和政策环境，因而还将在相当长时期内存在。再从农村发展的实际情况看，随着农村人口的不断增加，人多地少的矛盾会越来越突出，在过去的 30 多年内，农村劳动力由 2 亿多增加到 3 亿多，而耕地面积则减少了 7%。这是形成目前农村劳动力相对过剩的重要原因之一。目前，我国农村人口仍在持续增长，而耕地也呈日益减少的趋势。同时，随着现代农业技术的提高和广泛应用，农业劳动力需求量还会减少。在这样的情况下，将会有更多的农民离土离乡去寻求生存或致富之路。此外，在城乡差别存在和城乡二元经济结构存在的条件下，也有一些农民在比较利益的驱动下，向非农部门、向城镇转移流动。这是我国跨世纪发展过程中农民流动的基本态势。对此，我们应当有清醒的认识。

第二，流民问题是一个复杂的社会经济现象，解决好流民问题任重道远。流民及流民问题产生与发展有复杂的社会经济背景，并且不同时期的流民具有不同的特点。从未来我国流民的发展趋势看，既面临着有利的社会经济环境，同时也面临着许多不利因素。首先从有利的社会经济环境看，从现在起到下个世纪，我国正面临着经济全球化、知识经济和市场经济发展的有利环境。在这个过程中，我国社会经济将会得到更快的发展。特别是以知识为基础的知识经济时代的到来，将会带动城乡经济以及更多产业部门的发展，从而吸收更多的劳动力就业，这样就为农民的流动提供了较好的机遇，同时也为更好地解决流民问题提供了较好的条件。此外，经济全球化也有利于流民的国外流动，市场经济则为流民的国内自由流动开辟了更加广阔的天地。

在看到有利于流民流动的社会经济环境的同时，也要看到不利于流民流动的许多因素，主要有以下几个方面：一是城乡隔离的就业政策的存在。过去我国城镇就业采取“统包统配”的方针，每个城镇人口一生下来就注定由国家安排工作，而对于农村劳动力的就业，除通过招工、就学、参军的途径少量安排外，其他基本上是自然就业，城乡劳动力的流动被行政手段阻碍。改革开放以来，城乡体制改革促进了农民的流动，促进了城乡经济的发展，但受经济发展水平和城乡二元经济结构以及城乡分隔的就业政策的限制，仍在一定程度上限制了农民向城镇的自由流动。二是农村经济结构仍不合理。农村改革以来，逐步打破了单一的种植业结构，林、牧、渔业全面发展，同时农村工业、建筑业、商业、服务业等也有了较快发展，从而带动了农村内部劳动力流动转移。但从总体上看，农村产业结构和就业结构仍不尽合理，非农产业部门发展较慢且不稳定，这就限制了农民的流动，限制了由农村工人、经商者和其他非农业居民组成的中小城镇的发展。三是思想观念的束缚和影响。对待流民和流民问题，历来有不同的看法和认识，特别是在流民数量大、问题多的情况下，许多人往往把流民视为“洪水猛兽”，认为会搅乱社会秩序，影响社会安定，加大社会负担等。目前，这种思想观念仍然存在，阻碍着农民的流动和发展。

第三，大量流民的出现，给流民的管理带来新的困难。流民是一个特殊的人口群体，流动性较大，并且流动时间长短不一，流动方式多种多样，甚至盲目流动的也为数众多，这就给流民的管理带来许多困难。如流民在城市的骤增，会给城市管理带来困难；流民结队集中外出和返回，会造成交通拥挤，每年春节前后的客流高峰，便是例证。特别是对那些四面出击，盲目无序流动的流民，管理起来困难更大。这种状况今后会依然存在。

总之，流民是一种社会经济现象，它与我国社会经济发展有着密切联系。随着我国改革开放的不断深入，流民的流量还会增加，流速也会加快，流向将呈多元化趋势。因此，从现在起，我们应当重视并深入研究流民及流民问题，并探讨其规律、特点和解决流民的对策措施，以迎接21世纪流民及流民问题的挑战。

主要参考文献

1. 庾德昌主编:《全国百村劳动力情况调查资料集》(1978—1986), 中国统计出版社, 1989年版。

2. 马鸿运等著:《中国农户经济行为研究》, 上海人民出版社, 1993年版。

3. 杜鹰、白南生等著:《走出乡村——中国农村劳动力流动实证研究》, 经济科学出版社, 1997年版。

4. 赵树凯著:《纵横城乡——农民流动的观察与研究》, 中国农业出版社, 1998年版。

5. 黄平主编:《寻求生存——当代中国农村外出人口的社会学研究》, 云南人民出版社, 1997年版。

6. 王建民、胡琪著:《中国流动人口》, 上海财经大学出版社, 1996年版。

7. 冀党生、邵秦主编:《中国人口流动态势与管理》, 中国人口出版社, 1995年版。

8. 殷志静、郁奇虹著:《中国户籍制度改革》, 中国政法大学出版社，1996年版。

9. 邬沧萍主编，桂世勋、张志良副主编：《中国经济开发区外来人口研究》，华东师大出版社，1996年版。

10. 中国沿海地区小城镇发展与人口迁移调查研究组：《中国沿海地区小城镇发展与人口迁移》，中国财政经济出版社，1989年版。

11. 张敏如、李桂英主编，杨中新副主编：《中国沿海地区人口流动与管理》，中国广播电视出版社，1989年版。

12. 刘铮等著：《我国沿海地区小城镇经济发展和人口迁移》，中国展望出版社，1990年版。

13. 杨云彦著：《中国人口迁移与发展的长期战略》，武汉出版社，1994年版。

14. 辜胜阻、简新华主编：《当代中国人口流动与城镇化》，武汉大学出版社，1994年版。

15. 贾德裕、朱兴农、郗同福主编：《现代化进程中的中国农民》，南京大学出版社，1998年版。

16. 胡耀苏等主编：《中国经济开放与社会结构变迁》，社会科学文献出版社，1998年版。

17. 王晓毅、张军、姚梅著：《中国村庄的经济增长与社会转型》，山西经济出版社，1996年版。

18. 陈吉元、胡必亮主编：《当代中国的村庄经济与村落文化》，山西经济出版社，1996年版。

19. 石方著：《中国人口迁移史稿》，黑龙江人民出版社，1990年版。

20. 何光主编：《当代中国的劳动力管理》，中国社会科学出版社，1990年版。

21. 沈益民、童乘珠著：《中国人口迁移》，中国统计出版社，1992年版。

22. 孙敬之主编：《中国人口》各省分册，中国财政经济出版社，1987—1988年版。

23. 王瑞梓主编：《浙江人口发展战略》，杭州大学出版社，

1990 年版。

24. 国家统计局编：《中国统计年鉴》(1986—1999)，中国统计出版社。

25. 国家统计局农村社会经济调查总队编：《中国农村统计年鉴》(1990—1998)，中国统计出版社。

26. 郭传火著：《中国保姆》，作家出版社，1997 年版。

中国专门史文库

（第一辑）

中国政制史（修订版）
中国俸禄制度史（修订版）
中国家族制度史
中国民族史（上、下册）
汉民族发展史
中国科学技术史纲（修订版）
中国交通史
中国城市史
中国宗教史
中国佛教史
中国帮会史
中国新闻史
中国史学史
中国舞蹈发展史
中国旅游史
中国姓名史
中国丧葬史
中国书院史（增订版）
中国逻辑思想史
中国边疆经略史
中国认识论史
中国文化生成史（上、下册）
中国救荒史
中国婚姻史
中国社会福利史
中国戏曲史
中国法制史（上、下册）
中国土地制度史
中国相声史
中国通俗小说史
中国社会风俗史
中国古代造船史
中国话剧通史
中国火器通史
中国古代气象史稿
中国流民史（古代卷）
中国流民史（近代卷）
中国流民史（现代卷）
中国皇权史
中国性文化史
中国围棋文化史
中国禁忌史